Eine kulinarische Entdeckungsreise

Cornelia Haller • Brigitte Frank

Eine kulinarische Entdeckungsreise

DURCH DAS TIROLER UNTERLAND

UMSCHAU

INHALT

Inhalt

Inhalt

Tiroler Unterland

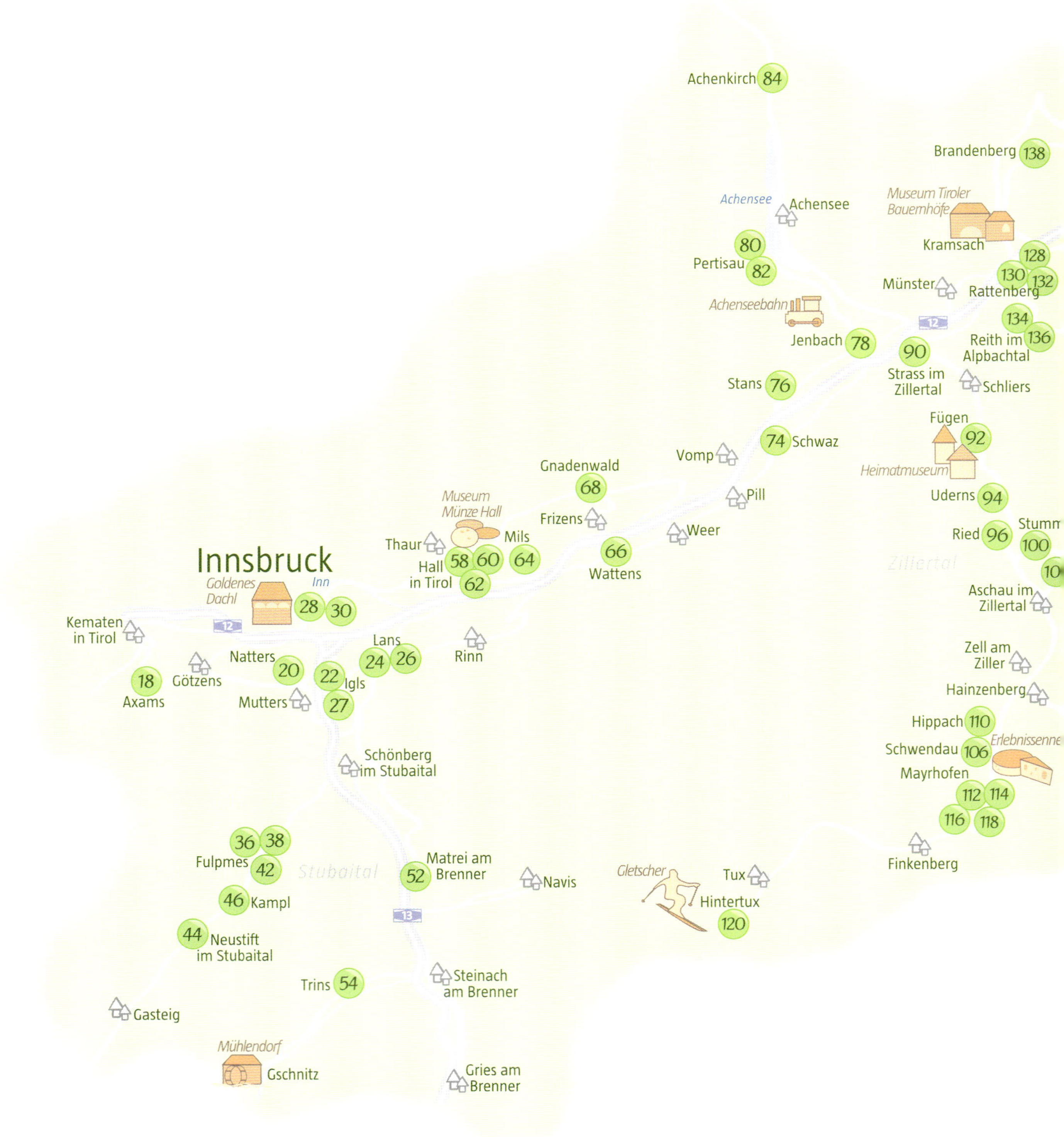

Die angegebenen Zahlen (24) sind identisch mit den Seitenzahlen der einzelnen Betriebe in diesem Buch und bezeichnen ihre Lage in der Region.

VORWORT

Unsere kulinarische Entdeckungsreise führt durch einige der beliebtesten und schönsten Alpenregionen, durch „Tirol, das Land im Gebirge". Wir bereisen das weite, nach Südtirol führende Wipptal, das Stubaital mit seinen markanten Gipfeln, die Tiroler Landeshauptstadt Innsbruck und ihre Umgebung und fahren dann weiter in das geschichtsträchtige Städtchen Hall, erkunden die Silberregion Schwaz und besuchen das Zillertal, das Alpbachtal mit dem Tiroler Seenland und machen einen Abstecher zum Achensee, dem größten See Tirols. Weiter geht es ins Tiroler Unterland, wo wir bei Wörgl in die bezaubernde Wildschönau abbiegen und dann das Brixental bereisen, das uns bis Kitzbühel führt. Hier herrscht das gewaltige Massiv des Wilden und Zahmen Kaisers, das man auch noch vom Kaiserwinkl ausmachen kann, der letzten Station dieser Reise.

Gemeinsam besitzen alle diese Regionen eine außerordentliche landschaftliche Schönheit mit malerischen Dörfern, stillen Seen, rauschenden Gebirgsbächen, grünen Almen und schneebedeckten Gipfeln. Reisende treffen überall auf ein nettes, gastfreundliches Volk, bodenständig und bedächtig, stolz auf seine Wurzeln und Traditionen. Wundern Sie sich nicht, wenn Sie ein kerniges „Griaß Di" hören – in Tirol ist das herzliche „Du" keine Respektlosigkeit, sondern spiegelt die Offenheit der Menschen wider, die auch „Fremde" auf diese Weise als Gäste willkommen heißen, das schafft gleich eine lockere, entspannte Atmosphäre, in der man sich wohlfühlt.

Überall sind auch alte Traditionen noch lebendig, dazu gehören die Almauf- und -abtriebe im Frühling und im Herbst, wenn Schafe, Rinder, Pferde und Ziegen auf ihre Sommerfrische geschickt werden beziehungsweise wenn es wieder in die heimischen Ställe geht.

Altes Brauchtum spiegelt sich auch in vielen Trachtenfesten und musikalischen Aufzügen wider und in den prachtvollen Maskenläufen im Winter.

Gemeinsam ist allen diesen Regionen auch eine alte kulinarische Tradition. Sicher nicht zufällig stammt die erste handschriftliche Rezeptesammlung von der Tiroler Fürstengemahlin Philippine Welser aus dem Jahr 1545. Die Tiroler Küche ist weltweit bekannt und beliebt, man denke nur an Klassiker wie Knödel oder Strudel. Die Tiroler Wirtshauskultur hat es sich zur Aufgabe gemacht, die bodenständige Küche qualitativ zu verbessern und so weit wie möglich Produkte aus der Region und von heimischen Bauern zu verwenden. Damit bringen die Gastwirte ihren Gästen die Ursprünglichkeit der Gaumenfreuden auf den Tellern näher und unterstützen gleichzeitig die einheimische Lebensmittelproduktion. Auch die Atmosphäre ist authentisch und familiär – echte Tiroler Gastfreundschaft eben.

C. Haller

INNSBRUCK UND SEINE UMGEBUNG

Innsbruck

Die „Brücke am Inn" gab der Stadt ihren Namen. Um 1167 tauchte erstmals die Bezeichnung „Inspruk" auf und Stadtrecht genießt der Ort seit 1187. Innsbrucks Blütezeit begann im 15. Jahrhundert, als Herzog Friedrich IV. Innsbruck 1420 zur Residenzstadt machte. Aus dieser Zeit stammt auch das berühmte „Goldene Dachl", heute das Wahrzeichen der Stadt und bis 1460 die Residenz der Tiroler Landesfürsten Friedrich IV., der „mit der leeren Tasche", und Sigmund „der Münzreiche". Um 1500 ließ Kaiser Maximilian I. durch Niklas Türing den Älteren einen Erker an das Gebäude bauen, dessen Dach mit 2 657 feuervergoldeten Kupferschindeln gedeckt wurde. In dem Gebäude befindet sich heute eine Gedenkstätte zu Ehren Kaiser Maximilians I. (1459–1519). Der Habsburger Kaiser war quasi „der letzte Ritter" und der erste Herrscher einer neuen Zeit. Er war ein großer „Fan" von Innsbruck und machte von diesem politischen Zentrum aus Weltgeschichte: „Tirol ist ein grober Bauernkittel, aber er wärmet gut", so beschrieb er seine Lieblingsregion.

Europäische Bedeutung und besonders die musikalische Blütezeit Innsbrucks vom 15. bis 18. Jahrhundert wirken noch heute nach: Innsbruck ist internationales Zentrum für Alte Musik.

Auch in architektonischer Hinsicht prägen Gebäude aus jener Zeit das Stadtbild. Man denke nur an das wunderschöne, fast schon verschnörkelt wirkende „Helblinghaus" schräg gegenüber dem Goldenen Dachl, ein spätgotisches Bürgerhaus mit üppiger Frührokoko-Fassadendekoration. Ein paar Schritte weiter treffen wir auf die Kaiserliche Hofburg, um 1500 als spätgotische Burg erbaut. Unbedingt sehenswert ist der riesige und schönste Prunksaal des gesamten Alpenraums mit herrlichen Fresken und den Porträts der Kaiserfamilie. Den besten Blick über Innsbruck hat man übrigens von der Aussichtsplattform des Stadtturms.

Weitere historische Sehenswürdigkeiten sind zum Beispiel der Dom zu St. Jakob, das romantische Renaissanceschloss „Ambras“ mit der berühmten Porträtgalerie und Einblicken in über 500 Jahre österreichische und europäische Geschichte und einer beeindruckenden Waffen- und Rüstungskammer. Der „Bergisel“ ist ein 746 Meter hoher Hügel südlich der Stadt und untrennbar verbunden mit den Schlachten gegen die napoleonischen Franzosen und die Bayern im Jahr 1809 unter dem Oberbefehl des Tiroler Freiheitskämpfers Andreas Hofer. Ihm zum Gedenken wurde 1892 das Andreas-Hofer-Denkmal am Bergisel eröffnet. An die dritte Schlacht erinnert auch das monumentale Riesenrundgemälde an der Talstation der Hungerburgbahn.

Innsbruck und der Sport

In und um Innsbruck hat man alle Möglichkeiten, sich aktiv zu betätigen: gemütlich wandern oder Nordic Walking, klettern, bergsteigen, Mountain biken, paragliden, golfen, Tennis spielen, schwimmen – immer die imposanten Alpen vor Augen. Die Hauptstadt des österreichischen Bundeslandes Tirol ist umgeben von der hoch aufragenden Nordkette des Karwendelgebirges im Norden und der Zentralkette der Alpen im Süden. Vom Innsbrucker Stadtzentrum aus führt die Nordkettenbahn direkt hinauf in das hochalpine Gelände des Karwendels und von der Hafelekarspitze aus hat man einen imposanten Blick über Innsbruck bis hin zu den Zentralalpen im Süden.
Mit Innsbruck verbindet man natürlich immer den Wintersport: Zweimal war die Stadt Austragungsort der Olympischen Winterspiele, 1964 und 1976. Die wintersportliche Infrastruktur in und um Innsbruck ist folglich perfekt, seit 1952 wird hier die Vierschanzentournee ausgetragen, seit 2002 auf der neuen, von der Stararchitektin Zaha Hadid entworfenen Sprungschanze am Berg-

Goldenes Dachl

isel. Hinzu kommen alpiner Skilauf, Langlauf, Snowboarden, Rodeln und Eissport. Acht Skigebiete, dazu gehört auch der Stubaier Gletscher, erwarten schneebegeisterte Wintersportler vom Spätherbst bis in den Frühling.

Innsbruck gesellig und kulinarisch

Seit 1699 ist Innsbruck Universitätsstadt. Die altehrwürdige Leopold-Franzens-Universität zieht Studenten aus aller Welt an, die das Stadtbild natürlich auch mitprägen. Nicht nur in der Altstadt haben sich etliche Bars, Pubs und Lokale angesiedelt, die vor allem das junge Publikum ansprechen: Coffee to go, Fast Food, Pizzerias zum Beispiel – jede Menge Pubs, Diskotheken und Nachtlokale bieten Spaß, Musik und Tanz ohne Ende. Aber auch für Leute, die gerne in Ruhe die Tageszeitung lesen und dabei eine Melange oder ein Glas Wein genießen, ist in Innsbruck gesorgt: Kaffeehäuser im Wiener Stil, Gasthäuser mit traditioneller österreichischer Küche oder gehobene Restaurants mit Sterneküche sind ideale Einkehrorte von früh bis spät. Einheimische Schmankerln bieten auch die zahlreichen Jausenstationen und Almwirtschaften rund um die Stadt. Und soll es international schmecken, so findet hier jeder seinen „Lieblings-Italiener" oder lässt sich mit französischen, karibischen, asiatischen oder mexikanischen Spezialitäten verwöhnen. Auch das große kulturelle Angebot macht Innsbruck zu einer Metropole für Kunst- und Kulturinteressierte. Musik wird großgeschrieben, die Bandbreite reicht von Blasmusik und Folklore über Schlosskonzerte, es gibt die internationalen Festwochen der Alten Musik, Orgelkonzerte, Tanzsommer, Theater und Oper bis zu Auftritten der großen Popstars. Dazu gesellen sich etliche Museen, Kunstgalerien und Ausstellungen. Innsbruck

ist aber auch eine moderne und sogar mondäne Einkaufsstadt, Kongressstadt mit internationalem Publikum, herrlich zum Shoppen und Flanieren, wo man sich in Dirndl und Lederhose genauso wohlfühlt wie in Abendkleid und Smoking.

Innsbrucks idyllische Ortschaften

25 kleine Dörfer verteilen sich in vier Regionen zwischen 590 und 2020 Metern, angefangen von den Ortschaften in der Stadtregion: Rum, Völs, Kematen und Zirl sind nur einen Katzensprung von Innsbruck entfernt. Ein paar Kilometer weiter südlich der Stadt befinden sich Igls, Lans, Patsch, Aldrans und Sistrans (hierzu gehören noch die malerisch gelegenen Dörfer Ampass, Rinn und Ellbögen), westlich treffen wir auf Grinzens, Axams, Birgitz, Götzens, Mutters und Natters. Ein wenig „weiter" weg dann die idyllischen Orte Kühtai, Sellrain, Unter- und Oberperfuss, Ranggen und Kematen. Hier wird vor allem der Wintersport großgeschrieben, Kühtai ist Österreichs höchstgelegener Wintersportort mit Schneegarantie. Allen diesen Feriendörfern ist ihre bäuerliche Struktur gemeinsam, ihre Einbettung in intakte Natur mit grünen Wiesen und tiefen Wäldern, mit echtem Brauchtum und herzlicher Gastfreundschaft. Wer hier Urlaub macht, kann zwischen „Ferien auf dem Bauernhof", gemütlichen Pensionen und luxuriösen Hotels wählen: mitten in der Natur und trotzdem ganz nah bei Innsbruck.

CAFÉ-RESTAURANT SONNPARK

Axams ist ein reizendes Dorf im Tiroler Mittelgebirge, einer eiszeitlich geformten Terrasse des Tiroler Inntals, die den Talboden um bis zu 500 Meter überragt. Etwas außerhalb des Dorfzentrums hat sich das „Café-Restaurant Sonnpark" einen wirklich „sonnigen" Platz ausgesucht mit einem der schönsten Gastgärten des Mittelgebirges. Die elegant-heitere Einrichtung vermittelt mediterranes Lebensgefühl inmitten der Tiroler Berge und so geht auch die Küche Erich-Stefan Bachers

eine Liaison zwischen heimischen und italienischen Spezialitäten ein. Das fängt schon bei einem ausgezeichneten echt italienischen Espresso an, zu dem an einem gemütlichen Nachmittag ein Stück hausgemachter Kuchen bestens schmeckt. In dem weitläufigen Garten mit schattigen Pavillons oder auf der Terrasse unter der großen Markise sitzen die Gäste genauso angenehm wie im elegant gestalteten Restaurant. Die liebevoll eingedeckten Tische machen Appetit und die persönliche Beratung des Chefs lässt Vorfreude auf die kommenden kulinarischen Wonnen aufkommen. Ein Blick in die Speisekarte verrät: Hier wird alles frisch und mit Liebe zubereitet, angefangen mit der Tomaten-Zucchini-Creme mit Safranobers oder dem Carpaccio vom Tiroler Bergrind. Auf der ansprechenden Speisekarte finden Schlemmer mehrere kunstvoll gefertigte Salatteller mit Fisch, Fleisch oder Gemüse. Der Sonnpark Spezialtoast besteht

Café-Restaurant Sonnpark
Erich-Stefan Bacher

Gerichtsäcker 1
A-6094 Axams

Telefon 00 43 (0) 6 76 / 6 48 25 48

www.sonnpark.info

aus zwei Putensteaks auf Vollkorntoast mit Grilltomate, Speckscheibe, Kräuterbutter, Currysauce und einem Salatbouquet. Im Sonnparkpfandl tummeln sich Medaillons vom Rind und Schwein, die mit Pfannenrösti, Marktgemüse und etlichen Garnituren serviert werden. Auch für Fischfreunde hält die Küche Feines bereit, etwa das mit Kräutern gefüllte Butterfischsteak auf mediterranem Schmorgemüse mit Ofenkartoffel. Die Desserts sind ebenfalls eine Sünde wert: ob die flambierte Mascarpone-Topfen-Creme mit frischen Früchten, Minze und Joghurt-Mango-Eis oder das Maroniparfait auf Pflaumen-Holler-Röster mit Zwergorangen.
Das Café-Restaurant Sonnpark eignet sich auch vorzüglich für kleinere oder mittlere Feste und Feierlichkeiten. Jeden Dienstag gibt es Spezialmenüs mit heimischen Schmankerln und der vom Frühjahr bis zum Herbst 14-tägig stattfindende sonntägliche Brunch mit Livemusik, Kunst und Schlemmerbuffet lässt bestimmt keine Wünsche offen. In der kühleren Jahreszeit bietet die Küche neben Wildgerichten noch das Gourmet-Törggelen, ein siebengängiges leichtes heimisches Herbstmenü, das man in dieser Form nur im Sonnpark genießen kann.

Hexenschlucker

Zutaten

100 g Roggenmehl
200 g glattes Weizenmehl
1 Ei
2 TL Öl

Für die Füllung

200 g frische Mischpilze
1 Zwiebel
5 Scheiben Bauchspeck
1 Bund Petersilie
1 gekochte Kartoffel vom Vortag
1 EL Mehl
1 EL Semmelbrösel
Salz, Pfeffer, Majoran, Knoblauch

100 g Parmesan
Rucola, Kirschtomaten
150 g Butter, gebräunt

Zubereitung

Für den Teig alle Zutaten vermengen, nach Bedarf lauwarmes Wasser beigeben und kneten, bis ein mittelfester Teig entsteht. Den Teig etwa eine halbe Stunde rasten lassen.
Für die Füllung Pilze und Zwiebel klein hacken, Speck in dünne Streifen schneiden und in der Pfanne in heißem Öl anschwitzen, die gekochte Kartoffel dazureiben, fein geschnittene Petersilie, Mehl und Brösel kurz mitrösten. Alles mit den Gewürzen gut abschmecken und etwas abkühlen lassen.
Den Teig messerrückendick ausrollen und rund ausstechen (wie Schlutzkrapfen). Die abgekühlte Pilzfülle mit einem Kaffeelöffel in die Mitte setzen, eine Hälfte der Krapferln am Rand mit einem Pinsel leicht mit Wasser bestreichen, zusammenklappen und den Rand flach drücken. Auf ein bemehltes Blech legen und dann in wallendes Wasser geben und 6 bis 8 Minuten ziehen lassen.
Inzwischen Teller mit jungem Rucola und halbierten Kirschtomaten vorbereiten. Die Hexenschlucker aus dem Wasser heben und auf die Teller geben, Parmesan und Pfeffer aus der Mühle darüberstreuen und zum Schluss braune Butter.
Als Beilage eignet sich auch grüner Salat und Vegetarier lassen den Speck einfach weg.
Tipp: Den Teig rasch verarbeiten, da er durch das Roggenmehl leicht austrocknet.
Die fertigen, rohen Hexenschlucker kann man auch gut einfrieren.

WIRTSHAUS NATTERERBODEN

Wirtshaus Nattererboden
Familie Albert

Natterer Boden 1
A-6161 Natters

Telefon 00 43 (0) 5 12 / 54 62 00
Telefax 00 43 (0) 5 12 / 54 62 004

www.nattererboden.at

Weit ab von Lärm und Hektik in wunderbarer Natur und mitten im Wald findet der Naturliebhaber und Genießer im „Wirtshaus Nattererboden" das reinste Paradies! In dem angeschlossenen Bauernhof-Zoo ist fast eine kleine Arche Noah versammelt. Weiße und schwarze Esel, Alpakas, Ziegen, Schafe, Rinder, Hühner, Schweine, Kaninchen und noch viele seltene Haustierrassen können beim Säugen, Grasen oder Schlafen beobachtet werden. Chefin Martina hat sich damit einen kleinen Traum erfüllt und kann daraus viel Kraft schöpfen.
Und während die Kleinen am Spielplatz oder im Spielzimmer ihren Spaß haben, können sich die Großen in aller Ruhe ein nettes Plätzchen im Gastgarten, auf der Sonnenterrasse oder in den gemütlichen, mit Altholz eingerichteten Stuben suchen und sich auf die kommenden kulinarischen Leckerbissen freuen. Seit über 25 Jahren steht das liebevoll geführte Gasthaus für Familienfreundlichkeit und allerbeste Küche. Chef Gottfried war einmal Koch-Weltmeister und hat schon viele Goldmedaillen gewonnen. Hier geht die Liebe sprichwörtlich durch den Magen: Von traditioneller Hausmannskost bis zum internationalen Feinschmeckermenü kommen die Produkte frisch aus der eigenen Landwirtschaft, von Bauern aus der Region oder AMA-zertifizierten Produzenten und werden von Chef Gottfried und seinem Team mit Perfektion und Leidenschaft in hinreißende Gerichte verwandelt. „Ausgezeichnete Küche

zu einem fairen Preis“ ist das Motto der Gastwirtsfamilie und es gibt nicht wenige Stammgäste, die ihr Lieblingsgericht bestellen, ohne überhaupt in die Speisekarte geblickt zu haben.
Da würde man dann allerdings auf so manches Schmankerl stoßen: Hirschschinken, gebratene Wachteln mit Blattsalaten und Wollschweinspeck, Rahmbeuschel, Tiroler Geröstl, deftiger Schweinsbraten oder zartes Mangaliza-Wollschwein-Spanferkel, gekochtes Ochsenfleisch, Spinat- oder Kasspatzl'n sind nur einige der Nattererbodenspezialitäten. Von der Vormittagsjause, einem leichten Mittagessen, einem gemütlichen Kaffeeklatsch mit hausgemachtem Hüttenstrudel bis zum abendlichen Feinschmeckermenü findet hier jeder sein Lieblingsgericht. Wie wäre es mit einem Sieben-Gang-Gourmetmenü, das zum Beispiel so aussehen könnte: Reh-Carpaccio, klare Ochsenschleppsuppe mit Sherry, Blätterteigpastetchen mit Pilzragout gefüllt, Pfirsichsorbet mit Sekt, gebratenes Tiroler Kalbsrückensteak auf Glöger-Sauce, lauwarmer Brie mit Kürbiskernöl und zum Dessert Heidelbeernocken. Dass sich alle Speisenangebote nach den Jahreszeiten und dem Marktangebot richten, versteht sich von selbst.

Auch der Weinkenner kommt nicht zu kurz. Im hervorragend sortierten Weinkeller kann man sich aus 200 heimischen und internationalen Tropfen seinen Favoriten aussuchen. Ein Geheimtipp: Für besondere Anlässe wird das Gourmetmenü auch im Weinkeller serviert. Am Nattererboden lässt es sich auch wunderbar in kleinem oder großem Rahmen feiern. Dafür stehen für Hochzeiten, private sowie Firmenfeiern verschiedene Räumlichkeiten für insgesamt 550 Personen zur Verfügung. Kurzurlauber buchen gerne die „Schlemmerreise“ mit zwei oder drei Nächtigungen und wohnen in den zwei schönen Doppelzimmern oder den beiden Ferienwohnungen.

Zander in der Kartoffelkruste

Zutaten

4 Zanderfilets à 120–140 g
6 mittlere Kartoffeln
Knoblauch, Petersilie, Majoran, Schnittlauch
1 Zitrone
Öl zum Braten
griffiges Mehl
Salz, Pfeffer
Vogerlsalat, Tomate, Zitrone

Zubereitung

Die Kartoffeln schälen und grob reiben, mit Salz, Pfeffer, Knoblauch, Petersilie, Majoran und Schnittlauch würzen und gut vermischen. Die Zanderfilets salzen, mit Zitrone beträufeln und in Mehl wälzen. Das Öl in einer Pfanne erhitzen, die angemachten Kartoffeln in der Größe der Filets hineingeben, Fischfilets darauflegen und mit der restlichen Kartoffelmasse bedecken. Beidseitig langsam goldbraun braten. Mit Vogerlsalat, Tomate und Zitrone garniert servieren.

HOTEL RESTAURANT BATZENHÄUSL

Hotel Restaurant Batzenhäusl
Wladimir Kuchtar

Lanser Straße 12–14
A-6080 Igls

Telefon 00 43 (0) 5 12 / 38 61 80
Telefax 00 43 (0) 5 12 / 38 61 87

www.batzenhaeusl.at

Ein wahres Schmuckstück ist das Hotel Restaurant „Batzenhäusl" in Igls hoch über Innsbruck! Die an ein Knusperhäuschen erinnernde ehemalige Jagdvilla wurde 1893 als Musterhaus anlässlich der Eröffnung der Weltausstellung erbaut, danach zerlegt und in Igls wieder errichtet. Die wunderschönen Intarsien, Brandmalereien und das Glockentürmchen veranlassten die Jury damals, die Villa mit dem ersten Preis auszuzeichnen – ein Preis, den man auch heute noch diesem architektonischen Kleinod verleihen würde, das den Charme des 19. Jahrhunderts mit zeitgemäßem Komfort harmonisch vereint. Die Bar mit offenem Kamin eignet sich perfekt als Treffpunkt zum Plaudern und für den Aperitif, und im Sommer sitzt man herrlich im schattigen Gastgarten. Ganz entzückend und nostalgisch präsentieren sich die holzgetäfelten Zirbenstuben.

Besonderen Wert legt Hoteldirektor Wladimir Kuchtar auf den kulinarischen Aspekt seines Hauses. „DelikatEssen im Batzenhäusl" ist die Philosophie, mit der der neue Küchenchef Walter Berger Einheimischen und Gästen das Beste aus aller Welt bietet. Sowohl Traditionelles aus Österreichs Töpfen als auch internationale Kreationen begeistern Feinschmecker von nah und fern. Der gebürtige Hesse ist ein Meister seines Fachs, der sein Metier bei Henning Prosi in Wiesbaden gelernt hat, bevor er in der spanischen Küche jahrelang Erfahrungen sammelte und während dieser Zeit auch zwei Bodegas aufbaute. In Deutschland übernahm er im Jahr 2005 das Werner-Senger-Haus in Limburg, das vom renommierten

Gourmet-Magazin „essen & trinken“ zu den 200 besten Lokalen Deutschlands ernannt wurde. Nun wirkt der engagierte Koch im Batzenhäusl und erfreut seine Gäste mit Köstlichkeiten wie Steinbutt in Limettenkruste, Etouffé-Taube aus der Dombes mit Birnen-Topinambur-Feuilleté und Olivenkrokant, Rinderfilet mit Waldpilzragout oder herbstliches Gemüse auf Kartoffelküchlein. Sonntags kommen Variationen vom Tafelspitz auf den Tisch, und für Familien gibt es sonntagmittags ein dreigängiges Menü unter 20 Euro.

Tournedos vom Reh auf Topinambur-Ravioli

Zutaten

4 Stück küchenfertiger Rehrücken à 200 g
1 EL Olivenöl
2 Knoblauchzehen
Thymian und Rosmarin
Salz, Pfeffer
1 TL Butter

Für die Topinambur-Ravioli:

Etwa 300 g frischer Nudelteig
10 Stück Topinambur, geschält und gewürfelt
2 Stück gelbe Zwiebel, geschält und gewürfelt
2 Knoblauchzehen, gehäutet
250 ml Sahne
250 ml Hühner- oder Gemüsefond
Thymian und Rosmarin
Salz, Pfeffer
etwas Trüffelöl

Füt die Rotwein-Reduktion:

Je ein Stück Zwiebel, Karotte, Sellerie, Pastinake
2 Knoblauchzehen
2 EL Traubenkernöl
1 Flasche Merlot (75 cl)
1/2 Flasche Portwein
250 ml Hühnerfond

Zubereitung

Das Öl in einer Pfanne erhitzen, die Rehrückensteaks salzen und pfeffern und auf allen Seiten scharf anbraten, dann Knoblauch und Kräuter hinzufügen. Im Ofen bei 180 °C ca. 6 Minuten garen. Herausnehmen, Butter in die Pfanne geben und das Fleisch mit dem Saft übergießen. Fleisch aus der Pfanne nehmen, in Alufolie wickeln und bei ca. 70 °C rund 8 Minuten rasten lassen.

Für die Ravioli-Füllung das Öl erhitzen, Topinambur, Zwiebel und Knoblauch glasig anschwitzen. Mit Salz, Pfeffer und Kräutern würzen. Mit dem Fond und der Sahne ablöschen und auf kleiner Flamme weich kochen. Zum Schluss ein paar Tropfen Trüffelöl hinzufügen und alles fein pürieren.

Den Nudelteig ausrollen (Maschine oder Nudelholz), die Fülle etwa walnussgroß mit dem Spritzsack oder einem Löffel auf die Hälfte einer Teigbahn aufsetzen. Die andere Hälfte mit Eiweiß bestreichen, zusammenklappen und Ravioli ausstechen. In kochendem Salzwasser 2 bis 4 Minuten garen. Vor dem Anrichten in zerlassener Butter und Kräutern kurz schwenken.

Für die Sauce alle Zutaten im Öl anschwitzen, mit den Weinen ablöschen, Fond hinzufügen und auf die gewünschte Konsistenz einreduzieren.

GASTHOF WALZL

Das Wappen der Familie Jennewein trägt die Jahreszahl „1589" und schmückt die Fassade des schönen „Gasthofs Walzl" im idyllischen Lans oberhalb von Innsbruck. Das Haus wurde in den 1960er-Jahren von den Eltern des heutigen Besitzers, Gerhard und seiner Frau Petra Jennewein, errichtet und ist ein liebevoll geführter Familienbetrieb, der mit den beiden Söhnen Johannes und Paul wohl auch weiterhin in Familienhand bleiben wird. Nach einer umfassenden Renovierung des Gebäudes im Jahr 2007 besticht es nun mit traditioneller Gemütlichkeit, großer Kinderfreundlichkeit und hervorragender Küche. Bei schönem Wetter bietet sich die wunderschöne Gartenterrasse an oder man speist im mit Zirbenholz getäfelten Jägerstüberl, im Johannesstüberl oder im eleganten Restaurant. Vorher nimmt man vielleicht noch einen Aperitif an der Bar und widmet sich dann der Speisekarte, die Küchenchef Kevin John mit seinem Team zusammenstellt, selbstverständlich immer frisch und ausschließlich mit regionalen Produkten. Auch hier ist wieder Familien-Teamwork gefragt: Oma Elsa ist heute noch die gute Seele in der Küche und die Juniorchefin Petra kümmert sich um das Styling der Teller und die stimmungsvollen Dekorationen im Haus. Die Küche wird vom aktuellen Marktangebot bestimmt und offeriert Tiroler Spezialitäten auf gehobenem Niveau. Inhaber und Küchenchef besprechen gemeinsam die Speisekarte, die sich dann zum Beispiel so liest: als Vorspeise Carpaccio vom Tiroler Almochsen oder eine Tomatencremesuppe mit Basilikumcroutons, zum Hauptgang Zwiebelrostbraten mit hausgemachten Spätzle, Rahmschnitzel vom Tiroler Grauviehkalb oder gegrilltes Forellenfilet mit Mandelbutter. Aus Oma Elsas

Gasthof Walzl
Familie Jennewein

Dorfstraße 56
A-6072 Lans

Telefon 00 43 (0) 5 12 / 37 03 80
Telefax 00 43 (0) 5 12 / 37 03 80 50

www.gasthof-walzl.at

Kochtopf kommen Schmankerl wie Pfifferlingsgulasch mit Semmelknödel oder hausgemachte Schlutzkrapfen mit Parmesan und Nussbutter. Ebenfalls empfehlenswert sind das gefüllte Schweinskotelett mit Röstgemüse und Kartoffelgratin, das Rückensteak vom Jungbullen oder – in der Jagdsaison – Rehbraten an Wacholderrahmsauce mit Kartoffelkroketten. Das Wild erlegt der Hausherr mit seinem Vater übrigens selbst. Hinterher munden sicher noch die Marillenknödel mit Butterbröseln auf Beerenragout, das Grießflammeri oder die Tiroler Kirchtagskrapfen. Wer etwas zu feiern hat, ist beim Walzl ebenfalls goldrichtig. Neben der exzellenten Küche sorgen bei Hochzeiten etwa eine Kutschenfahrt und die passende musikalische Umrahmung für ein rundum gelungenes Fest. Vom Aperitif im Garten über ein lukullisches Menü bis zur traumhaften Hochzeitstorte ist alles da. Dass sich die Kleinen nicht langweilen, dafür sorgen der Kinder-Erlebnisspielplatz und die Indoor-Spielecke mit Kinder-Computer und nicht zuletzt auch die Kinder-Speisekarte.

Der Walzl ist aber nicht nur eine erstklassige Adresse zum Schlemmen, sondern kann auch mit modernst ausgestatteten, komfortablen Zimmern aufwarten, außerdem lädt ein kleiner, aber feiner Wellnessbereich zu angenehmer Entspannung.

Rehgulasch mit Pilzknödeln

Zutaten

1 kg Rehschulter
2 große Zwiebeln
3–4 EL Öl
2 EL Tomatenmark
2 EL Preiselbeeren
1/2 l Rotwein
1/2 l Wildfond
Lorbeer, Wacholder, Thymian
Salz, Pfeffer

Für die Pilzknödel:

200 g Pfifferlinge
300 ml Milch
400 g Knödelbrot
5 Eier
1 EL Petersilie, gehackt
Salz

Zubereitung

Das Fleisch in Würfel schneiden, Zwiebel fein würfeln, Öl erhitzen, Fleisch und Zwiebeln darin anrösten, Tomatenmark und Preiselbeeren dazugeben und kurz mitrösten. Mit Salz und Pfeffer würzen, mit Rotwein ablöschen, Wildfond angießen, Kräuter hinzufügen und circa 1,5 Stunden zugedeckt garen.

Für die Knödel die Pilze putzen und klein schneiden, die Milch erhitzen (nicht kochen), restliche Zutaten in einer großen Schüssel vermengen, die warme Milch dazugeben, gut durchkneten, kleine Knödel formen und in Salzwasser garen.

Die Geschichte der Firma „Hafele Catering" geht zurück bis vor den Beginn des Zweiten Weltkriegs, als im Jahr 1932 Josef und Mathilde Hafele im Innsbrucker Stadtteil Pradl ihren Metzgereibetrieb gründeten. Zunächst mit äußerst bescheidenen Mitteln, aber großem ideellen Einsatz, tüftelte Josef Hafele neue Rezepte zur Wurstherstellung aus, er fuhr aufs Land, um gesundes, gutes Vieh zu kaufen und konnte alsbald auf einen treuen Kundenstamm zählen. Seine Frau war mit Leib und Seele im Verkauf tätig und kümmerte sich um die kaufmännische Seite. Nach dem Krieg ging es dann stetig bergauf, das erste Auto in Pradl konnte das Fleisch aus den umliegenden Tälern holen und alle fünf Söhne wurden im elterlichen Betrieb in verschiedenen Sparten angestellt. Aus der reinen Metzgerei entstand im neuen Geschäft in der Anichstraße eine beliebte Imbissstätte. Mathilde Hafeles Weitblick und ihr geschäftliches Talent ließen schon damals das erste „Catering" der Firma mit den berühmten „Kalten Platten" herstellen und ausliefern. Auch die in der würzigen Luft des Mittelgebirges luftgetrockneten Kaminwurzen und Speck erfreuten sich großer Beliebtheit. Immer gefragter wurde jedoch der Hafele-Party-Service, diese Sparte entwickelte sich mehr und mehr und gewann letztendlich die Oberhand über die Fleischhauerei, die schließlich ganz aufgegeben wurde. Heute ist die Firma Hafele Catering schon in der dritten Generation unter Jakob Hafele Garant für die perfekte Organisation von Festen aller Art, ob Privatkunden oder Firmen, ob kleine oder große Feiern, Präsentationen, Galas, Kongresse oder Bälle. Kein Auftrag ist zu klein, aber auch keiner zu groß, dem sich Hafele Catering nicht mit Liebe und Verlässlichkeit widmet, um die Kunden rundum zufriedenzustellen. Wer selbst für seine Freunde kochen möchte, ist mit dem Verleihservice bestens bedient, hier findet jeder etwas nach seinem Geschmack, die Firma Hafele Catering kümmert sich um Tischdekoration, um Porzellan, Besteck und Gläser, je nach Anlass einfach oder elegant, rustikal oder romantisch. Auch Griller, Festzeltgarnituren oder Partyzelte, es wird einfach für alles gesorgt, damit die Gäste nach Lust und Laune feiern können. Die Kulinarik nimmt einen besonderen Platz ein: In der Küche am Firmensitz in Lans bereitet das Kochteam alle Speisen selbst mit höchster Präzision zu. Es wird darauf geachtet, heimische, natürliche Produkte zu verwenden.

Hafele Catering
Jakob Hafele

Römerstraße 171
A-6072 Lans

Telefon 00 43 (0) 5 12 / 37 73 64
Telefax 00 43 (0) 5 12 / 37 73 64 15

www.catering-hafele.com

Congresspark Igls

Je nach Kundenwunsch bietet Hafele Catering eine kulinarische Reise um die Welt in allen Kategorien und Preisklassen – was immer der Kunde wünscht.
Die ideale Location für Events aller Art ist der Congresspark Igls, ein modernes Gebäude in wunderschöner Umgebung, ein innovatives Veranstaltungszentrum mit perfekter Ausstattung, umgeben von einer einzigartigen Naturkulisse, mitten in den Tiroler Alpen, im Kurpark von Igls. Der lichtdurchflutete Glasbau befindet sich nur zehn Autominuten von Innsbruck entfernt. Unter dem Motto „Technik von morgen, Organisation vom Besten, Genuss vom Feinsten“ können 20 bis 400 Personen an Veranstaltungen, Präsentationen oder Kongressen teilnehmen und in verschiedenen Räumlichkeiten bestens bewirtet werden, an Stehtischen, mit Lounge-Möbeln, mit Tischservice, Flying Service oder Selbstbedienung – für alles wird bis ins kleinste Detail liebevoll und originell gesorgt. Die Gäste profitieren dabei von der Professionalität eines international erfahrenen Hauses und können zwischen einem großen Panoramasaal, zwei kombinierbaren Seminarräumen und einem hellen, großzügigen Foyer wählen: ein Ort, in dem jedes Event zum Erfolg wird.

Congresspark Igls

Eugenpromenade 2
A-6080 Igls bei Innsbruck

Telefon 00 43 (0) 5 12 / 5 93 66 20
Telefax 00 43 (0) 5 12 / 5 93 67

www.come-innsbruck.at

ALPENLOUNGE SEEGRUBE & HAFELEKAR

Alpenlounge Seegrube & Hafelekar

Höhenstraße 145
A-6020 Innsbruck

Telefon 00 43 (0) 6 64 / 8 59 13 08

www.seegrube.info

Der Berg ruft! Und diesem Ruf sollte folgen, wer bei einem unbeschreiblichen Ausblick über Innsbruck und die umliegende Bergwelt auch kulinarische Genüsse erleben möchte. Schon die Anfahrt ist ein Erlebnis: Sie beginnt auf 560 Metern Höhe in der Innsbrucker City in unmittelbarer Nähe zur Altstadt mit ihren historischen Gebäuden und dem weltberühmten Goldenen Dachl. Bei der unter Denkmalschutz stehenden Seegrube angekommen, die vom Tiroler Architekten Franz Baumann 1927 erbaut wurde, eröffnet sich dem Besucher ein ergreifendes Panorama: In 1 900 Metern Höhe fühlt man sich wie ein Vogel, der über allem schwebt. Von hier aus genießt man 300 Meter über Innsbruck an 350 Tagen im Jahr einen wolkenfreien Blick über die Stadt, über das gesamte mittlere Inntal, die Stubaier und Zillertaler Alpen und über das Wipptal bis zur italienischen Landesgrenze. Es geht aber auch noch höher, nämlich aufs Hafelekar in 2 260 Metern Höhe – mit der Seegrube bildet es das Naherholungsgebiet Nr. 1 im Innsbrucker Raum. Täglich bis 17.30 Uhr kann man im „Restaurant Alpenlounge Seegrube" entweder auf der Sonnenterrasse oder in den gemütlichen Stuben diese herrliche Aussicht genießen. Natürlich wird für das leibliche Wohl ebenfalls bestens gesorgt: Aus dem Suppentopf gibt es zum Beispiel verschiedene Knödelsuppen, Kartoffel- oder Gulaschsuppe. Die Würstelecke hält Frankfurter, Berner, Lamm- oder Bratwürstel mit Pommes, Salat oder Kraut bereit und für

den kleineren Appetit bietet sich die Brettljause oder ein frischer Salat an. Deftiges zum Hauptgang wären etwa Schweineschnitzel Wiener Art, Knödelduett auf Sauerkraut, Tiroler Gröstel oder Rindsgulasch mit Serviettenknödel. Und hinterher oder zum Nachmittagskaffee vielleicht Apfelstrudel oder den Seegrubenstrudel, gefüllt mit Äpfeln, Birnen, Topfen und Mohn.

Im Obergeschoss der Alpenlounge laden zwei stilvolle Räume zu geselligem Beisammensein mit Speis' und Trank, die man reservieren oder buchen kann – bestens geeignet zum Beispiel für ein romantisches Candle-Light-Dinner oder Feierlichkeiten aller Art. Als Tagungs-Location ist die Alpenlounge ein in Europa einzigartiger Ort.

Unter dem Motto „Ride & Dine" erwarten die Besucher jeden Freitag ab 18 Uhr À-la-carte-Köstlichkeiten in der Alpenlounge und im Oktober und November ist hier ausgelassenes Törggelen angesagt mit typischen Tiroler Schmankerln und gebratenen Kastanien. Zur Weihnachtszeit hat sich das Team der Alpenlounge etwas Besonderes ausgedacht. Die ringsum verschneite alpine Bergwelt ist ja schon ein Erlebnis für sich und der Blick auf die funkelnden Lichter der Stadt zu Füßen ist dann besonders schön. Ende November bringt der Panorama-Christkindlmarkt mit zahlreichen Gaumenfreuden und allerlei weihnachtlichen Souvenirs zauberhafte Adventsstimmung für Groß und Klein.

Schweinefilet auf Pfifferlingrahm

Zutaten

650 g Schweinefilet im Ganzen
Öl zum Braten
30 g Butter
8 Rosmarinzweige
Salz, Pfeffer

Pfifferlingrahm:

100 g Schalottenwürfel
20 g Knoblauch, geschnitten
50 g Butter
400 g Pfifferlinge, geputzt
1 Msp. Curry
250 ml Schlagobers, flüssig
250 ml Schlagobers, geschlagen
50 g frischer Majoran
Salz, Pfeffer

Zubereitung

Beim Fleisch die obere Sehne wegschneiden, Filet salzen und pfeffern, in einer heißen Pfanne in Öl rundherum scharf anbraten. Butterflocken und Rosmarin hinzufügen und im Ofen 8 Minuten bei 120 °C fertig garen, aus der Pfanne nehmen und rasten lassen.

Für den Pfifferlingrahm Schalotten und Knoblauch mit Butter in einem Topf leicht angehen lassen. Pfifferlinge dazugeben, alles kurz anschwitzen und mit der flüssigen Sahne aufgießen. Mit einer Messerspitze Currypulver sowie etwas Salz und Pfeffer würzen und so lange reduzieren, bis fast keine Flüssigkeit mehr im Topf ist. Majoran und geschlagenen Obers dazugeben und nachwürzen. Das Schweinefilet in Scheiben schneiden und auf dem Pfifferlingrahm anrichten, einen Rosmarinzweig aufstecken.

Dazu passen mediterranes Gemüse (Paprikaschote, Zucchini, Auberginen, Champignons, in Olivenöl gebraten) und Polenta.

TIROLER BAUERNKELLER

Tiroler Bauernkeller

Meinhardstraße 13
A-6020 Innsbruck

Telefon 00 43 (0) 5 12 / 56 27 38
Telefax 00 43 (0) 5 12 / 56 27 385

www.erlebnisgastro.at

Ein Spaziergang durch Innsbruck und seine schöne Altstadt ist immer ein Erlebnis. Wer das berühmte Goldene Dachl bestaunt hat, durch verwinkelte Gassen geschlendert ist, der Hofburg einen Besuch abgestattet und sich vielleicht das eine oder andere Museum angeschaut hat und nun Appetit auf echt tirolerische Spezialitäten verspürt, dem ist eine Einkehr im „Tiroler Bauernkeller" wärmstens zu empfehlen. Das Gasthaus in der Meinhardstraße ist schon lange bekannt für schmackhafte, bodenständige Küche in gemütlichem Ambiente. Der urige Gewölbekeller in zentraler Lage ist mit rustikalen Holzmöbeln eingerichtet und eignet sich für einen Snack in der Mittagspause genauso wie für ein zünftiges Abendessen in geselliger Runde oder rauschende Feste wie Geburtstags-, Weihnachts- oder Hochzeitsfeiern. Zum Essen und Feiern kann man sich auch in der heimeligen „Eduard-Wallnöfer-Stube" niederlassen, der ehemalige Tiroler Landeshauptmann war nämlich Stammgast im Bauernkeller und hat sich hier oft mit Speis und Trank verwöhnen lassen. Und was dem Landeshauptmann geschmeckt hat, kann den Gästen heute auch nur recht sein: Ganz original tirolerisch geht es mit „A Supperl", vielleicht mit einer Speckknödelsuppe, los oder, „Wann's Magerl nur a bissl brummt", wenn der Hunger also nicht gar so groß ist, greift man zu einer kalten Vorspeise wie dem „Sauren Trio" aus Haussulz, Graukas und Rindsgeselchtem. „Wos Bärigs", also ganz

Gebratene Ripperl

Zutaten

etwa 1 kg Schweinsrippen
etwas Knoblauch, Kümmel und Senf
Salz, Pfeffer

Zubereitung

Die Ripperl mit Salz, Pfeffer, zerdrücktem Knoblauch, Kümmel und Senf würzen und im vorgeheizten Ofen bei 180 °C circa 20 bis 25 Minuten braten.

was Gutes, sind die Spezialitäten des Hauses wie die unvergleichlichen, ofenfrischen Ripperl mit Knoblauchbrot und Speckkraut, der Zwiebelrostbraten, Gulasch mit Polenta oder das Andreas-Hofer-Pfandl mit Schweinefiletspitzen in Pilzrahmsauce und Spätzle. Apropos Spätzle: Jeden Mittwoch ist „Spatzln-Tag“ im Bauernkeller, dann gibt es Kas-, Schinkenrahm- und Jägerspatzln „all you can eat“. Die Menükarte wechselt täglich und lässt keine kulinarische Langeweile aufkommen: Tomatencremesuppe, Zürcher Rahmgeschnetzeltes mit Bandnudeln oder Pikanter Gemüseauflauf. Zu jedem Gericht können sich die Gäste vom gut bestückten Beilagen- und Salatbuffet bedienen. Bier vom Fass und edle Tropfen von renommierten Winzern gehören auch dazu. Auch Süßmäuler kommen auf ihre Kosten, etwa mit Kaiserschmarrn oder mit Moosbeernocken.

Wer die Schmankerln des Bauernkellers lieber zu Hause genießt: Alle Speisen und Getränke gibt es auch zum Mitnehmen. Und diejenigen, die sich schon vorher über die wöchentlichen Menüs informieren möchten, können sich alle Informationen bequem per E-Mail schicken lassen.

Ab Oktober ist das beliebte „Törggelen“ angesagt: Dann fließt der neue Wein aus den Fässern und dazu wird ein mehrgängiges Menü serviert: zuerst Gerstsuppe, dann Kasspatzln, als Hauptspeise Selch- und Surfleisch (geräuchertes und gepökeltes Schweinefleisch), Ripperl, Kraut und Knödel. Zum Dessert gibt es ausgebackene, gefüllte Krapfen und natürlich frische, gebratene Kastanien.

DAS STUBAITAL

Das Stubaital ist das zentrale Tal der Stubaier Alpen und zieht sich etwa zehn Kilometer südlich von Innsbruck in südwestlicher Richtung 30 Kilometer entlang der Ruetz bis zum Skigebiet des Stubaier Gletschers. Die bekanntesten Orte sind Schönberg, Mieders, Telfes, Fulpmes und Neustift. Wer im Stubaital Urlaub macht, findet sich in einem Naturparadies wieder, das alle Wünsche erfüllt, die man sich von den schönsten Wochen des Jahres erwartet, und zwar übers ganze Jahr. Malerische Dörfer, traumhafte Aussichten, Ruhe und eine herrliche Umgebung: Wiesen und Wälder, Seen und Berge, Felsen und Gletscher bieten alles, was das Herz begehrt, ob man einfach nur relaxen oder sich aktiv betätigen will.

Auf keinen Fall versäumen sollte man eine Fahrt mit der Stubaital-Bahn, die seit 1905 vom Innsbrucker Hauptbahnhof bis Fulpmes fährt und dabei an acht Bahnhöfen in Natters, Mutters, Kreith und Telfes hält. Fast wie das „Wahrzeichen" des Stubaitals ist die hinter Mieders aufragende „Serles", eine wahrhaft majestätische, ja elegante Erscheinung in ihrer dreizackigen Symmetrie. Schon Alexander von Humboldt bezeichnete die Serles als den „schönsten Berg der Alpen" – schon von Weitem sichtbar, wenn man von Innsbruck Richtung Stubaital fährt.

Schönberg ist der erste Ort – für viele ein Begriff, weil sich gleich hier die große Mautstation der Brenner-Autobahn befindet. Das Dorf liegt nur zehn Autominuten von Innsbruck entfernt und eignet sich bestens als Ausgangsort für alle möglichen Aktivitäten.

Der kleine Ferienort Mieders am Eingang zum Stubaital ist etwas für Menschen, die sich lieber in Ruhe erholen und auf großes Nightlife verzichten. Wanderer und Mountainbiker haben mit dem Erlebnisberg Serles das Paradies gefunden und auch Skifahrer und Skitourengeher kommen auf ihre Kosten. Unvergesslich ist auch eine Fahrt mit der Sommerrodelbahn und Kulturinteressierte machen sich auf den Weg zu Europas höchst gelegenem Wallfahrtsort Maria Waldrast mit Heilquellen und dem Klostergasthof.

Madraz

Telfes kann sich rühmen, der sonnigste Ort des Stubaitals zu sein – durch die geographische Lage scheint hier die Sonne von früh bis spät auf eine wildromantische Berglandschaft.
Fulpmes ist das „Dorf der Schmiede“ und liegt eingebettet in sanft ansteigenden Wiesen. Teilweise noch erhaltene Stollen und darin gefundenes Werkzeug weisen auf die jahrhundertealte Bergbau-, Hütten- und Eisenverarbeitungstradition hin. In Fulpmes befindet sich auch die Talstation der Kreuzjochbahn, die ins Wander- und Skigebiet Schlick 2000 führt. Etwas Besonderes ist der Alpen-Erlebnispark mit Pflanzenlehrpfad, Biwakgrotte und Klettergarten – außerdem lockt hier der sicher schönste Panoramasee der Alpen.
Familien finden im Stubaital ideale Voraussetzungen für rundum gelungene Ferien – und das trifft besonders auf den Winter zu. Zwischen 1 750 und 3 210 Metern gibt es alles, was die Herzen der Wintersportler höherschlagen lässt: 110 bestens präparierte Pistenkilometer mit leichten bis anspruchsvollen Abfahrten versprechen Skifahrern und Snowboardern größten Spaß. Das größte Gletscherskigebiet Österreichs kann von Mitte September bis Juni – je nach Schneelage – befahren werden. 25 Seilbahnen und Lifte bringen die Urlauber in luftige Höhen. Ganz etwas Neues stellt der „Audio-Guide“ dar: Der Stubaier Gletscher ist von alters her auch ein Ort vieler Sagen und Mythen, denen man auf diese Weise beim Wandern lauschen kann. Der Gletscher ist ein idealer Ausgangspunkt für zahlreiche Wanderungen in den Stubaier Alpen. Für gemütliche Einkehr ist in vielen Wirtshäusern und auf Themenwanderungen ebenfalls gesorgt. Kulinarische Wegweiser zeigen die besten Gasthäuser, Restaurants, Jausenstationen, Hütten und ganzjährig geöffneten Ausflugsziele mit heimischen Gerichten an, denn im Stubaital stammen die Lebensmittel vorwiegend aus der Region, das reicht von Milch und Käse über Forellen und Saibling, Gemüse und Kartoffeln bis zu Fleisch, Honig, Marmeladen und Schnaps.

Telfes

GASTHOF JENEWEIN

Gasthof Jenewein

Familie Stefan und Angelika Schmid

Herrengasse 17
A-6166 Fulpmes

Telefon 00 43 (0) 52 25 / 6 22 91
Telefax 00 43 (0) 52 25 / 6 45 00

www.gasthofjenewein.at

Bereits in der vierten Generation ist der „Gasthof Jenewein" in Fulpmes als Traditionsgasthaus bekannt und beliebt. Als Gast fühlt man sich in den heimelig eingerichteten Stuben wie zu Hause. Überall liebevolle Dekorationen wie Porzellankannen, Kupfertöpfe, Messinglöffel, Kaffeemühlen und Blumengebinde und immer wieder Herzen. In dem kleinen hölzernen Stadel nebenan kann man viele der alten, schönen Dinge auch erwerben. Angelika Schmid hat mit dieser Liebe zum Detail eine Wohlfühlatmosphäre geschaffen, die Gäste von nah und fern anzieht. Hier kann man „gmiatlich hockn" und sich die gute Küche der Hausherren schmecken lassen. Angelika ist Köchin mit Leib und Seele und hat bei der Mutter gelernt. Viele Jahre auf der Alm, die Liebe zur Natur und alte Rezepturen haben das Übrige dazu beigetragen, dass man Angelikas Küche im allerbesten Sinne als

„gutbürgerlich-regional" bezeichnen kann. Je nach Saison erntet sie dafür alle möglichen Gemüse und Kräuter aus dem eigenen Garten gleich gegenüber, wo sich auch ein Kinderspielplatz befindet. Da tummeln sich herrlich duftende Bauernrosen neben bunten Malven und Violen, deren Blüten Angelika auch in der Küche verwendet. Da wachsen auch Rucola, Lavendel und Oregano, Rosmarin, Thymian

Steinpilzknödel

Zutaten
500 g Knödelbrot
ca. 250 ml Milch
1 Zwiebel
Butter zum Braten
200 g Steinpilze, küchenfertig
2 Knoblauchzehen
1 Bund Petersilie
braune Butter und Parmesankäse
Salz, Pfeffer aus der Mühle

Zubereitung
Das Knödelbrot mit heißer Milch übergießen. Die Zwiebel fein schneiden und in Butter mit den Pilzen abrösten und so lange dünsten, bis die Flüssigkeit völlig verdunstet ist. Knoblauch, gehackte Petersilie, Salz und Pfeffer hinzufügen, zum Knödelbrot geben und zu einem kompakten Teig vermischen. Eine Weile rasten lassen, dann Knödel formen, in kochendes Wasser geben und 10 bis 15 Minuten ziehen lassen. Auf Tellern anrichten, mit brauner Butter übergießen und mit Parmesankäse bestreuen. Dazu passt ein frischer Salat.

und Zitronenverbene, Austernkraut, Borretsch und Zierfarn. Ganz nach Lust und Laune stellt sie daraus ihre eigenen Gewürzmischungen her, glutenfrei und mit Himalayasalz veredelt, zum Beispiel Knoblauch, Ingwer und Zitronensalz für Fisch und Salat. Zum Speisen stehen die Bauernstube mit Kachelofen oder das geräumige À-la-carte-Restaurant zur Verfügung. Aus den liebevoll selbst gestalteten Speisekarten kann man sich die wöchentlich wechselnden Schmankerln aussuchen, zum Beispiel als Vorspeise den Stubaier Bauernsalat oder die Kasknödelsuppe. Hauptspeisen sind unter anderen die Nudelpfanne mit Räucherforelle, Tomaten und Rucola, der Burgunderbraten mit Kroketten, der Zigeunerspieß oder ein saftiges Rindsgulasch mit Knödeln. Fleischlos glücklich ist man mit Mangold-Schwammerl-Knödel mit Gorgonzolasauce. Etwas Besonderes ist das Lamm im Heu und dunkler Biersauce. Im Herbst sind es dann die Wildgerichte und die verschiedenen Gerichte mit Pilzen – Pilzesuchen ist ein Hobby der Wirtsleute. Zu jeder Jahreszeit gibt es Knödel in allen Variationen, vom einfachen Semmelknödel über Brennnessel-, Käse- und Spinatknödel bis zum beliebten Tiroler Speckknödel. Als Nachtisch bietet sich ein hausgemachtes Rosenblätterparfait an.

Im Herbst ist im Gasthof Jenewein das beliebte „Törggelen" angesagt. Im früheren Stallgebäude sitzen dann kleinere Gruppen und lassen sich die herzhaften Spezialitäten nebst neuem Wein schmecken. Der alte Futtersilo wurde als kleine Weinstube für Weinverkostungen umgebaut. Übrigens kann man beim Jenewein auch „fein schlaffn" – komfortable Zimmer lassen die Gäste in alle Ruhe einem feinen Frühstück entgegenträumen.

CAFÉ BAR CARAMBA

Café Bar Caramba
Erwin und Isabella Rauter

Waldrasterstraße 13a
A-6166 Fulpmes

Telefon 00 43 (0) 6 99 / 16 29 68 00

www.bar-caramba.at

Wo es noch vor einiger Zeit hieß: „Einmal waschen und legen, bitte", ordert man heute Prosecco, Wein oder Bier, den besten Eiskaffee weit und breit oder eine Kleinigkeit zum Essen: Die Bar „Caramba" in Fulpmes in den hellen Räumlichkeiten eines ehemaligen Friseursalons ist das ganze Jahr über der Treffpunkt für Jung und Alt, für Einheimische und Gäste. Erwin Rauter ist gebürtiger Salzburger und seit 33 Jahren in Fulpmes ansässig, seine Frau Isabella ist waschechte Stubaierin. Sie war es auch, die den rasanten Namen der Bar „erfunden" hat. Das Caramba ist eine gelungene Mischung aus Café, Bar und Lounge, in der man sich an der Theke mit Freunden auf ein „Glasl" trifft oder sich an den Tischen zu einem Stück Apfelstrudel, Sacher- oder Erdbeertorte oder einem Snack niederlässt. Im Sommer lädt die Terrasse vor dem Eingang zum Sitzen und Schauen, dazu gönnt man sich vielleicht eine Insalata Caprese, eine

Eiskaffee „Caramba"

Zutaten

4 Kugeln Vanilleeis bester Qualität
1/16 l Obers, geschlagen
2 EL Kaffee Hag (gefriergetrockneter, entkoffeinierter Bohnenkaffee)

Zubereitung

Das Kaffeepulver mit 1 cl kochend heißem Wasser überbrühen. Die Hälfte des Obers mit dem Eis verquirlen, dann den Kaffee hinzufügen und alles mithilfe eines Schneebesens „gefühlvoll verrühren". Auf Schalen verteilen und mit der restlichen Sahne garnieren.

Platte mit Serrano-Schinken oder den beliebten Eiskaffee, eine Spezialität des Chefs – alles andere ist nur „kalter Kaffee". Alles wird à la minute ganz frisch zubereitet, auch die Eisbecher mit frischen Früchten der Saison. Wem es nach etwas Alkoholischem gelüstet, ist zum Beispiel mit den Weinen der renommierten Weingüter Bründlmayer oder Klosterneuburg bestens bedient. Wenn sich der kleine Hunger meldet, schaffen Erwin und Isabella Abhilfe mit Bauerntoast, Lasagne, Kartoffel- oder Gulaschsuppe.

Das Caramba ist zu jeder Tages- und Nachtzeit ein gern besuchter Treffpunkt: vormittags nach dem Einkaufen zu einer Tasse Kaffee, am späteren Nachmittag nach der Arbeit auf ein Bier oder Glas Wein, und im Winter mischen sich zahlreiche Skiurlauber zum Après-Ski unter die einheimischen Stammgäste. Jeden Freitag ist dann Livemusik angesagt. Apropos Musik: Hier haben Erwin und Isabella eine super Mischung zusammengestellt, die für jeden Geschmack etwas bereithält: mal sind es Oldies der 70er und 80er, mal englische oder deutsche Schlager, mal Pop und Rock. Als gelernter Oberkellner und jahrelanger Hoteldirektor weiß Erwin Rauter genau, womit er seine Gäste begeistern kann. Mit dem Caramba hat sich in Fulpmes eine Nische geschlossen, die sich neben den vielen Einheimischen vor allem an die Urlauber wendet, die nicht das „All-inclusive-Paket" gebucht haben und an keine starren Essenszeiten in ihren Unterkünften gebunden sind. Im Caramba kommen sie mit der ansässigen Bevölkerung ins Gespräch. Erwin bietet seinen Gästen aber nicht nur Speis und Trank und Musik, sein Engagement geht noch weiter: Es gibt schon eine Caramba-Stammtisch-Fußballmannschaft, die gegen andere Gasthaus-Mannschaften in Tirol antritt. Dann ist da der Staffellauf der Stammgäste, eine Art „Iron Man" im Stubaital, der sich aus Radfahren, Laufen und Schwimmen zusammensetzt – dem Gewinner winkt mal eine Flasche Bacardi, mal eine Kiste Bier. Zur Preisverleihung wird dann ein Grillfest auf der Fronebenalm veranstaltet. Ein anderes Event des Caramba ist das Stammtisch-Skirennen am Ostersonntag, bei dem alle fünf Hütten in einer bestimmten Zeit angefahren werden müssen – Spaß für alle ist garantiert. Dass es das Caramba noch lange gibt, dafür ist auch gesorgt: Erwins und Isabellas Tochter durchläuft gerade die Ausbildung zur Restaurantfachfrau und hilft in ihrer freien Zeit schon gerne mit. Noch ein kleiner Tipp zum Schluss: Die Sammlung alter Kaffeemühlen über dem Tresen ist ein echter Hingucker und Erwins Hobby.

ZUR
GALT-ALM

ALPENGASTHAUS SCHLICKERALM

Auf der Schlicker Alm sind die Alpen genau so, wie man sie sich vorstellt: Gewaltige graue Bergmassive – die „Kalkkögel" – umrahmen ein grünes Tal mit Wäldern und einem See. Kühe grasen auf saftigen Weiden und mittendrin das große Gasthaus samt Stallungen und Kapelle, eine Idylle, die sommers wie winters zur Einkehr lädt, wo man den Alltag weit hinter sich lassen kann und wo man dem Himmel einfach ein Stück näher ist. Die Ruhe hier oben ist eine Wohltat für lärmgeplagte Städter. Im Sommer hallen nur die Kuhglocken durch die frische Luft. Dann verbringen insgesamt 90 Kühe mit ihren Kälbern hier ihre „Sommerferien". 45 von ihnen werden täglich gemolken, ihre Milch zu Butter, Topfen (Quark), Joghurt und Graukäse verarbeitet. Seit circa 600 Jahren wird in der Schlick Almwirtschaft betrieben, die damals einzige Wegverbindung trägt heute noch den Namen „Buttermilchsteig".

Das Gras der Almen ist kräuterreich und regt die Kühe zu längeren Weidegängen an, was zwar zu einer geringeren Milchmenge, gleichzeitig aber zu höherer Milchqualität führt, außerdem ist der Eiweißgehalt der Almmilch höher als der der Talmilch. Auch Fleisch von der Alm ist begehrt, die Jungstiere werden mit Magermilch gefüttert, das garantiert eine gute Fleischqualität.

Alpengasthaus Schlickeralm
Familie Andreas Stern
A-6166 Fulpmes

Telefon 00 43 (0) 52 25 / 6 24 09
Telefax 00 43 (0) 52 25 / 6 24 093

www.schlickeralm.at

Also lassen wir uns auf der Terrasse oder in den gemütlichen Räumen und Stuben des Gasthauses nieder, das seit 55 Jahren von Familie Stern und ihrem Team geführt wird. Ein Blick in die Speisekarte verrät: Im Gasthaus „Schlickeralm" gibt es „richtige" Tiroler Küche, herzhaft und gesund. Wer nur eine kleine Jause zu sich nehmen will, greift zu hausgemachtem Graukäse mit Zwiebeln, Essig und Öl, zu verschiedenen Topfenaufstrichen, zu Würstln oder Eierspeisen. „Almerisches" ist zum Beispiel mit den unvergleichlichen Topfennocken, mit Kasspatzln oder Tiroler Gröstl vertreten, als Hüttengerichte bieten sich Gulasch mit Polenta, Wiener Schnitzel oder Spaghetti an. Auch Süßmäuler kommen mit Mehlspeisen wie Kaiserschmarrn mit Apfelmus oder Preiselbeeren, mit hausgemachtem Topfen- oder Apfelstrudel oder mit Germknödel mit Butter und Mohn auf ihre Kosten.

Kinder erleben auf der Schlickeralm die Natur spielerisch und freuen sich über Kaninchen, Meerschweinchen und Hängebauchschweine. Der „Schlicker Erlebnisweg" führt auf einer Länge von 750 Metern durch herrliche Lärchenwälder zum malerisch gelegenen Panoramasee. Etliche Herausforderungen wie Wasserstaustufen, die „Tarzanrutsche", Kletternetz, Kriechtunnel, „Wackelband" oder „Seilartist" lassen keine Langeweile aufkommen. Auch die Erwachsenen können die Tiroler Bergwelt von ihrer schönsten Seite erleben und direkt vor der Haustür zu kurzen Spaziergängen, zu Almwanderungen oder Klettertouren aufbrechen. Müde Bergfreunde schlafen sich in heimeligen Zimmern aus und genießen das herrliche Almfrühstück. Etwas ganz Besonderes ist der unvergleichliche Sonnenaufgang mit anschließendem Bergfrühstück in der urig-rustikalen Sennjochhütte auf 2 225 Metern Höhe. Wer im Winter im Gasthaus Schlickeralm übernachtet, ist in der Früh schon auf der Piste, während die Gäste aus dem Tal noch auf dem Weg nach oben sind. Den Winterurlaubern eröffnet sich ein Familienskigebiet mit insgesamt 22 Pistenkilometern aller Schwierigkeitsstufen. Beim Rodeln, Winter- oder Schneeschuhwandern oder beim Langlaufen genießt man ebenso die zauberhafte Landschaft und lässt sich danach im Gasthaus Schlickeralm mit Speis' und Trank verwöhnen.

Stubaier Topfennocken

Zutaten

500 g Bauerntopfen (Quark)
2 Eier
circa 300 g Mehl
Butter oder Margarine zum Braten
250 ml Rahm
Salz, Pfeffer aus der Mühle

Zubereitung

Alle Zutaten außer dem Rahm kurz zu einem trockenen, geschmeidigen Teig kneten, zu einer etwa 5 Zentimeter dicken Rolle formen und 2 Zentimeter breite Stücke abschneiden. Diese mit etwas Mehl zu Nocken flachdrücken und in einer Pfanne in nicht zu heißem Fett von beiden Seiten hellbraun braten. Mit dem Rahm übergießen, wenden und mit Salz und Pfeffer würzen.
Dazu passt grüner Salat.

BÄCKEREI KEMPF

Bäckerei Kempf
Familie Stefan Kempf

Dorf 34
A-6167 Neustift

Telefon 00 43 (0) 52 26 / 22 36
Telefax 00 43 (0) 52 26 / 21 87

www.baeckerei-kempf.at

Brot – eines der ältesten Nahrungsmittel der Menschheit: Schon vor über 10 000 Jahren stand Getreide in vielfältigen Zubereitungsarten auf unserem Speiseplan. Neben dem Aspekt der Ernährung besitzt Brot seit Urzeiten auch einen hohen Symbolwert, ist Opfergabe und Heiligtum. Im alten Ägypten wurden Gerste und Emmer als Grabbeigaben ins Reich der Toten mitgegeben. In Griechenland verehrten die Menschen Demeter, die Göttin des Getreides und der Fruchtbarkeit, die Römer die Göttin Ceres, von der sich bis heute die Bezeichnung „Zerealien" für Getreide ableitet. Und wer von „echtem Schrot und Korn" ist, das ist ein ehrlicher, rechtschaffener Mensch. Und hier sind wir schon beim Bäckermeister Kempf aus Neustift, der aus ehrlichen, gesunden Zutaten sein Brot backt: Täglich, aber nicht alltäglich ist seine Devise. Schon in der dritten Generation führt Stefan den Familienbetrieb und beliefert das Stubaital und die Umgebung mit frischem Brot und Gebäck. Unter dem Leitsatz „Aus Liebe zum Brot" sorgt heute ein gut eingespieltes Team für frisches Brot und leckere Kuchen. Täglich wird rund eine halbe Tonne Mehl der verschiedensten Sorten, von Weizen über Roggen bis zu Dinkel, mit Granderwasser zu knusprig-frischem Brot in Handarbeit und frei von jeglichen Konservierungsstoffen hergestellt. 30 Sorten Kleingebäck von der Semmel über Salzstangerl bis zur Laugenbrezn und 40 verschiedene Sorten Brot lassen die Herzen der Kunden höher schlagen. Das Weißbrot wird noch wie zu Großvaters Zeiten auf traditionelle Weise „gedampfelt", was die Frischhaltung verlängert und den Geschmack verbessert. Sämtliches Kleingebäck entsteht

individuell aus einem Stück Teig durch Rollen, Wickeln und Flechten, bevor es mit Mohn, Kürbiskernen, Salz oder Sesam bestreut wird. Neben klassischem Baguette bereichern Kürbis-, Korn-, Nuss-, Bauern- oder Laugenbaguettes das Angebot. Ganz im Trend der Zeit sind auch die Mehrkorn- und Vollkornbrote. Um den hohen Ansprüchen der Kunden gerecht zu werden und das Sortiment laufend zu erweitern, denkt sich Bäckermeister Kempf immer wieder neue Rezepte für Kornbrote aus. Schwarzbrot mit Sauerteig ist ein herzhaft-würziges Vergnügen. Dank der langen Ruhezeit kann sich das Aroma besonders gut entwickeln. Nach dem Backen auf Steinplatten entfaltet sich der saftig-kräftige Geschmack mit fein abgestimmten Gewürzmischungen und herrlichem Duft. Auch feines Süßgebäck wie Faschingskrapfen, Mohnschnecken, Nusskipferl, Marillenkuchen, Linzer Torte, Apfelstrudel und Leckeres fürs Frühstück bietet der Bäckermeister an.

Sehr großen Wert legt man in der Bäckerei Kempf auf regionale Lebensmittel und Biobackwaren, womit Hotels, Pensionen und die Reformhäuser der Umgebung beliefert werden.

Das Getreide stammt aus kontrolliert biologischem Anbau und die Äpfel für den Apfelstrudel aus dem elterlichen Biolandbauernhof. In den Filialen kann man sich an zahlreichen Biobroten erfreuen, aber auch das gesamte Biosortiment kommt nicht zu kurz: von Biotees, Biomarmeladen über Bionudeln und -saucen bis hin zu Bio-Hanf-Schokolade. Eine große Leidenschaft der beiden Feinschmecker Ursula und Stefan ist, die Produzenten auf ihren Reisen selbst kennenzulernen und so Lebensmittel, die man in keinem Supermarkt bekommt, in den Geschäften anzubieten. Sojaprodukte, Kokosnuss-, Hafer- und Mandelmilch, glutenfreie Süßigkeiten und Brote sind nur einige der Spezialangebote für Menschen mit Lebensmittelallergien.

Neben dem Stammhaus in Neustift ist es besonders das Geschäft in Fulpmes, das mit seinen an der Fassade angebrachten, kunstvoll nachgebildeten Brötchen und Tortenstücken zum Eintreten einlädt. Alle Filialen verfügen auch über ein kleines Café, in dem man bei einer guten Tasse Kaffee oder Tee die frischen Brote und Kuchen gleich kosten kann. In Arzl bei Innsbruck bildet das Interieur mit antiken Möbeln einen besonders gemütlichen Rahmen. Ein kleiner Tipp: Statt Kaffee oder Tee bestellt man sich vielleicht ein Glas naturtrüben „Mellitas“-Apfelsaft aus Bioäpfeln, den Stefans Frau Ursula vom elterlichen Bauernhof aus Südtirol mitbringt. Übrigens kann man all diese Köstlichkeiten auch sonntags genießen!

Vinoribis
Familie Ribis

Kampl Gewerbezone 12
A-6167 Neustift-Kampl

Telefon 00 43 (0) 52 26 / 27 08
Telefax 00 43 (0) 52 26 / 35 61

www.vinoribis.at

„Der Wein ist unter den Getränken das nützlichste, unter den Arzneien die schmackhafteste, unter den Nahrungsmitteln das angenehmste" – so steht Plutarchs Spruch in großen Lettern in der großen, fast wie ein Kirchenschiff anmutenden Halle von „Vinoribis". Das kleine Kampl im schönen Stubaital, nur 20 Autominuten von Innsbruck entfernt, ist der Standort der Weinhandlung, die mit Daniel Ribis bereits in der zweiten Generation Weinfreunden und solchen, die es werden wollen, mit einem umfangreichen Service zur Seite steht. Natürlich kann man heutzutage in jedem Supermarkt Wein kaufen, aber die Privatkellerei Vinoribis hebt sich sowohl vom Angebot als auch von der Ausstattung und allein schon von der Größe der Räumlichkeiten von allen anderen Weinhandlungen oder -abteilungen ab. Keine Billigweine sollen hier vermarktet werden, sondern feine Gewächse ihre Liebhaber finden – vom Privaten bis zur Gastronomie wendet sich Daniel Ribis mit seinem engagierten Team an vinophile Genussmenschen, die hier von früh bis spät unter 300 bis 400 verschiedenen Weinen ihre Favoriten in aller Ruhe aussuchen können. Die Zeit der Mitarbeiter soll dabei nicht im Organisatorischen investiert werden, sondern in die bestmögliche Beratung. Der Kunde und seine individuellen Bedürfnisse stehen immer im Mittelpunkt. Neben den räumlichen Voraussetzungen stehen den Besuchern das Know-how und die langjährige Erfahrung zur Verfügung. In angenehmer Atmosphäre kann man die Welt der Weine und der Spirituosen kennenlernen. Der Fokus liegt zum einen in den Weinen der österreichischen Heimat. Viele namhafte österreichische Winzer sind bereits seit Jahrzehnten enge Partner der Privatkellerei. Zum anderen bietet das Sortiment natürlich auch Weine aus der ganzen Welt, vor allem aus Italien und Frankreich. Für bis zu 100 Personen werden Verkostungen durchgeführt, die

in dem großen Saal und – für kleinere Gruppen – auch in einem kleinen Raum zu einem Erlebnis werden sollen. In diesem einmaligen Ambiente führt Daniel Ribis zusammen mit seinen ebenfalls bestgeschulten Mitarbeitern den Kunden das ganze Spektrum der Weine und Spirituosen vor. Österreichweit einmalig ist die neue Verkostungsanlage, in der insgesamt 16 Weine temperiert werden und die Oxidation durch ein Stickstoffgemisch, mit dem die offenen Flaschen aufgefüllt werden, bis zu drei Wochen aufgehalten wird. Hier kann man schnuppern und probieren und dabei fachsimpeln und sich unterhalten. Man kauft also nicht die berühmte „Katze im Sack", sondern lässt die edlen Tropfen auf alle Sinne wirken. Dieser Service spricht sich natürlich herum, durch die Mundpropaganda beschränkt sich der Kundenkreis der Privatkellerei Vinoribis nicht nur auf die gehobene Gastronomie, sondern richtet sich auch an Touristen, die etwas Besonderes für einen Hüttenabend suchen oder Weine erwerben möchten, die es beim Discounter um die Ecke nicht gibt. Für Genießer und Weinkenner veranstaltet Vinoribis gerne geführte Verkostungen und Weinseminare: die ideale Veranstaltung für Freunde, Geschäftspartner und Gleichgesinnte. Dann wird man von Familie Ribis in die sinnliche Welt des Weines eingeführt und erlebt einen unvergesslichen Abend. Auch wer ein besonderes Geschenk sucht, macht mit einer Flasche aus dem Vinoribis-Sortiment, ansprechend verpackt, immer eine gute Figur. Über die Grenzen des Stubaitals hinaus bekannt ist mittlerweile der Stubaier Weinherbst, eine beeindruckende Veranstaltung mit namhaften Winzern, die ihre Weine persönlich präsentieren.

DAS WIPPTAL – EIN WINTERMÄRCHEN

Das Wipptal führt von Innsbruck in südlicher Richtung über den Brenner nach Italien und hier nach Sterzing und als „oberes Wipptal" bis Franzensfeste. Fast alle Italienreisenden brausen über die Brennerautobahn gen Süden und überqueren dabei das markanteste Bauwerk, die gigantische Europabrücke. Die Brennerautobahn ist die wichtigste und meistbefahrene Nord-Süd-Querung der Alpen und die wenigsten verlassen sie, um sich die schöne Landschaft und die malerischen Orte einmal näher anzusehen – das lohnt sich nämlich! Vom Wipptal zweigen ein großes – das Stubaital – und mehrere kleinere Täler ab, zum Beispiel Navis, Gschnitz, Schmirn, Pfitsch und Ratschings, die vom Massentourismus weitgehend verschont, mit verträumten Dörfern und Weilern durchsetzt und von atemberaubenden Naturkulissen umrahmt sind. Diese landschaftliche Schönheit beeindruckte schon Johann Wolfgang von Goethe, der 1786 schrieb: „Von Innsbruck herauf wird es immer schöner – da hilft kein Beschreiben".

Wer auf der Bundesstraße das Wipptal durchfährt, kann die imposante Europabrücke von unten bestaunen und reist auf kurviger Straße fast wie anno dazumal vorbei an historischen Gasthöfen, wo zum Beispiel der Tiroler Freiheitskämpfer Andreas Hofer sein Hauptquartier hatte.

Das Wipptal und seine Seitentäler sind auch ein Eldorado für Sportbegeisterte mit unzähligen Möglichkeiten: Wandern, Bergtouren, Mountainbiken, Floßfahrten, Canyoning und Rafting, Klettersteige, Reiten, Schwimmen ... für jeden ist etwas dabei.

Matrei ist eines der reizendsten Örtchen im Wipptal, links und rechts der Hauptstraße reihen sich reich verzierte Häuser aneinander, mit blumengeschmückten Erkern und wunderschönen Wirtshausschildern, die schon

von weitem Tiroler Gastlichkeit versprechen. Im Advent ist die Gasse mit den denkmalgeschützten Gebäuden unbedingt ein lohnendes Ziel. Dann findet der „Tiroler Operetten- und Handwerkeradvent" statt mit romantischer Beleuchtung des Dorfkerns, der zur Bühne für Krippen- und Maskenschnitzer, Wollspinner, Kupfertreiber, Vergolder, Töpfer, Schuster und Konditoren wird, dazwischen Marktstände mit Tiroler Wurstspezialitäten, Glühwein und Punsch, Keksen, Lebkuchen und Zelten.

Besonders urig ist man im Winter nicht nur in Hotels oder Pensionen, sondern in einer Hütte untergebracht, umgeben von nichts als verschneiten Bergen, frischer Luft und absoluter Ruhe. Aber auch Action ist im Wipptal im Winter angesagt: Die Ski- und Freizeit-Arena Bergeralm bietet auf einer Höhe zwischen 1 000 und 2 000 Metern 28 Kilometer top präparierte Pisten aller Schwierigkeitsgrade. Eine Herausforderung ist sicher die „Manni-Pranger"-Weltmeisterpiste – eher etwas für sportliche Skifahrer und Snowboarder, denn sie hat ein Gefälle von bis zu 46 Grad!

Trins im Gschnitztal – eines der malerischsten Seitentäler, ruhig und „einfach" im besten Sinne des Wortes, das heißt keine Hotelklötze, kein Rummel, etwas für Individualisten. Filmfreunde wissen vielleicht, dass Trins 1940 als Kulisse für das Heimatdrama „Wetterleuchten" mit Attila Hörbiger diente, und sogar Hollywood hat es schon hierher verschlagen, nämlich 1969, als der Film „Das vergessene Tal" mit Michael Caine und Omar Sharif in Trins gedreht wurde – der Regisseur war damals begeistert vom wunderschönen Talabschluss – und das sind wir heute noch.

GASTHOF LAMM

Gasthof Lamm

Familie Henökl

Brennerstraße 36

A-6143 Matrei am Brenner

Telefon 00 43 (0) 52 73 / 62 21

www.gasthoflamm.at

Verlässt man im Wipptal einmal die Autobahn und fährt auf der „alten" Brennerstraße, so führt der Weg auch durch das wunderschöne Örtchen Matrei mit seinen historischen Fassaden und den beeindruckenden Wirtshausschildern, die schon von weitem Genuss aus Küche und Keller ankündigen. Eines der schönsten Gasthäuser ist hier der „Gasthof Lamm", Herberge seit dem Jahr 1500 und heute in der vierten Generation eine der besten und traditionsreichsten Lokalitäten des Wipptals. Ein blumengeschmückter Holzbalkon und typische Erkerfenster zieren die hellgrün getünchten, wuchtigen Mauern und tritt man in die geräumige Halle, so ist der erste Eindruck: behaglich, stilvoll, tirolerisch. Wer hier Quartier nimmt, hat das Wipptal

mit seinen vielen Freizeitmöglichkeiten direkt vor der Tür: Man kann zum Beispiel zur weltbekannten Tiroler Wallfahrtsstätte Maria Waldrast wandern, zum Obernberger See fahren, der inmitten von dunklen Fichtenwäldern liegt und vom sagenhaften Tribulaun überragt ist, oder – für ambitioniertere Wan-

derer und Bergsteiger – sich durch herrliche Almwiesen auf den Weg zum Padasterjochhaus machen. Kulinarische Genießer sind im Gasthof Lamm ebenso gut aufgehoben. Hier kocht Hausherr Martin, während sich seine Gattin Veronika um das Wohl der Gäste kümmert. Im Lamm gibt es noch das Stüberl, in dem sich Einheimische auf eine Kartenrunde, einen Plausch und ein Glas Bier oder Wein zusammensetzen. Die familiäre Atmosphäre des geschichtsträchtigen Hauses findet sich in allen gediegen und urgemütlich eingerichteten Räumlichkeiten und den Zimmern. Im Sommer sitzt es sich ganz famos im lauschigen Garten und in der Laube. Zu jeder Jahreszeit serviert der aufmerksame, liebenswürdige Service die Köstlichkeiten aus der Küche, die je nach Saison um Spezialitäten vom Fisch, Spargel oder Wildbret bereichert werden.
Zum Auftakt vielleicht das Tafelspitzsülzchen, das marinierte Rehcarpaccio oder die Pfifferlingrahmsuppe. Als Hauptspeise eignen sich Tiroler Gröstel, Käsespätzle mit Inntaler Bergkäse, die frische Bachforelle aus Rinn, rosa gebratener Lammrücken, Zwiebelrostbraten oder Medaillons vom Jungschwein mit Gorgonzolasauce und Butterspatzlen. Wer auf Fleisch verzichtet, wählt die getrüffelten Kürbisschlutzkrapfen mit Parmesan. Und wenn es nur eine Suppe sein soll: Die erstklassige Rinderbouillon mit Fritatten kommt stilecht und witzig im Henkeltopf daher. Zum Nach-

tisch verführen verschiedene Moussevariationen und Parfaits, Mohnnudeln mit Zwetschkenröster oder Walnusseis mit hausgemachtem Karamell.
Chefkoch Martin lässt sich aber noch viel mehr einfallen, um seine Gäste zu begeistern. So bietet er zum Beispiel Kochkurse für alleinstehende junge Männer an, im Advent kann man einen Kurs im Keksbacken absolvieren und jedes zweite Jahr wird ein österreichischer Winzer eingeladen, der seine besten Tropfen zum Verkosten mitbringt, zu denen Martin Henökl sich dann kreative Speisenkombinationen einfallen lässt.

Tafelspitzsülzchen mit Salatblättern

Zutaten
250 g gekochter Tafelspitz
100 g Karotten
3 Stück Blattgelatine
250 ml Rindssuppe
Saft einer halben Zitrone
50 g eingelegte, kleine Pfifferlinge
2 cl Weinbrand
2 EL Petersilie, fein gehackt
Salz, Pfeffer aus der Mühle

Zubereitung
Den Tafelspitz in kleine Würfel schneiden, Karotten kochen und ebenfalls klein würfeln. Gelatineblätter in kaltem Wasser einweichen, ausdrücken und in der lauwarmen Rindssuppe auflösen, mit Zitronensaft, Salz, Pfeffer und Weinbrand abschmecken.
Eine Terrinenform mit Klarsichtfolie auslegen. Karotten, Pfifferlinge und Tafelspitz mit dem Fleischsuppengelee einschichten und mindestens 4 Stunden kalt stellen. Zum Servieren die Form kurz in heißes Wasser tauchen, stürzen, die Folie abziehen und die Sülze in circa 1 Zentimeter breite Scheiben schneiden. Mit Salat und Olivenöl servieren.

JAUSENSTATION PUMAFALLE

Jausenstation Pumafalle
Gabi und Harald Gatscher

Erlwiesen 250
A-6152 Trins

Telefon 00 43 (0) 52 75 / 53 23

www.pumafalle.at

Eigentlich sollte man diese Adresse für sich behalten – doch Geheimtipps bleiben ja selten welche, weshalb eine der schönsten und urigsten Jausenstationen auch immer sehr gut besucht ist – kein Wunder, wenn man einmal im „Gasthaus Pumafalle" eingekehrt ist! Die Lage: weitab von jeglichem Verkehr, wo sich Hirsch und Hase Gute Nacht sagen, hier ist die Natur noch völlig intakt und perfekt geeignet für Bergwanderungen, Mountainbiketouren, zum Spazierengehen oder um im Winter durch eine der schönsten Loipen Tirols zu spuren. Wie es zu dem ungewöhnlichen Namen des Gasthauses kam, ist wohl auf reines Jägerlatein zurückzuführen, in diese „Falle" tappt man jedenfalls gerne, auch wenn man kein Puma ist, sondern ein Genießer mit Anspruch. Hier speist man gesund und exquisit vom Frühstück bis zum Abendessen, im Sommer im Garten am Waldrand neben dem gurgelnden Bach und in der kalten Jahreszeit in der anheimelnden Wohnstube mit den vielen bäuerlichen Details wie dem alten Holzherd, dem Bauernofen, dem Bord mit Tellern und Vorratsdosen aus Porzellan. Gabi Gatscher ist die Herrin der Töpfe, eine Köchin aus Leidenschaft und mit Liebe, denn um gut zu kochen, braucht es nicht nur gute Rezepte, sondern vor allem beste, natürliche Zutaten. Daraus entsteht zum Beispiel auch das einmal wöchentlich gebackene ofenfrische Bauernbrot aus der Backstube. Im Sommer gehen Gabi und Harald montags und dienstags, wenn das Gasthaus geschlossen ist, gerne Pilze, Beeren und Jochschnittlauch suchen, dabei können sie sich am besten entspannen und neue Energie tanken. Auf einer großen Schiefertafel werden die Speisen angekündigt, die die Wirtin täglich frisch zubereitet. Neben den kalten Schmankerln wie Speck, Kaminwurzen und Käse schmecken zum Beispiel saure Wurst, Kas-

knödelsuppe, Cremesüppchen mit Kohlrabi aus dem eigenen Garten, Kartoffelteigtaschen gefüllt mit Ziegenfrischkäse, auf Vorbestellung ofenfrische Bratl vom Schwein, Kalb, Lamm, Wild oder Rind, Gamswürste, Geschnetzeltes von der Gschnitzer Pute mit Paprikagemüse und Pignolireis. Auch die Nachspeisen wie Ribiselschaumtorte, Cassissorbet mit Prosecco oder Schwarzplentenroulade klingen verführerisch. Allergiker und Menschen mit Zöliakie brauchen in der Pumafalle auf nichts zu verzichten: Ob Hausbrot, Wiener Schnitzel, Kasspatzen oder Kuchen – die Zutaten aller Speisen sind nachvollziehbar und teilweise glutenfrei; keinerlei Fertigprodukte, keine Geschmacksverstärker finden den Weg in Gabis Küche, sondern „Slowfood" heißt die Devise: bäuerliche Spitzenprodukte aus der Region. Und wenn nicht allzu viel los ist und die entsprechenden Lebensmittel vorhanden sind, bereiten Gabi und ihr Team auch gerne eine „Extrawurst" zu. In der Pumafalle lassen sich bestens Familienfeste, Törggeleabende oder Silvester feiern. Im „Hofladele" findet man allerlei schöne, selbst gemachte Dinge für Haus und Küche wie Kissen, Servietten und Tischdecken. Bauernbutter, Käse und Kaminwurzen, Säfte, Chutneys und Marmeladen sind aus Gabis Küche. Lust, sich in dieser Idylle ein paar Tage länger aufzuhalten? In der entzückenden, großzügigen Ferienwohnung unter dem Dach kann eine ganze Familie Urlaub machen und sich tagtäglich von Harald und Gabi verwöhnen lassen.

Steinpilzpolenta mit Pfefferminze

Zutaten

1 schöner Steinpilz (150 bis 200 g), geputzt
1 Zwiebel
2–3 Knoblauchzehen
etwas Olivenöl
500 g feines Polentamehl
250 ml Weißwein
250 ml Rahm
150 g Parmesankäse, gerieben
etwas frische Pfefferminze
Salz

Zubereitung

Zwiebel und Knoblauch schälen und fein hacken oder durchpressen, in Olivenöl anschwitzen, den blättrig geschnittenen Steinpilz dazugeben und die Polenta einrieseln lassen, würzen und mit dem Wein aufgießen (eventuell etwas Suppe hinzufügen). Die Polenta nun viel rühren – sie sollte schön cremig sein. Zum Schluss Rahm, Parmesankäse und frische Minzeblättchen unterrühren.

VON HALL NACH WATTENS

Hall in Tirol

Auf unserer kulinarischen Entdeckungsreise begeben wir uns nun in eine der geschichtsträchtigsten Gegenden Tirols: die Region Hall-Wattens. Tauchen wir ein in das mittelalterliche Flair der 700 Jahre alten Stadt Hall mit der größten Altstadt Westösterreichs, fünf Kilometer westlich der Landeshauptstadt Innsbruck. Hall in Tirol und seine pastellfarben bemalten, prächtigen gotischen und barocken Bürgerhäuser mit geschwungenen Giebeln, aufwendig verzierten Erkern und den kopfsteinbedeckten Gassen und Plätzen gehört zu den charmantesten und authentischsten Orten der Region. Urkundlich erstmals 1232 erwähnt, bildete das Salzbergwerk im Halltal seit dem 13. Jahrhundert den wichtigsten Handelsteil der Stadt, erkennbar auch am Stadtwappen, zwei Löwen, die ein Salzfass halten. Damals wurde das Salz bis zum Rhein und in die Schweiz exportiert. Die lange Tradition als einer der bedeutendsten Marktplätze Tirols verdankte Hall nicht nur dem Salz, sondern auch dem Holz für die Salzbergwerke, das aus ganz Tirol auf dem Inn nach Hall geflößt und hier mithilfe eines Holzrechens herausgeholt wurde. Hall verdankt seinen Ruhm aber auch und vor allem seiner Münze. Im Jahr 1477 verlegte Herzog Sigmund von Tirol die landesfürstliche Münzstätte von Meran nach Hall, wahrscheinlich weil die Stadt gut befestigt und die Schwazer Silberminen nicht weit entfernt waren. 1486 wurde hier die erste Silbermünze, der „Taler" geprägt, und zwar mittels einer damals revolutionären Maschine, einer Walzenprägemaschine, deren Rekonstruktion man heute noch im Münzmuseum in der Burg Hasegg bestaunen kann – und nicht nur das, hier kann sich jeder zum Andenken selbst eine Münze prägen. Der Münzturm ist gleichzeitig das Wahrzeichen der Stadt, wer die Stiegen gemeistert hat, wird mit einem wunderbaren

Hall, Oberer Stadtplatz

Gnadenwald

Hall, Burg Hasegg

Ausblick auf Hall und die Berge belohnt. Andere Sehenswürdigkeiten sind zum Beispiel das Rathaus mit seinem malerischen Innenhof und dem Prunksaal mit gotischer Balkendecke – sehr beliebt bei Hochzeiten. Hinter der gotischen, teilweise barockisierten Pfarrkirche zum Heiligen Nikolaus findet der Interessierte ein besonderes Juwel: die gotische Magdalenenkapelle mit ihrem einzigartigen Flügelaltar.

Zwischen Hall und Wattens liegen etliche idyllische Dörfer wie zum Beispiel Absam, Mils, Thaur oder Gnadenwald. Hier lassen sich unbegrenzt viele Wanderwege durch die herrliche Alpenlandschaft begehen, unter anderem der historische Rundwanderweg Volders–Wattens, auf dem man die Ausgrabungsstätte Rätersiedlung Himmelreich mit Keramiken und Eisenwerkzeugen aus dem fünften Jahrhundert vor Christus besichtigen kann. Schlusspunkt dieser Wanderung ist die schöne Karlskirche, erbaut vom Haller Stadtarzt Hippolyt Guarinoni im Jahr 1620.

In Absam erwartet die Wallfahrtskirche interessierte Besucher, die nebenan gelegene Votivtafelkapelle beherbergt die schönste und größte Sammlung von Votivtafeln in Tirol. Hier am Fuße des Naturschutzgebiets Karwendel lassen sich ebenfalls erholsame Wanderungen abseits jeglichen Verkehrs unternehmen: nichts als Wiesen, stille Seen und das beeindruckende Bergpanorama.

Wer sich für altes Brauchtum interessiert, sollte sich in Thaur das Thaurer Mullerlaufen anschauen, das zu den traditionsreichsten und bekanntesten Fasnachtsumzügen Tirols zählt. Und Attraktion für Jung und Alt sind natürlich die Swarovski-Kristallwelten in Wattens, erdacht vom Tausendsassa-Künstler André Heller und ein Traum für Liebhaber von allem, was glitzert und glänzt – eine eigene Welt.

BURGTAVERNE

Die mittelalterliche Burg Hasegg aus dem 13. Jahrhundert ist das Wahrzeichen der Stadt Hall in Tirol, hier befand sich die frühere Münzstätte von 1567 – heute können Besucher im Museum der Münze einen Spaziergang durch ein halbes Jahrtausend europäische Münzgeschichte machen und dabei die Wiege des Talers und des heutigen Dollars kennenlernen. Mitten in diesem geschichtsträchtigen Gebäude ist die „Burgtaverne" zu Hause, umgeben von imposanten mittelalterlichen Mauern, die auch den lauschigen Gastgarten beherbergen – überall fühlt man als Gast die stolze Vergangenheit des Ortes und einen Hauch von uralter, aber zum Greifen naher Geschichte. Hier lässt es sich tafeln wie im höfischen Mittelalter – und dieses Ambiente zu pflegen und zu erhalten ist eines der Anliegen von Martin Klausner, ebenso wie die Erhaltung der traditionellen Gasthäuser und natürlich auch ihrer Küche. So liest sich die Speisekarte auch kompromisslos „gutbürgerlich" – oder auch traditionell – ganz wie man will. Die Menüs wechseln täglich. Montags gibt es vielleicht nach der Tagessuppe Putenfilet in Mandelpanade mit Gemüsereis, dienstags Schweinestelze mit Sauerkraut und Serviettenknödel, mittwochs Schweinesteak in Pfeffersauce mit Bratkartoffeln, donnerstags Rahmgeschnetzeltes mit Butterreis und freitags Cordon bleu mit Kartoffelgebäck – alle Menüs verstehen sich inklusive Salate vom Buffet. Außerdem steht ein vegetarisches Alternativmenü auf dem Plan, etwa mit Gemüseauflauf, Tagliatelle mit Pilzrahmsauce oder Kaspressknödel mit Sauerkraut.

Burgtaverne

Salvatorgasse 6
A-6060 Hall in Tirol

Telefon 00 43 (0) 52 23 / 5 66 95

www.erlebnisgastro.at

Cordon Mix Platte

Dreierlei Variationen
Zartes Schweineschnitzel gewürzt mit Salz und Pfeffer, gefüllt mit Räucherspeck und Tomaten, paniert mit Semmelbrösel und gehakten Kürbiskernen.

Zartes Schweineschnitzel gewürzt mit Salz und Pfeffer, gefüllt mit Tomaten, Schinken, Büffelmozarella, Zwiebel, Mais und Chillischoten, paniert mit Semmelbrösel.

Zartes Schweineschnitzel gewürzt mit Salz und Pfeffer, gefüllt mit Schinken, Gouda und Artischoken, paniert mit Semmelbrösel und Sesam.

Beilagen nach Wahl:
Pommes, gemischter Salat, Kartoffelsalat, Petersilienkartoffel oder Spatzeln

Das berühmte „Cordon bleu", das „blaue Band", erstmals von König Henri III. verliehen, nimmt in der Burgtaverne einen besonderen Platz ein. Ursprünglich eine ehrenhafte Auszeichnung des Königs für herausragende Dienste und später dem schnellsten Kapitän auf dem Nordatlantik verliehen, ist nicht ganz klar, wie das blaue Band als gefülltes Schnitzel auf unsere Teller fand – angeblich waren es die Schweizer, die es als erste kulinarisch entdeckten und in der Pfanne brieten. In der Burgtaverne kennt man jedenfalls über 30 verschiedene Arten der Zubereitung, darunter zum Beispiel die „Blaue Schleife" (gefüllt mit Schinken und Käse), das „Mannsbild" (mit Pfefferoni und Bergkäse), die „Burg" (mit Lauch, Schafskäse und Schinken), das „Oriental" (mit Schinken, Ananas und Gouda) oder die „Fledermausflügel" (mit Champignons, Schinken und Pfefferkäse).
Ein weiteres lukullisches Event sind die Törggeleabende in der Burgtaverne. Wenn die Tage kürzer und kühler werden, ist in den urgemütlichen Stuben und Gewölben des Lokals das „Törggelen" angesagt, ein uralter Südtiroler Brauch, der sich auch in Nordtirol großer Beliebtheit erfreut. In der Burgtaverne serviert man im Herbst dann ein achtgängi-

ges Menü, angefangen mit Weintrauben, Äpfeln, Mandarinen und Erdnüssen, gefolgt von Rollgerstensuppe mit Selchfleisch, Kasspatzeln und Erdäpfelpaunzen mit Apfelmus. Nach einem Stamperl Hausbrand zwischendurch besteht der Hauptgang aus Geselchtem, Rippelen, Serviettenknödel mit Kraut und zum Nachtisch gibt es Ziachkiachl mit Preiselbeeren und heiße Kastanien.

Wer das schwere, knarrende, eisenbeschlagene Tor öffnet, tritt ein in eine längst vergessene Welt, die hier kulinarisch wieder zum Leben erweckt wird. Auch die Stimmung ist authentisch, zu mittelalterlicher Musik verkünden Ritter und Edelleute des 14. Jahrhunderts die Menüfolge. Ein Burgherr hält eine Ansprache, Gaukler erzählen Anekdoten und Frohmundt, der Spielmann, führt launig durch den Abend mit Liedern aus vergangenen Jahrhunderten und einem lustigen Showprogramm, bei dem die Gäste mitwirken – ein Spektakulum mit Kostümen! Die Ritterkuchl eignet sich besonders für gesellige Feiern wie Sponsionen, Geburtstagsfeste, Vereinsausflüge und Betriebs- oder Weihnachtsfeiern. Bei dem äußerst vergnüglichen Rahmenprogramm sollte man aber die mittelalterlichen Schmankerl auf den Tellern nicht vergessen: Man wählt zwischen mehrgängigen Menüs, die „Junkertafel", „Knappentafel", „Burgfräuleintafel" oder „Rittertafel" heißen – je nachdem, ob man in kleinerem oder größerem Kreis speist. Die urigen, mit Kerzen beleuchteten Gewölbe bilden den echt mittelalterlichen Rahmen und die verschiedenen Räumlichkeiten bieten Platz für insgesamt 120 Personen. Schauen wir uns einmal eine Rittertafel an, die in mittelalterlichem Wortlaut mit „Übersetzung" so ausschaut:

mettrunk in becher serviret (Honigwein)
steynbrodt mite viel guet gruibenschmaltz (Steinofenbrot mit Grammelschmalz und Liptauer)
badischer Euerkuchen mit Zwiefelsuos (Lothringer Eierkäsekuchen mit Zwiebelsauce)
henner in grawensuben (würzige Hühnersuppe mit Gemüse und Kräutern)
entflammet hoenervleisch uf gabelin angeriht mite pheffermilchsoppe (flambierte Putenspieße auf Pfeffersauce)
boehmische Fleyschtaschen mit kroatzbermuos (Gefüllte Blätterteigtascherln mit Beerenmus)
praten von spanferchel und henner (gebratenes Spanferkel und Hähnchen)
darzu viel guet semladorttern (Serviettenknödel)

Hall in Tirol: eine reizende kleine Stadt, mittelalterliche Hochburg des Handels, die sich im alten Stadtkern noch den Flair aus Ritterszeiten erhalten hat: enge, kopfsteingepflasterte Gassen, dunkle Gewölbe, alte Gemäuer. Und hier finden wir auch die „Ritterkuchl", in der man – nur nach Voranmeldung – wie im Mittelalter tafeln kann.

Ritterkuchl

Salvatorgasse 6
A-6060 Hall in Tirol

Telefon 00 43 (0) 52 23 / 5 31 20
Telefax 00 43 (0) 52 23 / 5 31 204

www.erlebnisgastro.at

gemues von rosenkrautkrepfla (Sprossenkohl)
surkraut (Sauerkraut)
kas vom allgey in walschland trunket (Käse mit Früchten)
apfeldortten (Apfelkuchen)

Wer nicht ganz so viel tafeln möchte, ist mit dem viergängigen Menü „Friedl mit der leeren Tasche“ genauso gut bedient: Es beginnt mit „steynbrodt mite allerlay bastetten“ (Steinofenbrot mit Verhacktem, Weichkäse, Liptauer und Haussulze) und einem „kartoffelsüpplin“, dann folgt ein „schlegl vonn truthune mite rippen und abtsknödel (Truthahnschlegel mit Rippelen, Rotkraut und Serviettenknödel) und als Dessert „ayr vonn kriechen“ (Arme Ritter).

Auch „getörggelet“ wird im Herbst in der Ritterkuchl, dann gibt es Met, Steinofenbrot mit Grammelschmalz, Geselchtes, Rippelen, Serviettenknödel und Sauerkraut, Ziachkiachl mit Preiselbeeren und heiße Kastanien, alles stimmungsvoll untermalt vom Spielmann Frohmundt.

Apfel-Zimt-Kuchen

(Für 2 Bleche)

Zutaten

1 kg Zucker
1 kg Butter
17 Eier
1/16 l Rum
1 P. Vanillezucker
480 g Mehl
500 g Haselnüsse
50 g Zimt, gemahlen
1 Messerspitze Nelkenpulver
Apfelscheiben

Zubereitung

Zucker, Butter, Eier, Rum und Vanillezucker in eine Schüssel geben und schaumig schlagen. Mehl, Haselnüsse, Zimt und Nelkenpulver unter diese Buttermischung heben und alles gut miteinander vermischen.
Anschließend wird die Masse halbiert und jeweils auf zwei gefettete Backbleche gestrichen, danach werden die Apfelscheiben auf die Teigmasse gelegt. Den Apfel-Zimt-Kuchen bei 150°C circa 60 Minuten backen.

RESTAURANT SCHWARZER ADLER

Restaurant Schwarzer Adler
Franz Hintenegger

Eugenstraße 3
A-6060 Hall in Tirol

Telefon 00 43 (0) 52 23 / 5 52 56
Telefax 00 43 (0) 52 23 / 20 45 26

www.schwarzer-adler-hall.at

Mitten in der wunderschönen Haller Altstadt steht schon seit vielen Jahrhunderten das traditionsreiche Haus, in dessen Mauern sich das „Restaurant Schwarzer Adler" befindet. Das Haus besteht aus drei ehemals getrennten Bauwerken, dessen älteste Teile aus dem beginnenden 16. Jahrhundert stammen. Der älteste nachweisbare Adlerwirt war der Stadtschreiber Kaspar Schwarz, der 1599 aus Bayern nach Hall gekommen war. In den folgenden Jahrhunderten erlebte der Schwarze Adler so manchen Gastwirt, zu deren bekanntesten auch Ignaz Jakob Mader (1744–1824) gehörte, Verfasser einer im Landesmuseum aufbewahrten Chronik der Stadt Hall, der seinerzeit auch Stadtrat, Stadtkämmerer und Stadturbarverwalter und als solcher für die finanziellen Belange der Stadt Hall zuständig war. In seine Zeit fällt auch die kuriose Begebenheit im Jahr 1806, als im Zuge der Napoleonischen Kriege Tirol zu Bayern kam und der Wirt den Befehl erhielt, einen der beiden Köpfe des kaiserlichen Doppeladlers auf dem Wirtshausschild zu übermalen und so einen „königlichen" Adler mit nur einem Kopf zu erhalten. Als Tirol 1814 wieder zu Österreich kam, wurde der zweite Kopf des Kaiseradlers wieder hergestellt. Das Gasthaus war zu jener Zeit Zentrum gesellschaftlicher Ereignisse. Hier hielt die Zunft der Färber ihre Handwerksversammlungen ab, die Haller Liedertafel hatte hier ihren Stammplatz und nach dem Ausbau des Saales konnten auch zahlreiche Ballveranstaltungen stattfinden. Im Jahr 1974 wurde der Schwarze Adler einer umfassenden Renovierung unterzogen, die Erker erhielten dabei die ursprünglichen gotischen Erkerspiegel. Mit der Fassadenrestaurierung wurde auch der Gastgewerbebetrieb völlig umgebaut. Heute ist das Traditionsgasthaus ein idealer Ort für eine Tasse Kaffee oder ein Glas Wein an der Bar oder ein schmackhaftes

Menü im gemütlichen Restaurant. Die Mittagsmenüs wechseln täglich und bieten für jeden Geschmack etwas, zum Beispiel mit Spinat und Ricotta gefüllte Tortellini oder Wiener Schnitzel, Omas Wurstnudeln oder Steirisches Wurzelfleisch, Lasagne al forno oder gebackenes Dorschfilet mit Kartoffelsalat. Jeden Freitag kann man sich an frischem Beef Tatar erfreuen, samstags stehen ofenfrische Ripperl auf dem Programm und am Sonntag gibt es knusprigen Schweinsbraten mit Sauerkraut und Semmelknödeln. Neben der Tageskarte hat das Köcheteam unter Franz Hintenegger natürlich noch andere Spezialitäten anzubieten, etwa Lachstatar mit Salatbouquet, Ofenkartoffel mit Sauerrahmdip und gefülltem Gemüse, mit Spinat und Käse gefüllte Hühnerbrust, Zwiebelrostbraten oder Knödeltris. Für Süßmäuler bereitet die Küche Eispalatschinke oder hausgemachte Kuchen zu. Den kleinen Appetit stillen zwischendurch auch diverse Toasts oder ein Nudelgericht.
In der Adlerschwemme gleich nebenan kann man lecker frühstücken oder eines der traditionellen kleinen Gerichte zu sich nehmen wie Leberknödelsuppe, Kaminwurzen, kalten Schweinsbraten oder ein kleines Gulasch mit Brot. Auf Wunsch werden auch kalte Platten zusammengestellt. Für Feierlichkeiten oder Firmenpräsentationen steht ein gemütlich eingerichteter Keller zur Verfügung.

Beef Tatar

Zutaten

600 g Rinderfilet, fein geschnitten
(am besten von Hand, andernfalls kann man es auch grob faschieren)
5 cl Speiseöl
1 EL Ketchup
1 EL Senf
Paprikapulver
Worcestersauce
etwas Tabasco
2 Eidotter
2 EL Petersilie, gehackt
2 EL Zwiebel, fein geschnitten
2 EL Essiggurken, fein geschnitten
1 EL Kapern, gehackt
1 TL Sardellen, gehackt
Salz, Pfeffer aus der Mühle

Zubereitung

Alle Zutaten der Reihe nach unter das fein geschnittene Fleisch mischen und noch einmal je nach Geschmack mit Salz und Pfeffer abschmecken.

RESTAURANT OSITO

Restaurant Osito
Petra Praxmarer

Gewerbepark 5
A-6068 Mils

Telefon 00 43 (0) 6 99 / 10 63 14 53

www.osito.at

Das „Bärele", wie das spanische Wort „osito" übersetzt heißt, verwöhnt seine Gäste auf einer kulinarischen Weltreise, die von heimischen Genüssen über die italienische bis zur thailändischen Küche führt. In dem hellen, modern eingerichteten Lokal oder auf der Terrasse kann man nach der Devise „einfach unentbehrlich" von früh bis spät aus einer Speisekarte wählen, die für jeden Geschmack das Passende bietet. Zum Beginn oder für den kleinen Hunger wählt man vielleicht geräucherten Lachs mit Honig-Dillsenf-Sauce oder Carpaccio vom Thunfisch mit Sojadressing. Bei den gutbürgerlichen Gerichten findet sich Traditionelles wie Wiener Schnitzel, gebackenes Ziegenkitz oder Schweinsschopf. Die italienischen „Gusto-Stückerl" sind unter anderem Salate und Vorspeisen und natürlich etliche frisch zubereitete Fische und Meeresfrüchte. Zu den Lieblingsgerichten des Chefs gehören die Pastavariationen, darunter Spaghetti Carbonara, Bolognese, Aglio-Olio-Peperoncino, Penne Arrabbiata, Tagliatelle della casa oder Lasagne al forno. Die Thaiküche ist mit Frühlingsrollen, Wan-Tan-Suppe, Tom Ka Gai, Curries und knuspriger Ente vertreten, begleitet von selbst gemachter scharfer Sauce und zum Nachtisch süße Frühlingsrollen. Auch wechselnde Wellness-Schmankerln stehen zur Verfügung wie etwa Jakobsmuscheln auf Rucola oder Salatvariationen mit Riesengarnelen, mit Blattspinat und Schafkäse gefüllten Strudelteigtascherln, mit sautierten Lachswürfeln oder mit gebackenem

Emmentaler. Mittags gibt es täglich wechselnde leckere Speisen, die man auch fertig zubereitet mitnehmen kann, zum Beispiel Rindfleisch mit Zwiebeln und Reis, gebackenes Hühnerfleisch mit Ingwer oder Lammbratl. Wem es nach Süßem gelüstet: Schwarzwälder Kirsch-Eisparfait hört sich umwerfend an und

schmeckt auch so! Zu allen Gerichten werden die besten österreichischen Weine von Umathum, Heinrich, Grassl, EHN und Ernst Triebaumer, auch glasweise, ausgeschenkt. Zur Hochform läuft das „Osito" auf, wenn es um die diversen Themenabende geht, die jeden Monat unter einem anderen Motto stehen. Hier stellt Küchenchef Reinhard sein vielfältiges kulinarisches Talent unter Beweis. Beim „American Barbecue" wird der Hunger amerikanisch-zünftig mit wunderbaren T-Bones, Steaks, gegrillter Hühnerbrust nach Southwestern Art oder einem veritablen 125-Gramm-Cheese- oder -Hamburger und saftigen Spareribs gestillt, begleitet von Folienkartoffeln mit Sauerrahm, Weißkohlsalat, Sauerrahm-Knoblauchsauce, Maiskolben und gebackenen Zwiebelringen. Andere Themenabende widmen sich etwa der Bouillabaisse oder der Paella. Ab Oktober kommen an den Wochenenden freitags und samstags Muschelspezialitäten auf die Speisekarte und im November steht das traditionelle Gans'l-Essen auf dem Veranstaltungskalender.
Wer nur auf einen Drink vorbeischaut, wählt aus dem großen Angebot an Cocktails seinen Favoriten und Kaffeeliebhaber erwartet ebenfalls eine Vielfalt an erlesenen Kaffeesorten.

Knusprige Ente auf rotem Curry mit Kokos

Zutaten

2 Enten, entbeint und vorgegart
Öl zum Braten
2 EL rote Currypaste
2 Knoblauchzehen, durchgepresst
200 g Weißkraut, in Streifen
100 g grüne Bohnen
2 Karotten, blättrig geschnitten
1 Zwiebel, in Streifen
1 gelbe Paprikaschote, in Streifen
600 ml Kokosmilch
2 EL Fischsauce
1 EL Zucker
4 Zitronenblätter

400 g Jasminreis

Zubereitung

Den Reis in Wasser ohne Gewürze kochen.
Das Öl in einer Pfanne erhitzen, die Currypaste hinzufügen und circa 2 Minuten anbraten. Knoblauch, Kraut, Bohnen, Karotten und Zwiebeln in die Pfanne geben und das Gemüse eine gute Minute schwenken. Paprikastreifen hinzufügen und eine weitere Minute schwenken, Kokosmilch, Fischsauce, Zucker und Zitronenblätter dazugeben und alles zusammen aufkochen. Abschmecken, eventuell salzen und nach Geschmack noch Currypaste oder Fischsauce hinzufügen.
Die Ente in einer separaten Pfanne mit der Fettseite nach unten braten, bis die Haut knusprig ist, wenden und für weitere ein bis zwei Minuten braten.

RESTAURANT GRANDER

Restaurant Grander
Thomas Grander

Dr. Felix-Bunzl-Straße 6
A-6112 Wattens

Telefon 00 43 (0) 52 24 / 5 26 26
Telefax 00 43 (0) 52 24 / 5 26 28

www.grander-restaurant.at

Eine wachsende Schar von Genießern hat sich das moderne, innovative „Restaurant Grander" im Zentrum des kleinen, geschäftigen Städtchens Wattens zum Pilgerziel gemacht. Es sind vor allem junge, trendbewusste und kulinarisch anspruchsvolle Gäste, die Wert auf exzellente Küche in schicker Umgebung legen. Hausherr Thomas Grander kann auf eine beachtliche Laufbahn zurückblicken, mit so illustren Stationen wie dem Restaurant Korso und dem Schwarzen Kameel in Wien, dem Restaurant Wörther in Zell am See, dem Hotel Liebes Roth-Flüh im Tannheimertal und dem Finsterwirt in Brixen. Heute ist der Musik- und Billardfan Chef im eigenen Zweihaubenrestaurant, in dem er mit seinem Team in der halb einsehbaren Küche leichte, verfeinerte regionale Gerichte zubereitet. Die Toplage neben dem Musikpavillon beschert dem hellen, in klaren Farben und Formen eingerichteten Lokal auch viele Geschäftsleute, die auf einen „Business-Lunch" vorbeikommen. Im idyllischen Gastgarten am großzügigen Vorplatz sitzt man besonders an lauen Sommerabenden ganz wunderbar. Die Bar eignet sich auch für eine gute Tasse Kaffee, ein Glas Wein oder einen Cocktail, bevor man im Restaurant mit Nichtraucherbereich einen Blick in die Karte wirft: Verschiedene Feinschmeckermenüs, die alle entweder als Vor- oder Hauptspeise erhältlich sind, machen die Wahl schwer: Oktopuscarpaccio mit Gazpachomarinade und Rucola, Erbsen-Minzschaumsuppe mit Jakobsmuscheln, Zweierlei vom Reh mit Wirsing, getrüffeltem Püree und Quittensauce, Topfen-Nugatknödel mit Marillenröster oder ein erlesener Käseteller sind nur ein paar Beispiele für die Kreativität der Küche. Besonders Fischfreunde kommen im Restaurant Grander auf ihre Kosten, etwa mit Flusskrebssuppe oder Steinbuttfilet auf

Koriander-Zitronengras-Tomaten und Sepiapolenta. Die Karte wechselt alle 14 Tage und immer wieder lässt sich Thomas Grander etwas Neues einfallen, zum Beispiel „italienische Wochen", eine „orientalische Nacht" mit Wasserpfeifen und allen Wohlgerüchen der orientalischen Küche, ein zehngängiges Tapas-Menü, französische und asiatische Spezialitäten. Zum fünfjährigen Jubiläum konnten die Gäste des Grander beim Hawaiifest tropische Atmosphäre genießen. Die großartige, bestens bestückte Vinothek bietet auf Vorbestellung Platz für zwölf Personen. Hier kredenzt der diplomierte Sommelier die feinsten Tropfen zu ausgewählten Speisen. Das Restaurant Grander ist die perfekte Location für ein Essen zu zweit, für einen Abend im Freundeskreis oder für Feierlichkeiten aller Art. Wer zwar das Essen vom Grander, aber nicht „beim" Grander möchte, kann sich vom eigenen Catering aus kalten und warmen italienischen und asiatischen Leckerbissen seine Favoriten zusammenstellen lassen – für vier bis zu 200 Gäste wird alles organisiert.

Flüssiger Schokoladenkuchen mit Honigeis

Zutaten
125 g Zucker
5 Eier
5 Eigelb
250 g Butter
250 g Schokolade (70% Kakaoanteil)
50 g Mehl (glatt)

Für das Honigeis
1/2 l Milch
250 ml Sahne
1 Vanilleschote
300 g Honig
7 Eigelb

Zubereitung
Zucker, Eier und Eigelb verrühren. Butter und Schokolade im Wasserbad schmelzen, von der Platte nehmen und die Eiermischung einrühren, das Mehl vorsichtig untermischen. Die Masse dreiviertel hoch in gefettete Teriolformen geben und die Förmchen 24 Stunden in den Kühlschrank stellen. Am nächsten Tag den Ofen auf 200 °C vorheizen, die Förmchen 10 bis 20 Minuten backen, bis der Kuchen sich wölbt und nicht mehr feucht ist. Förmchen herausnehmen und servieren. Für das Honigeis alle Zutaten bis auf das Eigelb verrühren und aufkochen lassen. Eigelb mit ein wenig Milch verrühren, der Masse beigeben und zur Rose aufkochen lassen. Masse abkühlen lassen und einfrieren.

Glaserhof
Familie Karl Holzmann

Glaserhof 119 c
A-6069 Gnadenwald

Telefon 00 43 (0) 52 23 / 4 84 80
Mobil 00 43 (0) 6 64 / 1 00 05 90

www.glaserhof.at

Kunst im Stall – wer's nicht glaubt, sollte sich einfach einmal auf den Weg nach Gnadenwald machen. Das Örtchen verteilt sich auf mehrere verträumte Weiler in 900 Metern Höhe, am Fuße des Alpenpark Karwendel gelegen, nicht weit von Hall und Innsbruck. Der „Glaserhof" bildet mit seiner modernen und doch traditionellen Architektur in dieser idyllischen Umgebung eine Art Gesamtkunstwerk von Stall, Verkostungsraum und Schnapsbrennerei. Familie Holzmann hat sich hier oben einen Traum erfüllt. Die Unternehmerfamilie wollte eine Symbiose von Tier- und Kunstwelt schaffen, eine Herausforderung für sie genauso wie für die Künstler, die für die Verwirklichung der Idee gewonnen werden konnten. Wie gut alle zusammen diese Herausforderung gemeistert haben, sieht man sofort: Der riesige Stall wirkt fast wie ein Kirchenschiff und ist picobello gepflegt, weitläufig und für die rund 400 Tiere – Tiroler Grauvieh und Braunes Bergschaf – „Wohnung und Schlafzimmer" zugleich. Über den Boxen in luftiger Höhe: abstrakte Kunst, bunte großflächige Gemälde des Künstlertrios Eleonor Friedrich, Andrew Stewart und Ernst Friedrich, die dem Stall einen ganz eigenen Charakter geben. In sieben Metern Höhe ziehen sich die mit Lack bemalten Aluminiumplatten die gesamte Stalllänge entlang und zitieren in prallen Farben und Formen den Tagesablauf von Sonnenaufgang bis Sonnenuntergang. Das Außergewöhnliche an diesem Bildwerk ist nicht nur seine imposante Größe, sondern auch die Entstehung direkt vor Ort, was einen wesentlichen Teil des künstlerischen Schaffens ausmacht. Die 20 Metallplatten von je fünf Metern Länge

und 1,5 Metern Höhe sind einseitig bemalt und doppelt montiert und wirken auf den ersten Blick chaotisch – aber eben nur auf den ersten Blick, denn je länger der Betrachter sich auf dieses abstrakte Fries einlässt, desto bestimmter erschließt sich die Idee farblicher Strukturen dahinter: „Ich halte es mit Paul Cézanne: Es gibt eine Logik der Farben, und nur damit, und nicht mit der Logik des Gehirns, sollte der Maler übereinstimmen“ – ist das Credo der Künstlerin Eleonor Friedrich, das sie mit ihren Kollegen auf atemberaubende Weise umgesetzt hat.

Wer hier arbeitet, kann die ganze Atmosphäre nur als äußerst angenehm empfinden – und etwas anderes ist es auch mal, denn ein moderner, lichter Stall ist in Tirol nicht mehr unbedingt etwas Ungewöhnliches, wäre da nicht die gelungene Verschmelzung zwischen Mensch, Architektur, Tier und Kunst. Aus Leidenschaft zur Natur und zu reinen, unverfälschten Erzeugnissen bewirtschaften hier Karl, Sabine und Tochter Lisa mit Leib und Seele diesen hochmodernen Mischbetrieb. Großen Wert legt Familie Holzmann auf die artgerechte Tierhaltung: Das Tier steht im Mittelpunkt und erfährt Zeit seines Lebens die allerbeste Pflege. In natürlichen Lebensgemeinschaften weiden die Schafe mit ihren Lämmern, die Ochsen und die Mutterkühe mit ihren Kälbern, und alle zusammen verbringen den Sommer auf den saftigen Almen, ein wahrer Gesundbrunnen für die Tiere, denn hier haben sie vollkommene Bewegungsfreiheit, ernähren sich nur von den besten Gräsern und Kräutern und trinken klares Quellwasser. Die warmen Sonnentage, der kühle Wind und die absolute Ruhe lassen sie langsam aufwachsen, was der späteren Qualität ihres Fleisches zugute kommt: Hier handelt es sich im wahrsten Sinne des Wortes um „Slow Food“. Im Winter können die Tiere im Stall unter den farbenprächtigen Kunstwerken nach Lust und Laune herumlaufen, bis ... ja irgendwann ist auch das schönste Rinder- und Schafleben zu Ende, aber hier am Glaserhof erfolgt die achtsame Schlachtung direkt

vor Ort – kein Transport führt zu unnötigem Stress, der die Fleischqualität wiederum verschlechtern würde. Unter größter hygienischer Sorgfalt wird das Fleisch zerlegt und für die Weiterverarbeitung hergerichtet. Es werden nicht nur Gastronomiebetriebe beliefert, sondern auch Privatkunden können das gut abgehangene Ochsen- und Lammfleisch direkt am Hof erwerben. Das Fleisch vom Almochsen ist etwas Besonderes: Das Tiroler Grauvieh gehört zu den ältesten Rinderrassen des Alpenraums. Die Rasse zeichnet sich durch besondere Genügsamkeit und Widerstandsfähigkeit aus. Grauvieh liefert hervorragendes Fleisch; die gleichmäßige Marmorierung und die feine Fleischstruktur machen es zu einer begehrten Delikatesse. Auch das Lammfleisch vom Glaserhof kann man als absolute Spezialität betrachten. Das Braune Bergschaf gehört zu den stark gefährdeten Schafrassen, dabei ist dieses robuste Tier für Berglagen ideal geeignet. Auf den saftigen Almweiden und am Hof finden die genügsamen Tiere aromatische Gräser, Kräuter und Heu. Die Lämmer wachsen mit ihren Mutterschafen frei und natürlich auf, trinken Muttermilch und haben viel Auslauf: alles Garanten für ihr zartes, schmackhaftes Fleisch.

„Qualität bringt Erfolg und Erfolg macht Freude", sagt Familie Holzmann – und diese Freude machen ihnen nicht nur das ausgezeichnete Rind- und Lammfleisch, sondern auch die erlesenen Destillate der eigenen Hofbrennerei. Voraussetzung für erstklassigen Schnaps ist wiederum erstklassiger Rohstoff, in diesem Fall bestes Obst aus den Regionen, wo es am besten wächst und schmeckt. Gnadenwald ist so eine Region, hier auf 900 Metern Höhe ist die Natur noch intakt, in diesem etwas spröden Klima gedeiht vor allem die Vogelbeere. Aus diversen Regionen kommen auch Äpfel, Birnen, Quitten, Holunder, Himbeeren und Johannisbeeren. Marillen werden aus der Wachau bezogen, Kirschen aus der Steiermark, Zwetschgen aus Stans und der Obstler wird selbstverständlich aus Tiroler Obstsorten hergestellt; auch hier regiert das

Streben nach höchster Qualität. Nicht jedes Jahr steht das ganze Obstsortiment zur Verfügung, mal sind es mehr Zwetschgen, mal mehr Marillen. Wichtig ist die volle Ausreifung der Früchte. Während der Erntezeit warten Körbe voll frischer Ware am Hofeingang auf ihre schmackhafte „Vergeistigung“. Die frischen Früchte werden sofort nach der Anlieferung eingemaischt und dann auf traditionelle Art im Rau- und Feinbrandverfahren im Kupferkessel gebrannt, wobei auf das sorgfältige Abtrennen von Vor- und Nachlauf genauestens geachtet wird. Nur das Herzstück wird verwendet und keinerlei Zusatz- oder Aromastoffe beeinflussen den reinen, klaren, sortentypischen Geschmack der Glaserhof-Schnäpse – man kann sie ohne weiteres als „Flaschenobst“ bezeichnen! Zur Lagerung wird das Produkt in Glasballons gefüllt und verbringt dort Jahre, das bringt dem Destillat eine lange, natürliche Reifung, während derer es an Qualität und Ausdruckskraft gewinnt.

Durch Zusatz von reinem Bergquellwasser werden die Brände auf 48 Volumenprozent herabgesetzt und finden dann per Hand ihren Weg in die entzückenden, mundgeblasenen Tiroler Zangenflaschen mit handgeschriebenen Etiketten, die 0,35 oder 0,5 Liter fassen und dann in Heu gebettet und in kleine Holzkisten verpackt werden. Kunden können sich diese Flaschen immer wieder neu füllen lassen. Besucher sind auf Voranmeldung zu einer Hofführung und Verkostung willkommen. Hierfür stehen eine kleinere und eine größere Zirbenstube bereit, beide reizend und so wohltuend schlicht eingerichtet, dass man hier am liebsten den ganzen Abend am Kachelofen sitzen bleiben würde. Man sollte sich auf jeden Fall Zeit nehmen, um das ganze wunderbare Ambiente des Glaserhofs mit Stall, Kunst und Schnapsbrennerei auf sich wirken zu lassen, ganz nach dem Motto von Familie Holzmann: „Das Durchschnittliche gibt der Welt ihren Bestand, das Außergewöhnliche ihren Wert.“

VON SCHWAZ ÜBER JENBACH ZUM ACHENSEE

Jenbach, Schloss Tratzberg

Diese Etappe der „Kulinarischen Entdeckungsreise" beschert uns neben dem wunderbaren Alpenpanorama auch eine 120 Jahre alte Dampf-Zahnradbahn, den größten See Tirols, eines der schönsten Schlösser und das mittelalterliche Silberbergwerk bei Schwaz – und noch viel mehr!

Beginnen wir mit dem entzückenden Städtchen Schwaz, direkt am Inn gelegen und Hüter vieler Kulturschätze und mittelalterlicher Baudenkmäler wie der Pfarrkirche Maria Himmelfahrt, der größten gotischen Hallenkirche Tirols und Europas einziger vierschiffiger Kirche mit zwei gleichrangigen Hauptschiffen, deren linkes früher den Bürgern, das rechte den Knappen diente. Das Kirchendach, mit über 14 000 Kupferplatten gedeckt, zeugt noch heute vom früheren Reichtum. Das „Orglerhaus" war eine Zeitlang Wohnhaus des großen Arztes Paracelsus und das um 1525 erbaute „Fuggerhaus" diente Ulrich Fugger als „Firmensitz" seines Imperiums. Das heutige Rathaus, ehemaliges Handelshaus von Schwaz, wurde 1509 fertiggestellt und stellt den imposantesten Profanbau aus der Bergwerkszeit dar. Die größte Attraktion von Schwaz ist sicherlich das Silberbergwerk, wo man sich noch heute auf die Spuren des mittelalterlichen Silber- und Kupferabbaus machen kann, der vor über 500 Jahren den Reichtum der Stadt begründete. Fast 85 Prozent des global gehandelten Silbers kamen um das Jahr 1500 von hier. Heute geht es in offenen Zugwaggons in die unterirdischen Stollen mit großer Vergangenheit. Die Zuschauer erleben hautnah, wie die Knappen damals das wertvolle Material aus dem Berg herausschlugen. Übrigens herrschen hier unten heilklimatische Bedingungen, die allergenfreie, feuchte Luft wirkt gesundheitsfördernd bei Asthma und Bronchialerkrankungen.

Jenbach punktet vor allem mit Schloss Tratzberg, einer imposanten Burg, die man von der Inntalautobahn schon von weitem ausmachen kann. Im Jahr 1500 hoch über dem Tal erbaut, diente sie schon Kaiser Maximilian und den Fuggern als Jagdschloss. Liebhaber alter Burgen sind in diesem Märchenschloss goldrichtig, ein Erlebnis für die ganze Familie, eine Zeitreise ins Mittelalter,

auf der Kaiser Maximilian und andere Adelige aus der über 500 Jahre alten Geschichte des mächtigen Schlosses mittels eines interessanten Hörspiels „erzählen". Einzigartig ist die erlesene Ausstattung der Renaissancezimmer, der gotischen Stuben, des Jagdsaals und der gotischen Kapelle, sehenswert auch die Wandmalerei mit dem Stammbaum der Habsburger und die umfangreiche Sammlung der Rüstkammer.

Ein anderer Höhepunkt ist Tirols ältester Wallfahrtsort St. Georgenberg bei Stans, um 950 als Einsiedelei gegründet. Hoch über dem tosenden Stallenbach beherrscht dieses Ensemble die steile Klamm, wo schon vor über 1000 Jahren Pilger die Reliquie des Heiligen Georg verehrt haben.

Nicht versäumen sollte man im Sommer die sieben Kilometer lange Zugfahrt von Jenbach zum Achsensee, herrlich nostalgisch mit der 120 Jahre alten, mit Dampf betriebenen Zahnradbahn, die unter Pfeifen und Stampfen durch wildromantische Landschaften bis zur Südspitze des mit neun Kilometern Länge und 1,3 Kilometern Breite größten Sees Tirols zuckelt – des Achensees; hier kann man direkt auf eines der Achenseeschiffe steigen und während der höchstgelegenen Binnenschifffahrt Europas gemütlich von einem Ufer zum nächsten schippern.

Pertisau ist der größte Ort am Achensee, hier kann man herrlich an der Uferpromenade flanieren und in einem der vielen Cafés und Gasthäuser einkehren. Hier kann man aber auch die Geschichte der Region Achensee erleben, wozu der Ölschiefer und das daraus gewonnene Steinöl zählen. Die einmalige Zusammensetzung und der hohe Gehalt an natürlich gebundenem Schwefel machen Steinöl zu einer wohltuenden Pflege für Mensch und Tier.

Natürlich gibt es auch für Sportliche jede Menge Erlebnisse am Achensee: neben Wandern und Klettern in den Bergen rund um den See gehört auch Paragleiten dazu und für besonders Wagemutige ein „Adlerflug" vom Gschöllkopf herunter.

GASTHOF HIMMELHOF

Gasthof Himmelhof
Erich und Rosi Harasser

Swarovskistraße 19
A-6130 Schwaz

Telefon 00 43 (0) 52 42 / 6 23 10
Telefax 00 43 (0) 52 42 / 6 33 42

Den „Himmel auf Erden" ersehnt sich wohl jeder, und für jeden bedeutet er etwas anderes. Die wahrscheinlich ungewöhnlichste Vorstellung ist sicher jene vom Baldachin, der über der Monstranz bei Prozessionen getragen wird. So kam das „Restaurant Himmelhof" nämlich zu seinem Namen: Vor gar nicht so langer Zeit war Schwaz eine Expositur der Pfarre Vomp und der „Himmel" mit der Monstranz wurde von den ehrenwertesten Männern der Gemeinde auf dem kürzesten Weg von Vomp nach Schwaz querfeldein getragen – voran die hohe Geistlichkeit, betend und singend von der Bevölkerung begleitet. Nach dem langen Marsch hielt man Einkehr beim Himmelhof. Hier speist man heute bei Erich und Rosi Harasser wahrhaft „himmlisch". Das Traditionsgasthaus ist für Liebhaber der bürgerlichen Küche von nah und fern die Nummer eins in der Silberstadt Schwaz. Voraussetzung für die kulinarischen Genüsse sind die Liebe und Leidenschaft zur guten Küche, die Hausherr Erich und seine Frau Rosi teilen. Was die Küchenchefin Rosi hinter den Kulissen zaubert, bringt Erich mit Witz und Liebenswürdigkeit an die Tische, nicht ohne die passenden Weine zu empfehlen. Hier bilden die österreichischen Spitzengewächse die Schwerpunkte, gefolgt von edlen italienischen Tropfen, die alle auch glasweise ausgeschenkt werden. „Tischkultur, Wein und gutes Essen" lautet das Credo des Wirtspaares, das Traditionelles auf ganz eigene, persönliche Weise interpretiert und mit Pfiff serviert. Die Rezepte stammen dabei aus alten Kochbüchern, Ideen kommen aber auch von Eindrücken, die Erich und Rosi bei Restaurantbesuchen gewinnen.

Wirft man einen Blick in die Speisekarte, so sieht man: Hier wird bodenständig, aber mit einem gewissen Extra gekocht, und immer nur mit den allerbesten Zutaten. Einen besonderen Stellenwert nimmt die Verwendung regionaler Produkte ein, weswegen das Speisenangebot auch laufend wechselt und den saisonalen Verfügbarkeiten angepasst wird. Stellen wir uns einmal ein Menü zusammen und beginnen mit einer der Suppen: Tafelspitzsuppe, entweder mit hausgemachten Frittaten oder mit flaumigem Grießnockerl klingt schon mal sehr verführerisch. Andere warme Vorspeisen wären zum Beispiel Bandnudeln mit Steinpilzragout oder Schlutzkrapfen mit brauner Butter und Parmesan. Die „heimischen Spezialitäten" sind etwa Käsespätzle mit Röstzwiebeln oder Tiroler Gröstel mit Spiegelei und Speckkrautsalat. Und bei den Hauptgerichten hat man die Qual der Wahl zwischen gegrilltem Rindsfilet mit Pfefferrahmsauce, Zwiebelrostbraten, Tafelspitz mit Apfelkren, gebratener Bachforelle mit Petersilienkartoffeln oder Spanferkelkoteletts in Kümmelsauce mit Semmelknödel und Wirsingkohl. Süße Naschkatzen erwarten zum Dessert vielleicht den geeisten Kaiserschmarren mit Waldbeerencocktail oder die gebackenen Apfelscheiben mit Vanilleeis und Zimtzucker. Und wer sich partout nicht entscheiden kann, verrät Erich Harasser nur in etwa seine Geschmacksrichtung und jeder Extrawunsch wird von der Küche gerne erfüllt. Ohnehin bieten Erich und Rosi Harasser täglich zusätzliche Gerichte an, die nicht auf der Tageskarte stehen – das ist wohl ihr Erfolgsgeheimnis: Die Gäste merken, dass man sich ehrlich um sie bemüht und dass sie nur das Allerbeste erwarten dürfen.

Geschmortes Rindswangerl

Zutaten

2 Rinderwangen
Senf
Öl zum Braten
3 Karotten
1 Zwiebel
1/2 Lauchstange
1 EL Tomatenmark
250 ml Rotwein
1 Knoblauchzehe
etwas Rindssuppe
Lorbeer, Thymian
Salz, Pfeffer

Zubereitung

Die Wangen würzen, mit Senf bestreichen und scharf anbraten. Küchenfertiges Gemüse, Knoblauch und Tomatenmark kurz mitrösten. Mit Rotwein und Rindssuppe ablöschen. Circa 3 Stunden weich dünsten, nach halber Kochzeit die Gewürze hinzufügen. Sobald die Wangen weich sind, herausnehmen. Die Sauce mit dem Mixstab pürieren, passieren und würzen. Die Wangen in Scheiben schneiden und mit der Sauce, Polenta und Blaukraut servieren.

SCHLOSSWIRT TRATZBERG

Schlosswirt Tratzberg

Tratzberg 3
A-6135 Stans

Telefon 00 43 (0) 52 42 / 6 73 89
Telefax 00 43 (0) 52 42 / 7 20 70

www.erlebnisgastro.at

Das imposante Schloss Tratzberg wurde 1 500 hoch über dem Inntal errichtet und diente schon Kaiser Maximilian und den Fuggern als Jagdschloss. Das gleich unterhalb liegende Gebäude des „Schlosswirts" war schon zu damaliger Zeit Herberge und Gasthaus, nach einer umfangreichen Restaurierung im Jahr 2003 sind diese Tradition und der Erhalt des Hauses gesichert. Der Schlosswirt eignet sich bestens als Ausgangspunkt für zahlreiche Spaziergänge und Wanderungen in die umliegenden Wälder und Wiesen, und wer nicht zu Fuß die 15 Minuten zum Schloss Tratzberg gehen will oder kann, lässt sich gemütlich mit dem Bummelzug hinfahren. Eine Einkehr im Schlosswirt ist nach der Schlossbesichtigung natürlich ratsam, hier sitzen die Gäste ganz urig im Biergarten auf knirschendem Kies unter hohen Bäumen oder in den gemütlichen Stuben und Gewölben im Innern. Geselliges Beisammensein in stilvollem Ambiente: Der Schlosswirt ist der ideale Ort für private Feiern aller Art. Bis zu 170 Personen finden Platz und lassen sich mit guter, traditioneller Küche verwöhnen. Für den kleinen Appetit gibt es zum Beispiel die Brettljause, hausgemachte Sulze oder eine Kaspressknödelsuppe. Hauptspeisen sind unter anderem Zander in Mandelbutter, Jungschweinebraten, Rindsgulasch, ofenfrische Ripperl mit Speckkrautsalat und Knoblauchbrot oder Wiener Schnitzel – und hinterher munden der flaumige Kaiserschmarren, Apfel- oder Topfenstrudel oder hausgemachte Kuchen.

Ab September ist das traditionelle Törggelen angesagt, dann gibt es ein mehrgängiges deftiges Menü mit Tiroler Spezialitäten, Kastanien und Wein. Auf Vorbestellung kann man sich auch das viergängige Ritteressen schmecken lassen: Es beginnt mit Met, lauwarmem Steinofenbrot und Aufstrich, gefolgt von Haussulze, Kartoffelrahmsuppe aus dem Feuertopf und Schweinebraten, Geselchtem, Ripperln und Hendlhaxen mit Bayrisch Kraut, Serviettenknödel und Bratkartoffeln, zum Dessert Apfelradeln. Ein Gaukler erzählt dazu Geschichten und Anekdoten von früher und wer mag, kann sich von ihm zum Hofnarren ernennen oder zum Ritter schlagen lassen – hier wird also nicht nur für das leibliche Wohl gesorgt, sondern auch für allerlei Kurzweil. Kurzweil versprechen übrigens auch der sonntägliche Frühschoppen oder der an jedem ersten Sonntag im Monat stattfindende Bauernmarkt. Dann verkaufen Bauern aus der Gegend an Ständen Speck, Käse, Brot, Marmelade, Schnaps, Filzpatschen, Blumengestecke und vieles mehr. Der Juli steht beim Schlosswirt ganz im Zeichen von Marille und Wein aus der Wachau und im Herbst hält die Steiermark hier Einzug mit Kürbiskernöl, Äpfeln und Wein, untermalt von stimmungsvoller Musik. Dann stehen auch auf der Speisekarte Gerichte aus dieser Gegend, etwa Lachsforelle in Kürbiskernöl mit Kartoffelstrudel. Im Herbst dreht sich alles um den Knödel: Zehn verschiedene lukullische Variationen dieser tirolerischsten aller Tiroler Speisen gilt es dann zu verkosten. Im Advent verzaubert der Christkindlmarkt beim Schlosswirt zweimal mit zauberhafter Weihnachtsatmosphäre und vielen vorweihnachtlichen Schmankerln.

Lachsforelle mit Kartoffel-Lauch-Strudel

Zutaten

Für den Strudel

4 fertige Strudelblätter
500 g Lauch
400 g Kartoffeln, mittelfest kochend
100 g Karreespeck
2 Eier
Salz, Pfeffer aus der Mühle, Kümmel

Für den Fisch

4 Lachsforellen (Filet), entschuppt
etwas Mehl und Kräuterbutter
etwas Olivenöl und Kürbiskernöl
Salz, Pfeffer aus der Mühle

Zubereitung

Lauch waschen, putzen und grob schneiden, Speck würfeln und etwas anrösten, Eier verquirlen, Kartoffeln schälen, würfelig schneiden und in Salzwasser kochen. Lauch in eine Schüssel geben, Speck und Eiermasse hinzufügen. Kartoffeln abseihen und grob zerdrücken, zum Lauch geben, gut durchmischen und mit Salz, Pfeffer und Kümmel würzen.

Zwei Teigblätter etwas überlappend auf ein Geschirrtuch legen, mit flüssiger Butter oder Öl einstreichen, die beiden anderen Blätter darauflegen und mit Fett bestreichen. Die Masse der Länge nach auf das erste Drittel des Teigs verteilen. Die Ränder einschlagen und den Teig mithilfe des Tuchs fest aufrollen. Den Strudel mit Ei bestreichen, auf ein Backblech mit Backpapier legen und bei 180 °C circa 20 bis 30 Minuten goldgelb backen.

Lachsforellen mit Salz, Pfeffer und Zitronensaft würzen, mit Mehl bestäuben und in einer Pfanne mit Olivenöl und Kräuterbutter langsam und unter Wenden fertig braten. Nach dem Anrichten mit etwas Kürbiskernöl beträufeln.

PENSION GASTHOF RIEDER

Pension Gasthof Rieder
Familie Kirchner

Fischl 3a
A-6200 Jenbach

Telefon 00 43 (0) 52 44 / 6 24 46
Telefax 00 43 (0) 52 44 / 6 24 46 48

www.gasthof-rieder.at

Nur zehn Autominuten vom Inntal, aber gefühlt mindestens einen Tag entfernt: Der „Gasthof Rieder“ ist ein Urlaubsort für gelassene Genießer, eine Freude für Groß und Klein. Die zentrale Lage auf 800 Metern Höhe zwischen Inn, Ziller und Achensee macht die Pension zu einem Ruhepol zwischen den zahlreichen Ausflugszielen der Gegend. Und die Aussicht: vom Feinsten! Das Panorama reicht über Wiesen und Wälder bis zum Kaisergebirge. Kühe grasen auf der großen Weide direkt vor dem Haus, man kann in der frischen Bergluft herrlich spazieren gehen, wandern oder eine Bergtour machen. Außerdem liegt der Gasthof direkt am Radweg nach München und eignet sich deshalb ganz wunderbar für ein paar Tage genüssliches Ausspannen. Im Winter führt die Loipe ebenfalls direkt am Gasthof Rieder vorbei. Tiefschnee begeistert Tourengeher mit dem einmaligen Naturerlebnis einer Tiefschneetour und die ganze Familie freut sich über romantische Schneeschuhwanderungen und Rodelspaß. Die familiäre Atmosphäre des Hauses setzt sich aus einer Kombination aus Tradition, Urigkeit und modernem Komfort zusammen. Dazu kommen der schöne Kinderspielplatz und viel Platz zum Herumtoben abseits von Verkehr und Straßen. Bei Familie Kirchner machen Stammgäste Urlaub, die schon bei den Großeltern, Onkel und Tante eingekehrt sind, die gleich nebenan den Bauernhof bewirtschaften; hier kann man frische Milch und Butter kaufen. Von der eigenen Landwirt-

schaft kommen deshalb auch viele Produkte, aus denen Hausherr und Küchenchef Toni die Gerichte seiner nationalen und internationalen Küche zaubert. Vorneweg gibt es Carpaccio vom Rinderfilet, gebackenen Camembert mit Preiselbeeren oder Schlutzkrapfen mit brauner Butter und Parmesan. Die „Jause à la Rieder" bietet Feines wie Haussulze sauer mit Zwiebeln, Schweizer Wurstsalat, Graukäse mit Butter oder die Brettljause mit Brot und hausgemachtem Obstler. Zwischendurch schmecken pikanter Zigeunertoast, Würstel oder Omeletts. Hauptgerichte sind zum Beispiel verschiedene Schnitzel, Zwiebelrostbraten, geröstete Leber, Cordon bleu oder gebackenes Putenbrustfilet und zu den Spezialitäten des Hauses zählen der Grillteller mit Pommes frites und Gemüse oder das „Rieder-Geheimnis" – die Grillplatte für zwei Personen. Wer lieber Fisch mag, greift zu gebratenem Zanderfilet auf Kräuterrahmsauce, zu Lachssteak mit Kräuterbutter oder zu gebackenem Schollenfilet mit Sauce Tartare und Kartoffelsalat. Auch für die kleinen Gäste hält die Speisekarte etwas bereit, etwa Spongebob Rahmschnitzel oder Captain Blaubärs Scholle. Jetzt fehlt nur noch etwas Süßes: Wie wäre es mit Kaiserschmarren mit Kompott, mit Marmelade oder Eis gefüllten Palatschinken oder mit dem Schokofondue mit frischen Früchten? Egal für was man sich auch entscheidet: Beim „Rieder" ist es ein Genuss für Leib und Seele, eine Freude für Augen und Gaumen in harmonischem Ambiente.

Gefüllte Kalbsbrust mit Eierschwammerln

Zutaten

2,5–3 kg Kalbsbrust
6 Semmeln, einen Tag alt
700 g Eierschwammerln
500 g Zwiebeln
Fett zum Braten
1 kleines Bund Petersilie
4 Eier
Weißwein
Rindsuppe
Salz, Pfeffer, Majoran

Zubereitung

Semmeln entrinden, in warmer Milch einweichen und gut ausdrücken, beiseitestellen. Eierschwammerln putzen und grob hacken, in Fett anrösten. Zwiebeln fein würfeln und in Fett anrösten, gehackte Petersilie dazugeben. Die Semmelmasse mit Zwiebeln, Petersilie, Eierschwammerln und Eiern vermengen, mit Salz, Pfeffer und Majoran würzen.

Die Kalbsbrust in der Mitte zweimal einschneiden und auffalten, sodass ein Viereck entsteht. Die Fülle gleichmäßig darauf verteilen. Das Fleisch einschlagen und mit Küchengarn zusammenbinden. Die Kalbsbrust mit Salz und Pfeffer würzen und in heißem Fett anbraten. Mit Weißwein und Rindsuppe ablöschen und bei circa 170 °C etwa 2 1/2 Stunden braten.

Dazu passen herbstliches Gemüse und Petersilienkartoffeln.

ACHENSEE-SCHIFFAHRT

Achensee-Schiffahrt

Haus 62
A-6213 Pertisau

Telefon 00 43 (0) 52 43 / 5 25 30
Telefax 00 43 (0) 52 43 / 62 73

www.tirol-schiffahrt.at

Gemütlich an Deck in der Sonne sitzen, den glitzernden, mal tiefblau, mal türkis schimmernden See unter sich und rundherum die herrliche Alpenlandschaft: Eine Schifffahrt auf dem Achensee ist etwas Einmaliges und krönt den Aufenthalt in einer der schönsten Regionen der Alpen. Der lang gestreckte See im gleichnamigen Tal liegt zwischen dem Rofangebirge im Osten und dem Karwendel im Westen. Schon im 15. Jahrhundert sorgte eine Straße am Ostufer für den Warentransport, schwere Güter wurden jedoch mit Plätten über den See transportiert: Getreide, Grubenholz und Holzkohle nach Süden, Salz, Wein und Bergwerkserzeugnisse nach Norden. Dank seines Fischreichtums war der See vor allem bei den Landesherren beliebt, die hier exklusive Fischrechte besaßen wie zum Beispiel Kaiser Maximilian I. oder Erzherzog Ferdinand II. Als im Achental Mitte des 19. Jahrhunderts die Geschichte des Fremdenverkehrs begann, hatte der Abt des Benediktinerstiftes 1887 die Idee, mit einer Schifffahrt auf dem See den Tourismus anzukurbeln – so begann die Geschichte der „Achensee-Schiffahrt". Das erste Fahrgastschiff war der Dampfer „St. Josef", der im gleichen Jahr den Betrieb aufnahm. Seit 1951 fährt das Schiff mit einem Dieselmotor und die Aufbauten wurden leicht verändert, aber Schiffskörper und Ruderanlage sind noch original – eine echte Antiquität. Im Jahr 2007 zum 120-jährigen Jubiläum der Achensee-Schiffahrt wurde die St. Josef prächtig geschmückt und wie damals zierten sie

die kaiserlichen Fahnen. Zum Motorschiff St. Josef gesellen sich noch weitere Schiffe: das „Motorboot Tirol II", ein typisches Grachtenboot, das als Aussichtsboot für Sonder- und Gruppenfahrten außerhalb des Fahrplans eingesetzt wird, das Motorschiff „Tirol" für 600 Personen mit dem Bordbistro „Stella Maris" und das Motorschiff „Stadt Innsbruck", das insgesamt 450 Passagiere aufnehmen kann und mit seiner hochwertigen, modernen und behindertengerechten Ausstattung das jüngste Schiff und der Stolz der Flotte ist. Die Bordgastronomie der Achensee-Schifffahrt hat sich in letzter Zeit zu einer tragenden Säule des Unternehmens entwickelt, denn die Kombination von Ausflugsfahrt und Kulinarik spricht immer mehr Menschen an. Sowohl die MS Tirol als auch die MS Stadt Innsbruck sind beide wunderbar geeignet für Schiffscharter; die Achensee-Schifffahrt organisiert jedes Fest perfekt, von der Hochzeits- oder Geburtstagsfeier über Seminare bis zum Galadinner. Große Firmenfeiern werden jährlich ausgerichtet, dann können beide Schiffe aneinandergekoppelt werden und die Gäste können von einem auf das andere Schiff wechseln – ein Manöver, das sich bei großen Veranstaltungen hervorragend bewährt hat. Die Achensee-Schiffahrt bietet etliche Sonderveranstaltungen wie zum Beispiel das Krimi-Dinner auf dem Schiff. „Jason Crane und die Leiche am Buffet", das bedeutet nicht nur Nerven-, sondern auch Gaumenkitzel! Von Juni bis Oktober stehen am Achensee jeden Freitag romantische Abendrundfahrten auf dem Programm. Dann kann man entweder mit Musik, Tanz und Unterhaltung den abendlichen Achensee erleben oder bei der „Achenseer Sommernacht" ein viergängiges Menü in einem Hotel und anschließend eine Abendrundfahrt genießen. Zwei Linienschiffe sorgen für ständige Verbindungen zwischen den einzelnen Orten nebst Bordgastronomie im Selfservice. Zusteigemöglichkeiten bestehen in Seespitz, Buchau, Pertisau, Gaisalm, Achenseehof und Scholastika (Achenkirch). Mit der Achensee-Schiffahrt sind somit ideale Kombinationen der vielfältigen Freizeitaktivitäten rund um den See möglich: Bergwandern, Mountainbiken, Paragliden, Rollerskaten, Baden: Für jeden Geschmack ist etwas dabei.

JAUSENSTATION UND ALMWIRTSCHAFT GAISALM

Der Achensee ist ein von Gletschern geschaffener Natursee und mit neun Kilometern Länge und 1,3 Kilometern Breite der größte See Tirols. Er bietet eine Fülle an Freizeitmöglichkeiten, auf über 500 Kilometern markierten Wanderwegen kann man spazieren gehen und leichte oder anspruchsvolle Bergwanderungen unternehmen, man kann schwimmen, segeln, fischen, reiten, golfen und vieles mehr. Was den See aber einzigartig macht, ist die „Gaisalm", europaweit die einzige Alm, die nur zu Fuß oder mit einem der Schiffe der Achensee-Schiffahrt zu erreichen ist. Das Postkartenidyll ist kein Trugbild, sondern traumhaft schöne Wirklichkeit! Von der Anlegestelle geht man ein paar Schritte durch die grüne Wiese und erreicht die „Jausenstation und Almwirtschaft Gaisalm" im Stil einer Berg-

Jausenstation und Almwirtschaft Gaisalm
Bootshaus

A-6213 Pertisau

Telefon 00 43 (0) 52 43 / 5 25 30
Telefax 00 43 (0) 52 43 / 62 73

www.tirol-schiffahrt.at

hütte mit großer, umlaufender Terrasse. Wanderer gelangen von Pertisau auf die Alm in einer gemütlichen Stunde und wer es ein wenig anspruchsvoller mag, macht sich von Achenkirch auf und kann sich auf der Gaisalm dann nach anderthalb bis zwei Stunden ausruhen. Vielleicht ein kleines Bad gefällig? Gleich vor der Tür lässt es sich herrlich schwimmen und planschen, der See hat Trinkwasserqualität und bietet perfekte Lebensqualität für Forelle, Hecht & Co.
Von Mai bis Oktober ist die Gaisalm ein perfekter Ort, um in Ruhe und unberührter Natur den Gedanken freien Lauf zu lassen, in der Wiese zu liegen und den Wolken zuzuschauen oder ein Buch zu lesen. Wenn sich dann Appetit bemerkbar macht, ist man hier ebenfalls genau richtig. Die Küche der Jausenstation Gaisalm hat im Selfservice vom kleinen Schmankerl bis zum Schweinsbraten mit Knödel alles im Angebot, was das Herz begehrt. Für Gruppen stehen drei Menüs zur Auswahl, zuerst gibt es eine Suppe, dann Schweinsbraten, Schnitzel oder Kässpätzle und zum Nachtisch Apfelstrudel. Kids freuen sich wahrscheinlich auf Würstl oder Currywurst mit Pommes; Hauswurst mit Kraut, Gulasch- oder Leberknödelsuppe stehen aber auch auf der Speisekarte. Wer Lust auf eine kalte Jause hat, ist mit einer herzhaften Brotzeit mit Speck- oder Käsebrot oder einem Wurstsalat sicher ebenfalls gut bedient. Eine süße Sünde wert sind die frischen Germknödel oder Buchteln und zum Nachmittagskaffee locken die vielen hausgemachten frischen Kuchen und Torten. Die Gaisalm eignet sich auch ideal für Feiern, ob klein oder groß, ob Hochzeit, Taufe, Geburtstag oder Firmenjubiläum: Im oberen Stock stehen zwei holzgetäfelte, gemütliche Stuben zur Verfügung.

Schweinebraten mit Semmelknödel und Sauerkraut

(Für 6 Personen)

Zutaten

Für den Schweinebraten
1 Schweineschopf
Kümmel
Knoblauch
Pfeffer, Salz

Für die Semmelknödel
6 Semmeln
3 Eier
ca. 100 g Mehl
1/4 l Milch, warm
Salz, Pfeffer, Majoran

Für das Sauerkraut
ca. 1,2 kg Sauerkraut
Kümmel, Wacholderbeeren
Lorbeerblatt
Mehl, Butter
Salz, Pfeffer

Zubereitung
Schweineschopf auf ein Backblech geben, mit dem gepressten Knoblauch beidseitig einreiben, mit Salz und Pfeffer würzen und mit Kümmel bestreuen. Blech in das Backrohr schieben und bei 180 °C (Heißluft) circa 1,5 Stunden braten. Währenddessen die Semmeln in Würfel schneiden, in eine Schüssel geben und mit den restlichen Zutaten zu einer Masse verrühren, circa eine viertel Stunde ruhen lassen und dann zu Knödeln formen. Die Knödel in einen Topf mit kochendem Salzwasser geben und circa 20 Minuten kochen lassen.
Das Sauerkraut waschen, in einen Topf geben, mit Wasser aufgießen, Salz, Pfeffer, Kümmel, Wacholderbeeren, Lorbeerblatt dazugeben und circa 20 Minuten kochen lassen.
Für die Mehlschwitze Butter in einer Pfanne zerlassen, das Mehl nach Bedarf dazugeben und unter ständigem Umrühren leicht anbräunen.
Die fertige Mehlschwitze in das gekochte Sauerkraut einrühren.

GENIESSERWIRTSHAUS & HOTEL ALPIN

Geniesserwirtshaus & Hotel Alpin
Familie Armin Gründler

A-6215 Achenkirch 35

Telefon 00 43 (0) 52 46 / 68 00
Telefax 00 43 (0) 52 46 / 68 004

www.geniesserwirtshaus-alpin.at

„Keine Liebe ist aufrichtiger als die zum Essen" – das behauptete schon George Bernard Shaw, und diesem Spruch kann man nur zustimmen, wenn man die hervorragende Küche von Haubenkoch Armin Gründler und seinem Sohn Alexander im „Geniesserwirtshaus & Hotel Alpin" kennengelernt hat. Eingebettet in eine idyllische Berglandschaft abseits von touristischem Rummel und in absoluter Ruhe ist das Hotel eine kleine Oase für Genießer und Feinschmecker. Die intakte Natur mit grünen Wiesen, die gleich hinter der Sonnenterrasse des Hotels beginnen, mit Bergen und dem nahen Achensee sind geradezu prädestiniert, um sich mal so richtig auszuruhen und lustvoll zu schlemmen. Nach einem aktiven Tag an der frischen Luft laden die komfortablen Kuschelzimmer zum Relaxen ein, man kann die spektakuläre Bergwelt vom Balkon aus betrachten und dann ein Abendmenü der Extraklasse genießen, das Gang für Gang auch die verwöhntesten Gaumen begeistert. Seit über zehn Jahren wirken die Künstler am Herd. Dem kulinarischen Erbe verpflichtet, Regionales mit Raffinesse zu verfeinern, ist das Bestreben von Armin und Alexander, und ihr Wissen geben sie Kochfans bei Seminaren und Kochkursen gerne weiter. Ihre Produkte beziehen sie vorwiegend aus der „Genussregion Tirol", dazu gehören Schweinefleisch, Berglamm, Milchkalb und Rindfleisch von Bauernhöfen aus der Gegend, Forellen und Saiblinge aus dem Achensee und taufrische Gemüse und Kräu-

ter aus heimischen Gärten. Daraus entstehen dann kreative Gerichte für höchste kulinarische Ansprüche, Feinschmecker und Genießer. Die Karte vereint Wirtshauskultur mit bodenständigen Gerichten wie zum Beispiel Spinatknödel und gebratenem Berglammhaxl auf Bohnengemüse sowie erlesene Kreativgerichte wie Jakobsmuschel-Carpaccio mit Mangodressing oder Flusszander mit Frischkäse überbacken mit Karotten-Sternanispüree und Blutwurst-Tortelloni. Verführerischer Charme auch beim Dessert: unwiderstehlich klingen zum Beispiel das Panna-cotta-Sorbet oder der feine Käseteller vom Affineur. Zum Abschluss sollte man nicht versäumen, aus der wahrlich imposanten Digestifbar, die das Edelste bietet, was es auf diesem Sektor gibt, einen feinen Obstbrand, Cognac oder Rum

auszusuchen, um das Gourmetmenü stilvoll zu beschließen. Seit 2004 ist das Hotel „ausgezeichneter Lehrbetrieb"; mit einer „Gault Millau Haube" gekrönt und zum „Genusswirt Tirol 2009" erhoben, hat sich das Geniesserwirtshaus und Kulinarik Hotel Alpin in wenigen Jahren in der absoluten Spitzenklasse der österreichischen Gourmetrestaurants etabliert.

Apfelstrudelmousse mit Vanilleschaum und Nugateis

Zutaten

Für die Mousse

150 g Quimiq
100 g Staubzucker
150 g Obers
1 Apfel
20 g Rosinen
20 g geröstete Pinienkerne
etwas Zimt, Zitrone, Vanillezucker

Für den Vanilleschaum

1/4 l Obers
1/4 l Milch
25 g Kristallzucker
1/2 Vanilleschote
1 TL Vanillezucker
3 Eigelb

Für das Nugateis

150 ml Milch
150 ml Obers
30 g Zucker
6 Eigelb
100 g Nugat
4 cl Cognac
1 cl Amaretto

Zubereitung

Für die Mousse

Quimiq mit Staubzucker schaumig rühren, Apfel schälen und in feine Würfel schneiden, mit Rosinen, Pinienkernen und Gewürzen unter die Masse rühren und zum Schluss geschlagenen Obers unterheben.

Für den Vanilleschaum

Milch und Obers leicht erwärmen, mit Zucker, Vanillezucker und der längs halbierten Vanilleschote verrühren und die Eigelbe dazugeben. Die Masse unter ständigem Rühren erhitzen, bis sie beginnt, abzubinden (zur Rose erhitzen), dann kalt rühren und durch ein feines Sieb passieren. Die Vanilleschote gut auskratzen und in die Sauce geben.

Für das Nugateis

Milch und Obers aufkochen, Zucker und Eigelbe dazugeben und bis zur Rose abziehen. Nugat in der heißen Masse auflösen, abkühlen lassen, den Alkohol unterziehen und in der Sorbetmaschine gefrieren.

DAS ZILLERTAL

Im Herzen von Tirol liegt das schöne Zillertal: ein weites, grünes Tal mit einer Landschaft so schön wie aus dem Ferienprospekt, mit kleinen malerischen Dörfern, saftigen Almen, schroffen Felsen und ewigem Eis. Die Zillertaler selbst: ein munteres Volk, gesellig und musikalisch, authentisch und erdverbunden – richtig „tirolerisch“ halt.
Zunächst ein paar Fakten: Das Zillertal verdankt seinen Namen dem Fluss Ziller und liegt etwa 40 Kilometer östlich von Innsbruck und zweigt in der Nähe von Jenbach vom Inntal Richtung Süden ab. Vom Taleingang bei Strass geht es rund 30 Kilometer über Fügen, Stumm, Uderns, Hippach und Schwendau bis zum Talende in Mayrhofen. Ungefähr in der Mitte zweigt es bei Zell am Ziller nach Gerlos ab und hinter Mayrhofen erstreckt sich das Tuxertal bis zum Hintertuxer Gletscher. Dazu kommen noch kleinere Seitentäler, die sogenannten „Gründe“.
Auffällig am Zillertal ist der geringe Höhenunterschied. Auf den gesamten 30 Kilometern steigt das Tal nur um die 100 Meter an – das bedeutet, dass man auch im Winter problemlos alle Orte und auch die Liftanlagen erreichen kann. Im Gerlos- und im Tuxertal sieht die Sache natürlich ein wenig anders aus ...
Eine Attraktion im Tal ist die rote Zillertalbahn, eine Schmalspurbahn von Jenbach bis Mayrhofen. Unter den noch verkehrenden Schmalspurbahnen gilt sie als eine der bekanntesten – stammt sie doch aus einer Zeit, als das Eisenbahnfahren noch ein Abenteuer war: Gegründet wurde sie im Jahr 1899, 1902 wurde die Trasse bis Mayrhofen fertiggestellt. Heute lassen die Gäste während der nostalgischen Fahrt mit dem Dampfzug im „Kristallwaggon“ bei einem Glas Sekt die schöne Landschaft gemächlich vorbeiziehen. Auf der kurvenreichen, mautpflichtigen Zillertaler Höhenstraße entfaltet sich ein atemberaubendes Alpenpanorama; eine der schönsten Alpenstraßen Österreichs bietet den Besuchern eine wunderbare Fahrt bis auf über 2 000 Meter Höhe, zu bewirtschafteten Almen, zu Berggasthöfen und Schutzhütten in traumhaft schönem Panorama.

Laimach, „Strasser Häus'l"

Schon immer wurden im Zillertal Grünland- und Almwirtschaft sowie Viehzucht betrieben. Berühmt ist das Tal auch wegen seiner Holz verarbeitenden Industrie. In letzter Zeit ist natürlich der Tourismus von besonderer Bedeutung: Sechs Millionen Übernachtungen verzeichnet die Statistik, besonders beliebt ist das Tal im Winter wegen seiner Schneesicherheit und der Top-Infrastruktur. Die Voraussetzung für einen florierenden Tourismus war zunächst die Vielzahl an Wiesen, Weiden, Wäldern, Bergen, Almen und Wasserfällen. Als Mitte des 19. Jahrhunderts der Alpinismus aufkam und damit auch der Fremdenverkehr begann, entwickelte sich das Zillertal zur Wiege des alpinen Bergsteigens. Im Jahr 1949 begann die Erschließung des Wintertourismus mit der Errichtung eines Schlepplifts in Hintertux und Mitte der 50er-Jahre mit dem Bau der Penkenbahn in Mayrhofen. Heute gliedert sich das Tal in vier Ferienregionen: die erste Ferienregion Zillertal Fügen-Kaltenbach, die Zillertal Arena, Mayrhofen und Tux-Finkenberg mit dem Gletscherskigebiet Hintertux.

Was kann man nicht alles im Zillertal unternehmen! Die Zillertaler nennen sich selbst das „aktivste Tal der Welt". Hier sind natürlich vor allem Naturfreunde in ihrem Element: Wandern, Bergsteigen, Klettern, Schwimmen, Golfen und natürlich die ganze Palette des Skisports, sei es nun auf Pisten jeglicher Schwierigkeitsgrade oder auf romantischen Langlaufloipen. Man lässt sich mit dem Pferdegespann entlang der Zillerpromenade kutschieren oder reitet selbst auf gut ausgebildeten Haflingern durch die Landschaft.

Im Zillertal sind auch Sportarten zuhause, die nicht überall angeboten werden wie Canyoning, Rafting, Jagen oder Paragleiten: Durch das ausgeprägte Talwindsystem ist die

Fliegerei ganzjährig möglich, zieht etliche Paragleiter und Drachenflieger an, die hier ganz individuelle Schulungen absolvieren können.
Zweigt man in Zell am Ziller nach Osten ab, so gelangt man über eine recht kurvenreiche, aber breite Straße nach Gerlos, der letzten Tiroler Gemeinde vor dem salzburgischen Pinzgau.
Gerlos bietet zu jeder Jahreszeit herrliche Natur, ist aber besonders in den Wintermonaten beliebtes Ziel für Schneesportler. Schneefans finden ihr Paradies sehr wahrscheinlich am ehesten im Tuxer Tal. Tux erstreckt sich über acht Kilometer mit fünf Weilern, von denen Hintertux am Talabschluss liegt und mit dem Hintertuxer Gletscher auch Sommerskilauf anbietet.
Die Landschaft des Tuxer Tals zeigt sich kontrastreich: im Sommer punktet es als ruhiges Erholungsgebiet mit zahlreichen Wandermöglichkeiten, im Winter ist der glitzernde Gletscher die Attraktion. Hier bringt die höchste Zweiseilumlaufbahn der Welt die Besucher zur Panoramaterrasse auf 3 250 Metern mit atemberaubender Fernsicht.
Nicht vergessen dürfen wir das „musikalische" Zillertal! Von hier aus nahm das weltberühmte „Stille Nacht, Heilige Nacht" seinen Weg in die Welt, und in keinem anderen Alpental tummeln sich so viele Volksmusik-Gruppen wie hier. An fast jedem Wochenende wird irgendwo aufgespielt, gesungen und getanzt – wer kennt nicht den „Zillertaler Hochzeitsmarsch?" Zuguterletzt sei noch auf das außergewöhnliche kulinarische Angebot hingewiesen: das Zillertal ist die Heimat vieler bodenständiger Klassiker wie der Zillertaler Krapfen, der Ofenleber oder des Zillertaler Graukäses – das Zillertal ist ein Erlebnis für alle Sinne!

GASTHOF POST

Gasthof Post
Alois Rainer

Oberdorf 6
A-6261 Strass i. Zillertal

Telefon 00 43 (0) 52 44 / 6 21 19
Telefax 00 43 (0) 52 44 / 6 21 197

www.gopost.at

Das Örtchen Strass befindet sich gleich am Eingang des Zillertals, durch den Brettfalltunnel wird es vom Durchzugsverkehr verschont. Das erste Haus am Platz ist der „Gasthof Post", ein herrschaftlicher Ansitz, erbaut 1840, in dessen originalen Natursteinmauern man sich auf Anhieb geborgen und heimisch fühlt. Die Lage als zentraler Ausgangspunkt macht den Gasthof zu einer beliebten Bleibe, egal ob man als Urlauber oder Geschäftsreisender unterwegs ist, ob man auf ein Glas Wein vorbeischaut oder gepflegt essen möchte. Von hier aus lässt sich sowohl das ganze Zillertal bequem besuchen, man ist aber auch schnell im nahen Inntal oder am Achensee. Im Sommer lässt es sich herrlich spazieren gehen, wandern, reiten oder Mountainbiken, im Winter bietet Strass traumhafte Winterwanderwege und ist der Ausgangspunkt für viele sportliche Aktivitäten. Der kostenlose Skibus bringt Skifahrer zur acht Kilometer entfernten Spieljochbahn in Fügen und zum 13 Kilometer entfernten Skigebiet Hochzillertal in Kaltenbach. Ob man also sportlich, wanderfreudig, kulturinteressiert oder erholungsbedürftig ist, im Gasthof Post lässt es sich gemütlich und stilvoll wohnen und vor allem speisen. Als eines der typischen Tiroler Wirtshäuser kann man sicher sein, dass alle Gerichte die authentische Tiroler Tradition widerspiegeln. Die Produkte sind stets frisch und kommen überwiegend aus der eigenen Landwirtschaft beziehungsweise aus der Region – das schmeckt man! Die Küche orien-

Zillertaler Krapfen

Zutaten
300 g Roggenmehl
1 EL Rapsöl
1/2 TL Salz
Weizenmehl zum Treiben der Krapfenblattl
500 g mehlige Erdäpfel
60 g Bauerntopfen
60 g Graukäse
1/2 Kugel Zieger (Käse)
50 g Zwiebel, gerieben
1/2 Bund Schnittlauch, fein geschnitten
Salz, Pfeffer, Milch
Butterschmalz zum Backen

Zubereitung
Die Erdäpfel in Wasser weich kochen. Aus Mehl, Öl, Salz und circa 200 Milliliter lauwarmem Wasser einen Nudelteig kneten, diesen in Klarsichtfolie wickeln und kurz rasten lassen. Die gekochten Erdäpfel schälen und heiß durch die Presse drücken, mit Bauerntopfen, Graukäse, Zieger, Zwiebel, Schnittlauch, Salz und Pfeffer mischen und die Masse mit etwas Milch streichfähig verdünnen.
Den Teig noch einmal gut durchkneten, zu einer Rolle formen und in 24 gleich große Portionen à 20 Gramm schneiden. Auf einem Nudelbrett mit etwas Weizenmehl mit dem Nudelholz rund und sehr dünn austreiben. Die untere Hälfte mit der Fülle bestreichen, zusammenklappen und die Ränder gut andrücken. In einer Pfanne so viel Butterschmalz erhitzen, dass der Boden gut bedeckt ist. Die Krapfen darin goldbraun herausbacken. Dazu Sauerrahm oder warmen Rahm servieren.

tiert sich natürlich immer an der Jahreszeit. Ostern stehen Lamm und Kitz auf der Speisekarte, im Sommer Pilze und erntefrisches Obst und Gemüse, im Herbst Gänse und Enten von Bauern aus der Nachbarschaft. Zweimal im Jahr verwöhnt Familie Rainer ihre Gäste mit Spezialitäten, rund um Käse im Frühjahr und Gänse und Enten im Herbst. Die Stuben im Gasthof Post strahlen gediegene Gemütlichkeit aus, am Stammtisch sitzen Jung und Alt, Einheimische und Gäste bei einem gepflegten Glas Wein gesellig zusammen. Es ist immer ein gutes Zeichen, wenn sich in einem Gasthaus die Einheimischen auf „einen Ratscher" treffen, im Gasthof Post zum Beispiel sitzen die Bauern nach einer Rinderversteigerung bei einem „Glasl" zusammen und stoßen auf gute Geschäfte an. Viele der ausgezeichneten Weine, die zum größten Teil aus den besten Lagen Österreichs stammen, werden im Gasthof Post auch glasweise ausgeschenkt. Freundlichkeit, Kompetenz und ein ganz besonderer Service zeichnen den Familienbetrieb aus, zum Beispiel wird für Radfahrer ein leckeres Lunchpaket geschnürt, damit man im „aktivsten Tal der Welt" seinen Hunger auf gesunde und genussvolle Art stillen kann.

HOTEL SONNE

Mitten im Zentrum von Fügen, dem Hauptort des vorderen Zillertals, finden Urlauber im „Hotel Sonne" eine Unterkunft, die alles bietet, was man braucht, egal ob Sommer oder Winter, ob für ein paar Tage oder länger: Gemütliche Zimmer, traditionelle Stuben und ein familiäres Ambiente garantieren einen angenehmen Aufenthalt. Zu den Wander- und Skigebieten Spieljoch, Hochfügen und Hochzillertal sind es nur einige Autominuten, und schon befindet man sich in der herrlichen Zillertaler Bergwelt. Skier können im hauseigenen Ski- und Snowboardverleih ausgeliehen werden, der hoteleigene Bus holt die Gäste ab und bringt sie wieder „heim", wo man nach einem aktiven Tag noch in der Sauna entspannen kann, bevor man sich in den alten Stuben zum Abendessen niederlässt und mit traditioneller, einheimischer Küche verwöhnt wird.

Wer im Hotel Sonne wohnt, bekommt aber noch viel mehr geboten; hier befinden sich drei Locations quasi unter einem Dach, denn gleich um die Ecke lädt das „Kosis", die hippe Fun-Food-Bar, zum Chillen, Sonnenbaden oder zu stilvollem Speisen. Das Ambiente des Kosis lässt auf Anhieb Wohlbefinden aufkommen, das liegt zum einen an der außergewöhnlich geradlinigen Einrichtung in trendig-modernem, architektonisch wertvollen Stil. Dieser „In-Treff" mitten in Fügen entspricht dem Zeitgeist und versteht sich als Meeting-Point für Einheimische und Gäste. Zum anderen tragen das aus dem 14. Jahrhundert stammende Mauerwerk, die alten

Hotel Sonne
Thomas Huber

Dorfplatz 2
A-6263 Fügen

Telefon 00 43 (0) 52 88 / 6 22 66
Telefax 00 43 (0) 52 88 / 6 21 77

www.sonne-fuegen.at

Holzbalken und der offene Kamin zum ansonsten puristischen Design ein ganz besonderes, historisches Flair bei. Hier lässt sich auf angenehmste Art und Weise ein gepflegtes Glas Wein oder Bier trinken, hier lässt es sich aber auch ganz famos mit Freunden feiern. Die Küche besticht durch ihre internationale Vielfalt, es gibt Wok-Gerichte zum Selber-Zusammenstellen, Surf & Turf-Spezialitäten, ein klassisches Wiener Schnitzel oder die beliebten Zillertaler Käsespätzle. Außerdem bietet das Kosis ein außergewöhnliches Wochenprogramm, zum Beispiel donnerstags die After Work Music Party mit Live Musik, sonntags Kosis Sunday Brunch und monatliche Highlights unter bestimmten Mottos mit bekannten Live-Bands. Immer dabei ist der Inhaber Thomas „Kosi" Huber, der dem Szene-Treff nicht nur seinen Namen gab, sondern als „richtiger" Wirt durch seine ständige Präsenz dem Lokal eine ganz persönliche Note verleiht und auch weiß, wie eine Nacht im Kosis sein muss, nämlich „schwarz" wie der Teufel, „heiß" wie die Hölle, „rein" wie ein Engel und „süß" wie die Liebe! Aller guten Dinge sind ja bekanntlich drei, und so ist die dritte Location das Gartenhaus neben dem Kosis. Die wunderschöne große und gepflegte Gartenanlage bildet den passenden Rahmen für Feiern aller Art, sei es Geburtstag, Taufe, Hochzeit, Firmenjubiläum oder Weihnachtsfeier. Von 20 bis 200 Personen wird alles perfekt organisiert: Service, Getränke, Essen – ob kleine Snacks oder großes Menü – die Crew um Thomas Huber erfüllt alle Wünsche, um aus jeder Feier und aus jedem Event ein ganz besonderes Erlebnis zu machen.

Steak vom Almochsen mit Pfifferlingrisotto

Zutaten

800 g Lungenbraten, geputzt
1 große Zwiebel
2 EL Öl
360 g Risottoreis
400 ml Weißwein
400 ml Brühe
etwas Schlagobers
20 g geriebener Parmesan
150 g Pfifferlinge
50 g Speck
50 ml Öl
etwas Rindssuppe
20 g Butter
Salz, Pfeffer aus der Mühle

Zubereitung

Die Zwiebel schälen, fein hacken und in heißem Öl anschwitzen, Reis hinzufügen, anlaufen lassen, mit Weißwein ablöschen, die Brühe angießen, den Reis unter häufigem Rühren kernig kochen, Schlagobers unterheben, vor dem Anrichten Parmesan untermischen. Die Pfifferlinge in gutem Olivenöl mit Salz und Pfeffer anschwitzen und zum Schluss unter den Risotto heben.
Den Lungenbraten mit Speck spicken, würzen und in heißem Fett 20 bis 25 Minuten im heißen Rohr braten, den Bratensaft mit Rindssuppe aufkochen und mit kalter Butter binden.

DER METZGERWIRT

Der Metzgerwirt
Familie Hannes Hell

Dorfstraße 6
A-6271 Uderns

Telefon 00 43 (0) 52 88 / 6 25 59
Telefax 00 43 (0) 52 88 / 6 25 594

www.dermetzgerwirt.at

Wenn Genießer und Feinschmecker das Zillertal besuchen möchten, so sollten sie das tunlichst nicht montags oder dienstags planen, denn dann ist der „Metzgerwirt" geschlossen und es wäre schade, nicht bei Hannes und Alexandra Hell einzukehren: Man hätte einfach etwas verpasst! Das schöne Wirtshaus besteht schon seit dem Jahr 1763 und ist seit über 100 Jahren im Besitz der Familie Hell. Hannes Vorfahr Bartholomä war zu jener Zeit Viehhändler und lieferte vom Zillertal Rinder und Schafe bis an den russischen Zarenhof. Schon damals wusste man das gute Fleisch aus dem Tal zu schätzen. So ist es kein Wunder, dass Stanislaus Hell Ende des 19. Jahrhunderts neben der Landwirtschaft auch eine kleine Metzgerei betrieb und dem Gasthaus den Namen „Metzgerwirt" gab. Hannes Großvater baute das Dorfwirtshaus weiter aus zu einer Gaststätte für Einheimische und Gäste. Die Metzgerei besteht bis heute und bezieht ihre ausgezeichnete Ware ausschließlich aus der Region. Regionalität und Qualität sind demnach ebenfalls die obersten Gebote des jungen, sympathischen Hausherrn Hannes, der das Restaurant zusammen mit seiner Frau Alexandra, ausgebildete Diplom-Sommelière, führt. Althergebrachte Rezepturen, gepaart mit ungebremster Kreativität und Gespür für ästhetische Harmonie auf dem Teller, sind die Garanten für grenzenlosen Genuss beim Metzgerwirt. Hannes kann dazu auf Lehrjahre bei Berühmtheiten seiner Zunft zu Recht stolz ein, zum Beispiel bei den Brüdern Pourcel in Montpellier und bei Hans Haas im Restaurant Tantris in München. Dass er seinen Weg konsequent und in die richtige Richtung geführt hat, beweisen nicht nur die zahlreichen Gäste von nah und fern, sondern auch unzählige Auszeichnungen, zum Beispiel der Titel „Bester Tiroler Weinwirt 2005" und die Tatsache, dass er mit einer Haube und 14 Gault-Millau-Punkten zu den besten Köchen Österreichs zählt. Seine Auslandsaufenthalte und Reisen tragen natürlich auch zu

einer ständigen Weiterentwicklung als Koch bei und lassen die verschiedensten Stile in seinen Kochstil einfließen. So wird seine Küche auch für Stammgäste nie langweilig, es gibt immer etwas Neues – Klassiker und Ausgefallenes halten sich dabei perfekt die Waage. Auf der wöchentlich wechselnden Karte lesen sich die traditionellen Gustostückerln dann so: Roastbeef auf geröstetem Schwarzbrot mit Kräuter-Senf-Dip, Spinatknödel mit Nussbutter, gefülltes Milchkalbsschnitzel auf Nudeln mit Tomaten und Oliven oder Pfifferlinggulasch mit gebratenem Serviettenknödel. Nach Wunsch serviert der Metzgerwirt auch ein drei- oder viergängiges Menü, zum Beispiel als Vorspeise lauwarmen Kalbskopf mit Tomatenmarinade, sautierten Calamarettis und Honigmelone, gefolgt von gebratener Dorade Royale auf provenzalischem Gemüse und Pestojus und als Dessert „Frucht-Sushi" mit Basilikumsorbet oder eine kleine Käseauswahl. All das kann man sich in den gemütlichen Stuben oder im Garten des Metzgerwirts schmecken lassen – und zwar das ganze Jahr über –, außer Montag und Dienstag!

Zander mit Melone

Zutaten

200 g Zanderfilet ohne Haut und Gräten
1/2 kleine Wassermelone, entkernt
50 ml Reisweinessig
100 ml Sojasauce
85 ml Limettensaft
2 EL Olivenöl
3 EL Puderzucker
4 EL alter Balsamessig
Kopfsalat- und Feldsalatherzen
einige Scheiben Bauchspeck
Salz, Pfeffer aus der Mühle

Zubereitung

Die Melone schälen, in vier gleich große Stücke schneiden, leicht salzen und von allen Seiten jeweils circa 1 Minute grillen. In dünne Scheiben schneiden und wieder zusammenschieben. Den Fisch in möglichst dünne Scheiben schneiden und auf der Melone verteilen, salzen und pfeffern.

Den Reisweinessig aufkochen und mit Sojasauce, Limettensaft, Olivenöl und Puderzucker vermengen, den Fisch und die Salatherzen mit der Sauce und danach mit altem Balsamico beträufeln. Die Bauchspeckscheiben kross braten und auf dem Zander anrichten.

WIRTSHAUS ZILLERTALERHOF

Das kleine Örtchen Ried liegt in der Mitte des Zillertals und ist ein idealer Ausgangspunkt für Unternehmungen jeder Art: Spazierengehen, Wandern, Nordic Walking, Mountainbiken sind wahre Genusstouren in dieser herrlichen Gegend. Über 300 Kilometer markierte Radwege und gut beschilderte Wanderwege vernetzen das ganze Zillertal. Auch im Winter ist Ried ein perfekter Ort für Schneespaß ohne Grenzen, es ist eingebettet in die Top-Skigebiete Hochfügen-Hochzillertal und Spieljoch. Das heißt, 176 Kilometer bestens präparierte Pisten und Schneesicherheit von November bis Ende April. Die Zillertal-Arena, das größte Skigebiet, ist ebenfalls nur wenige Kilometer entfernt. Und wer für Abfahrten nicht viel übrig hat, kann sich beim Langlaufen, Rodeln oder Eislaufen genauso vergnügen. Winterwanderungen durch das verschneite Tal werden nachts auf beleuchteten Routen zu einem unvergesslichen Erlebnis.
Nun braucht es noch eine gemütliche Unterkunft in Ried und der Urlaub ist perfekt. Hier empfiehlt sich das „Wirtshaus Zillertalerhof", das nach einem umfangreichen Umbau in neuem Glanz erstrahlt. Sehr modern und großzügig wirkt es mit den großen Fenstern, die den Blick in die wunderschöne Landschaft ringsum freigeben. Anita Kofler und ihr Team möchten, dass ihre Gäste einen zwanglosen und rundum gelungenen Urlaub verbringen. Dazu gehört die entspannte Atmosphäre, in der sich Jung und Alt, Einheimische und Gäste gleichermaßen wohlfühlen. Holz und Glas bestimmen die Einrichtung von natürlicher Gemütlichkeit. Nach einem erlebnisreichen und aktiven Tag freut man sich auf die komfortablen, einfach und funktionell ausgestatteten Zimmer – übrigens in einem sehr günstigen Preis-Leistungs-Verhältnis.

Wirtshaus Zillertalerhof
Anita Kofler

Ried 123
A-6272 Ried

Telefon 00 43 (0) 6 76 / 8 43 68 01 00
Telefax 00 43 (0) 52 83 / 36 68

www.zillertalerhof.eu

Auch wer nur auf eine Tasse Kaffee oder Tee vorbeischaut, ist im Wirtshaus Zillertalerhof richtig. Die Auswahl an Kaffeespezialitäten ist fast grenzenlos und wem das immer noch nicht genug ist, kann sich mit verschiedenen Sirupsorten seinen Kaffee ganz nach Gusto verfeinern, und dazu passen ein Stück hausgemachter Kuchen oder ein kleiner Snack. Die Küche des Hauses ist frisch und abwechslungsreich. Kleine Gerichte sind zum Beispiel Räucherlachs auf Toast, Insalata Caprese, verschiedene Salatteller oder Käsespätzle. Für den größeren Appetit gibt es Wiener Schnitzel, Zwiebelrostbraten, Rumpsteak mit Kräuterbutter oder gebratenes Zanderfilet. Neben saisonalen und regionalen Köstlichkeiten kann man auch Themenabende genießen wie den italienischen Abend, die Wildwochen, das Herbst-Weinfest mit erlesenen Weinen, Braufeste mit diversen Biersorten, das Terrassen-Opening mit der Zillertaler Big Band oder ein gemütliches Frühstück mit Familie oder mit Freunden. Außerdem organisiert das Team vom Wirtshaus Zillertalerhof jede Feierlichkeit, ob klein oder groß: Hier findet man genau die richtige Atmosphäre für ein rundum gelungenes Fest.

Zwiebelsuppe

Zutaten
4 Zwiebeln
75 g Butter
1–2 EL Mehl
1/2 l Rindssuppe (evtl. instant)
4 Scheiben Weißbrot
4 Scheiben Käse

Für die Pressknödel
300 g mehlige Kartoffeln, gekocht
300 g Knödelbrot
50 g Zillertaler Graukäse
2 Eier
1 Bund Petersilie, Blättchen fein geschnitten
1–2 rote Zwiebeln, gewürfelt
1 l Rinds- oder Hühnersuppe
ca. 1/4 l Milch
Öl zum Braten
Salz, Pfeffer

Zubereitung
Die Zwiebeln fein würfeln und unter ständigem Rühren in der Butter weich dünsten, mit Mehl überstauben. Mit heißer Suppe aufgießen, aufkochen lassen, vom Herd nehmen und kurz ziehen lassen. In der Schüssel servieren oder auf Teller verteilen. Weißbrot toasten, auf die Suppe legen, den Käse darauflegen und im Ofen überbacken, bis der Käse geschmolzen ist.
Das Knödelbrot in eine große Schüssel geben, mit heißem Wasser übergießen, die Kartoffeln dazugeben. Käse klein würfeln und mit Salz, Pfeffer, Zwiebelwürfeln, Eiern und Kräutern durchkneten, bei Bedarf etwas Paniermehl unterkneten. Mit feuchten Händen kleine Knödel formen und flachdrücken, in einer beschichteten Pfanne in etwas Öl von beiden Seiten goldbraun braten und in der heißen Suppe servieren.

Bei Gerlos

LANDGASTHOF LINDE

Landgasthof Linde
Familie Hannes Ebster

Dorf 2
A-6272 Stumm

Telefon 00 43 (0) 52 83 / 22 77
Telefax 00 43 (0) 52 83 / 22 77 55

www.landgasthof-linde.at

Der „Landgasthof Linde" ist ein Juwel unter den Tiroler Gasthäusern, Hort gepflegter Gastlichkeit seit dem Jahr 1506 und seit 1857 im Besitz der Familie Ebster. Die erste urkundliche Eintragung datiert sogar schon von 911 und weist das Gebäude als Wirtschaftshaus des nebenan gelegenen Schlosses Stumm aus. Vor dem prächtigen Anwesen steht eine mächtige, etwa um 1740 gepflanzte Linde, die ihm seinen Namen gab: die „Linde" ist ein Rastplatz für Romantiker und Genießer, die sich in historischen Mauern und in herrlicher Umgebung entspannen möchten und erlesene Gaumenfreuden erwarten.
Leise knirscht der Kies unter den Schuhen, bevor man durch das ehrwürdige Steinportal in die große Halle tritt, zu deren Linken sich die wunderschönen, holzgetäfelten Stuben befinden. Als einer der ältesten Gasthöfe Tirols bietet die Linde neben ausgezeichneter Wirtshausküche auch gehobene Kulinarik, die Hausherr und Chefkoch Hannes Ebster mit seinem Team zubereitet, zum Beispiel hausgemachte Nudeln mit Eierschwammerln und Steinpilzen, Tafelspitz-Sülzchen, Zillertaler Ofenleber mit Erdäpfelpüree, saftigen Zwiebelrostbraten, gebratenes Zanderfilet auf Zucchini-Paprika-Ragout und Limonenrisotto und zum Nachtisch Joghurt-Topfen-Terrine mit marinierten Erdbeeren oder Cappuccino-Parfait mit souffliertter Schokolade und Amarenakirschen. Wer es lieber herzhaft hat, greift

zur Auswahl an erlesenen Hart-, Weich- und Schimmelkäsen. Gemüse und Salat kommen aus biologischem Anbau taufrisch vom eigenen Garten. Hannes Ebsters Ehrgeiz, gepaart mit Kreativität und Fingerspitzengefühl, beschert den Gästen heute eine Küche, die der Tradition der Zillertaler Küche folgt, aber nicht ohne sie gekonnt zu ergänzen und sanft zu verfeinern. Als einer der Ersten im Zillertal etablierte er die „neue, bodenständige Küche". Qualität ist immer das oberste Gebot und duldet keine Kompromisse. Regionale Lieferanten bringen frische, gesunde Produkte, Weine aus besten Lagen begleiten die Speisen perfekt – für die passenden Tropfen zu Hannes Gerichten gibt seine Frau Christina die besten Tipps. Im Sommer genießt man alles im Garten auf der grünen Wiese unter Obstbäumen oder auf der Veranda des hinreißenden Sommerhäuschens, und wenn es kalt ist in den urgemütlichen Stuben. Für kleinere Feiern für bis zu zwölf Personen ist der elegante Salon ein exklusives Refugium. Im Obergeschoss mit Tanzfläche können 50 bis 160 Gäste stilvoll feiern. Sozusagen „schlemmen und schlummern" kann man in der Linde auch – die stilvoll eingerichteten, charmanten Zimmer mit herrlicher Aussicht bieten modernen Wohnkomfort mit authentischer Tiroler Tradition – hier möchte man seine Koffer am liebsten gar nicht wieder einpacken.

Rückenfilet vom Hirschkalbsrücken

Zutaten
8 Hirschmedaillons à 80 g
750 ml Wildfond
5 Schalotten
einige Butterflocken
Wacholderbeeren
2 EL Olivenöl
50 ml feiner Portwein
250 ml kräftiger Rotwein
1 EL Preiselbeeren
1 Prise Zimt
1–2 dunkle Schokoladenspäne
je ein Spritzer Gin, Grand Marnier und Himbeeressig
Salz, Pfeffer, Rosmarin

Zubereitung
Für die Sauce den Wildfond auf 250 ml einreduzieren. Schalotten hacken, Butterflocken tiefkühlen. Medaillons vorsichtig leicht klopfen. Wacholderbeeren im Mörser zerstoßen. Fleisch mit Salz, Pfeffer, Wacholder und Rosmarin würzen. Im heißen Öl kräftig anbraten, wenden, die Hitze reduzieren und in circa 5 Minuten fertig braten. Das Fleisch sollte innen noch rosa sein. Warm stellen. Überschüssiges Fett abgießen, Bratensatz mit Portwein und Rotwein ablöschen. Schalotten hinzufügen und die Flüssigkeit einkochen lassen. Wildfond, Preiselbeeren, Zimt, Schokolade, Gin und Grand Marnier beigeben und weiter reduzieren, bis eine sämige Konsistenz entsteht. Sauce durch ein feines Sieb gießen und nochmals aufkochen. Butterflocken einschwingen, bis die Sauce bindet. Mit Salz, Pfeffer und Himbeeressig abschmecken.
Mit Rahmpilzpolenta und Preiselbeerkompott servieren.

GASTHAUS & METZGEREI NESTER

Gasthaus & Metzgerei Nester
Georg Hauser

Dorf 24
A-6275 Stumm

Telefon 00 43 (0) 52 83 / 22 64
Telefax 00 43 (0) 52 83 / 22 64

www.nester.at

Mitten im schönen Zillertal, an einem der idyllischsten Dorfplätze Tirols, direkt neben der gotisch-barocken Kirche zum Heiligen Rupertus und dem Schloss Stumm findet der Feinschmecker ein mittlerweile nicht mehr geheimes kulinarisches Kleinod – das „Gasthaus zum Nester" mit eigener Metzgerei. Dort kann man sich mit heimischen Naturprodukten einmal so richtig verwöhnen lassen. In der großen, gemütlichen Stube mit Kachelofen, sonntags vormittags Treffpunkt der einheimischen Kirchgänger (oder auch Kirchenschwänzer), in zwei weiteren kleineren Stuben oder auf der Terrasse unter Schatten spendenden Bäumen werden täglich außer am Mittwoch verschiedenste Köstlichkeiten auf liebevoll angerichteten Tellern serviert. Seit der vorletzten Jahrhundertwende ist der Familienbetrieb Garant für Feinstes vom Fleisch, sei es frische Ware von Rind, Kalb, Wild und Lamm, seien es die hausgeräucherten Rosmarin-Hirschkaminwurzen, die Thymian-Lammwurzen, Tiroler Schinkenspeck, Landjäger, Pfefferbeißer oder der Hirschspeck – nur leicht angeräuchert und dann luftgetrocknet – alles kommt aus Meisterhand. Auch Milch, Milchprodukte, Eier und Käse werden aus der Region bezogen. Die Tiere von umliegenden Bauernhöfen werden im eigenen Schlachthof stressfrei geschlachtet und ihr Fleisch fachgerecht weiterverarbeitet, bevor es auf der zweiwöchentlich wechselnden Speisekarte in Form von fantasievoll komponierten Gerichten das Wasser im Mund zusammenlaufen lässt.
Juniorchef Georg Hauser, selbst ein großer Fleischfan und gelernter Metzger und Koch, basiert seine Gerichte auf der bodenständigen Tiroler Tradition, buchstabiert seine Küche aber durchaus auch einmal asiatisch oder mit

dem Charme der Nouvelle Cuisine: Als Vorspeise empfiehlt er zum Beispiel zweierlei Spinatkrapfen mit feinem Käse und brauner Butter, kräftige Tafelspitzsuppe mit Frittaten oder lauwarmen Rücken vom Reh und Wildschwein auf Selleriecreme mit Preiselbeer-Schalotten-Glace. Hauptspeisen wären unter anderen im Ofen gebratenes Kalbsfilet auf Ingweraromaten und Gnocchi, saftiger Zwiebelrostbraten oder knuspriges Wiener Schnitzel. Auch auf Fisch versteht sich Georg: Wie wäre es mit Knurrhahnfilets mit Safran-Fischfond und Spargelrisotto? Zum Dessert wählen Naschkatzen vielleicht lauwarmen Schokokuchen mit hausgemachtem Fruchteis oder Rhabarberschnitte mit Nugateis. Wer es lieber herzhaft hat, greift zu Zillertaler Graukäse oder zur Auswahl an hochwertigen einheimischen Käsesorten mit Apfel-Ingwer-Marmelade. Alle hauseigenen Fleisch- und Wurstwaren kann man in dem winzigen Ladl im Haus erwerben, dazu gehören auch Blut- und Leberwurst, Weißwürste, hausgemachte Ravioli und wunderbares Grammelschmalz. Wenn im Sommer die Grillsaison eröffnet wird, bietet „der Nester" einen ganz besonderen Service, nämlich alle Grillspezialitäten, immer frisch, mariniert oder natur, zum Beispiel Schopf, Kotelett oder Filet vom Schwein oder Rind. Da gibt es aber auch Grillwürstel aller Art, Hühner- oder Putenfilet, Lammkoteletts, Spanferkel auf Anfrage, frischen Fisch, diverse Grillsaucen und Dips. Und wen plötzlich die Lust zum Grillen überkommt, aber vergessen hat, die Steaks zu besorgen, kann alle Nester-Spezialitäten mit der Grillhotline täglich außer mittwochs von 8 bis 21 Uhr auch telefonisch bestellen.

Zillertaler Bauernbratl vom Berglamm

Zutaten

1 Milchlammschulter
Thymian
Knoblauch
Öl zum Braten
250 ml Rotwein
500 ml Lammjus
Wurzelgemüse, grob gewürfelt
5 mittelgroße Kartoffeln, geschält und in Spalten geschnitten
Salz, Pfeffer

Zubereitung

Die Lammschulter in große Stücke schneiden, mit Salz, Pfeffer, Thymian und Knoblauch würzen, in einem Topf in Öl scharf anbraten, mit Rotwein ablöschen und mit dem Lammjus aufgießen. Die gesamte Schmorzeit beträgt circa eine Stunde. Nach der Hälfte der Garzeit die Kartoffeln beigeben und eine Viertelstunde vor Ende der Garzeit das Gemüse. Bei Bedarf mit etwas Rindssuppe immer wieder aufgießen.

Achtung: Je älter das Lamm, desto länger die Schmorzeit!

RÖSSL ALM

Rössl Alm
Josef und Elfriede Haberl

Gerlos 308
A-6281 Gerlos

Telefon 00 43 (0) 52 84 / 52 74
Mobil 00 43 (0) 6 64 / 1 47 50 00

www.roesslalm.at

Grüne Wiesen, Wälder und Berge bilden die traumhafte Kulisse der „Rössl Alm“, hoch über den Baumwipfeln von Gerlos. Hier ist man der Natur nicht nur nahe, hier ist man mittendrin: Die wunderschöne Alm mit großer Terrasse und einer wahrhaft grandiosen Aussicht ist ein ideales Ausflugsziel für Groß und Klein. Über den Gerloser Wiesenweg kann man gemütlich in einer Stunde auf die Alm wandern oder mit der Isskogelbahn hinauffahren und dann etwa 30 Minuten heruntergehen. Im Winter führt die Skiabfahrt genau an der Rössl Alm vorbei und zweigt in die Talabfahrt zur Isskogelbahn mit der Abfahrt direkt ins Ortszentrum von Gerlos. Kinder sind hier bestens aufgehoben und können absolut gefahrlos spielen und toben, derweil sich die Eltern in aller Ruhe entspannen und erst mal einen Blick in die Speisekarte werfen.

Herzhaftes ist angesagt, die Wirtsleute Josef und Elfriede Haberl laden zu traditionellen Zillertaler und Tiroler Schmankerln ein. Als echter Geheimtipp gelten die Zillertaler Käserahmspätzle mit Röstzwiebeln, Tiroler Tris oder Spinatknödel auf herzhafter Käserahmsauce. Alles ist frisch und liebevoll gekocht und schmeckt auf der traumhaften Sonnenterrasse genauso gut wie drinnen in urgemütlicher Kaminatmosphäre. Zum Dessert empfiehlt die Rössl Alm den leckeren Alm-Kaiserschmarrn mit Apfelmus oder Zwetschkenröster, ein Stück der hausgemachten Kuchen oder Apfelstrudel mit Vanilleeis – im wahrsten Sinne der Versuchung verbindet die Rössl Alm hier süße Kunst mit eiskalter Leidenschaft.

Wer mag, kann sich nach all dem herzhaften Schlemmen die Beine auf dem „Rössl“-Kneipp-Pfad vertreten und die Natur mit allen Sinnen genießen. Über Stock und Stein begeben sich selbst die Kleinsten auf eine Entdeckungsreise und lernen Wasser, Feld und Wald neu kennen.

Was das Besondere der Rössl Alm ausmacht, ist aber vor allem das ganze „Drumherum“, nämlich Musik, Spaß und Events am laufenden Band. Hier trifft Kulinarik auf Tradition und damit auch gute Laune und Stimmung aufkommen, haben sich Josef und Elfriede Haberl einiges ausgedacht. Jeden Donnerstag ist Hüttenabend mit Tanz und Schuhplattln – urig und g'sellig geht es dann zu mit den Gerloser Nachtschwärmern und den Lausbuben-Plattlern oder dem Trachtenverein Almrausch Mils.

Ein Geheimtipp unter Feinschmeckern ist „Gourmet am Berg“, eine Veranstaltung, die Tradition mit Neuem verbindet und jedes Gourmetherz höher schlagen lässt. Dort ge-

nießt man edelste Weine aus Österreich, schlemmt zur Musik von „Hokuspokus" und zum Abschluss darf es noch ein Stamperl von Edelbrand-Variationen des Stiegenhaushofs sein.

Freunde der Blasmusik kommen nach dem Motto „Blasmusik am Berg" auf der Rössl Alm ebenfalls auf ihre Kosten, wenn zum Beispiel bekannte Musiker wie Franz Posch, das Goldried Quintett, der Harte Kern oder die Hippacher Musikanten die Blasmusik am Berg neu definieren.

Nach dem Motto „z'rugg zu die Wurzeln" lassen die Haberls passend dazu die echte, urige Tradition der Zillertaler Küche neu aufleben: Erdäpfelblattlang mit Sauerkraut, original Zillertaler Krapfen, „siaße Krapflang", Melchermuas und viele weitere Spezialitäten – hier wird im wahrsten Sinne des Wortes traditionell geschlemmt.

Spareribs am Brett'l

Zutaten

1 kg dünne Rippchen vom Schwein

Für die Marinade

1 Tasse Tomatenketchup
Chili
Knoblauch
Thymian
2 EL Honig
Salz, Pfeffer

Zubereitung

Für die Gewürzmarinade alle Zutaten miteinander gut vermengen und anschließend die Schweinerippen in die Gewürzmarinade einlegen und über Nacht kräftig ziehen lassen.

Bratzeit bei Verwendung eines Combidämpfers: Bei 145 Grad die eingelegten Schweinerippen ca. 20 Minuten vorbraten und danach bei 175 Grad ca. 10 Minuten fertig braten. Bratzeit bei Verwendung eines Backrohres: ca. 40 Minuten bei 170 Grad.

Spareribs am Brett`l ist eine recht deftige Speise, die gerne bei verschiedenen Festen als Spezialität des Zillertales angeboten wird. Besonders gut schmecken die Spareribs, wenn sie mit Krautsalat und Knoblauchbrot sowie einer Barbecue-Sauce zum Dippen serviert werden.

Hervorragend passt dazu nach alter Tradition ein Glas Zillertaler Pils.

STIEGENHAUSHOF

Stiegenhaushof
Familie Martin Fankhauser

Dorf 130
A-6283 Schwendau

Telefon 00 43 (0) 6 64 / 1 98 31 50

www.stiegenhaushof.at

Ein Brenner mit Herz und Verstand, mit Leidenschaft und Tradition: Martin Fankhauser ist ein Original durch und durch und die Produkte vom „Stiegenhaushof" gehören zum Feinsten, was „schnapsmäßig" aus dem Zillertal kommt. Das Zillertal ist bekannt für gute Brände und aus der Schwendauer Gegend kommen seit jeher gute Obstler. Im Jahr 2005 übernahm Martin mit seiner Frau Kathrin den traditionellen Stiegenhaushof und widmet sich neben seinem Bauernhof mit großer Leidenschaft dem Destillieren. Schon Martins Vater, Groß- und Urgroßvater haben sich auf diese Kunst verstanden. Das Brennrecht stammt noch aus der Zeit Kaiserin Maria-Theresias, als die Brennerei eine sogenannte „Abfindungs-Brennerei" war, das heißt, man zahlte seine Steuern in Form von Schnaps an die Obrigkeit. War es früher eher ein kräftiger Tiroler Bauernschnaps, so produziert Martin Fankhauser heute nur Edelbrände höchster Qualität, aus sorgfältigst eingemaischtem Obst und doppelt gebrannt. In der Gegend um Schwendau herrscht für

den Obstbau ein geradezu ideales Klima. Durch die geschützte Lage, sonnige Tage und kühle Nächte gedeihen die Früchte hier besonders gut. Und das weiche Quellwasser trägt ebenfalls dazu bei, dass Martins Brände viele Fans von nah und fern haben. Zu seinem Sortiment gehören zum Beispiel Apfel- und Birnenbrände (Williams), Zwetschken-, Marillen- und Quittenbrand, aber auch Preiselbeeren, Holunder und verschiedene Kräuter finden den Weg in die Schnapsflasche. Für jeden Geschmack ist etwas dabei und jeder Brand hat seine Geschichte. Nur vollreifes und gesundes Obst von den eigenen Streuobstwiesen kommt für Martins Erzeug-

nisse in Frage. Die Gärung ist ein weiterer wichtiger Schritt. Der Vater hatte die Gärfässer noch im Schweine- oder Kuhstall stehen, weil es dort schön warm war – der Schnaps verströmte aber oft Stallgeruch. Heute gärt das Obst in kühler Atmosphäre zwischen 15 und 18 °C, weil sich die Aromen so besser entfalten können.
Gebrannt wird nach dem Erntezyklus, also vom Frühjahr bis in den Winter, zunächst Marillen, dann Zwetschken, Äpfel und Birnen, zum Schluss Vogelbeeren. Selbstverständlich enthalten die Brände vom Stiegenhaushof keinerlei Zusätze wie Zucker oder Aromastoffe. Sie sind sozusagen reine Natur und duften und schmecken intensiv. 2007 ging Martin als Landessieger in der Tiroler Schnapsprämierung hervor und auf der Destillata 2008 holte er zweimal Silber und einmal Bronze. Eine Rarität ist der Bergheuschnaps aus handgemähtem Bergheu von hoch gelegenen Wiesen mit reiner, sauberer Luft, das zusammen mit Äpfeln vergoren wird – ein ausgefallener und äußerst schmackhafter Genuss! Einen besonderen Stellenwert bei Martins Schnäpsen nimmt auch die „Meisterwurz" ein. In den klimatisch weniger begünstigten Alpengebieten war das Brennen von Wurzeln die einfachste Form der Alkoholgewinnung. Auch heute noch gräbt Martin „seine" Meisterwurzen persönlich aus – die besten wachsen auf über 2 000 Metern Höhe. Früher war die im Volksmund auch „Berg- oder Kaiserwurzel" genannte Wurzel als Allheilmittel bei Mensch und Tier beliebt, geriet dann aber für lange Jahre in Vergessenheit. Die Pflanze wächst am liebsten an feuchten, schattigen Standorten, nur ihre bräunliche Wurzel wird zum Brennen verwendet. Das Ergebnis ist ein Schnaps mit intensivem Bukett und aromatischem, lang anhaltendem Geschmack. In letzter Zeit erfreut sich der Meisterwurzbrand wieder steigender Beliebtheit – nicht nur weil er einfach gut schmeckt, sondern weil er auch gut tut – angeblich aktiviert er sogar ein eingeschlafenes Liebesleben! Dieses „Wundermittel" und alle anderen Delikatessen können Interessierte in dem gemütlichen Ambiente der Brennerei verkosten, auf Wunsch auch mit Bauernbrot, Speck und Käse – auf jeden Fall aber mit einer Menge lehrreicher und unterhaltsamer Erläuterungen des Hausherrn.

Sessellift
Jofenalm

GASTHOF HUBERTUS

Gasthof Hubertus
Familie Regina Troppmair

Laimach 109
A-6283 Hippach

Telefon 00 43 (0) 52 82 / 23 73
Telefax 00 43 (0) 52 82 / 37 07

www.hubertushof-hippach.at

„Bei Euch ist es so angenehm" – das hören Regina Troppmair und ihr Team vom „Gasthof Hubertus" öfter von ihren Gästen. Woran das wohl liegt? Da ist zuerst einmal die ruhige Lage abseits der Durchzugsstraße, dann ist es auch die gute Anbindung an alle Attraktionen des Zillertals: Der Skibus zur Zillertalarena und zu den Mayrhofner Bergbahnen hält direkt vor der Tür. Auch der Zillertaler Radweg entlang des Zillers und die gespurten Langlaufloipen befinden sich in unmittelbarer Nähe. So können Urlauber im Sommer die Wanderwege gemütlich entlangspazieren, im Naturpark Zillertaler Alpen bergsteigen oder klettern. Die Landschaft des hinteren Zillertals ist ausgesprochen reizvoll und bietet neben leichten Spaziergängen auch anspruchsvollere Hüttenwanderungen und Hochalpintouren. Der Winter punktet mit jeder Menge Schnee und die Gegend um Hippach kann mit den größten Skigebieten des ganzen Tals aufwarten. Modernste Liftanlagen und jede Menge Abfahrten garantieren Winterspaß für Groß und Klein. Dazu kommt die zauberhafte

dörfliche Atmosphäre in diesem sonnigsten Teil des Zillertals. Bauernhöfe, Pensionen, weite Wiesen und Wälder prägen das Landschaftsbild, hier kann man in der sauberen Luft richtig durchatmen und das klare Quellwasser genießen. Und noch ein Grund, sich hier wohlzufühlen, ist der von Familie Troppmair geführte Gasthof Hubertus, der schon von außen Gemütlichkeit ausstrahlt, die sich im Innern fortsetzt. Das familiäre Ambiente macht den Aufenthalt zur reinen Erholung. Dazu tragen auch die komfortablen Zimmer und Suiten bei, aber auch die Stuben mit Kachelofen, wo die Einheimischen Karten spielen, und die große Sonnenterrasse, auf der man bei einer Tasse Kaffee oder einem Glas Wein herrlich ausspannen kann. Weithin bekannt ist der Gasthof Hubertus für seine Küche, die – wie der Name schon vermuten lässt – sich besonders auf die Zubereitung von Wild aus den Tiroler Wäldern versteht: Carpaccio vom Hirsch mit Walnüssen, Orangenchutney und Trauben, Gamsbraten mit Spätzle und Rotkraut, Rehrücken mit Schupfnudeln und Pilzen, rosa gebratener Gamsrücken mit Holundersauce, Rehleber mit gebratenen Äpfeln .... hier gerät der Wildliebhaber ins Schwärmen. Aber auch die internationale Küche des Hauses kann sich sehen lassen mit Forelle blau oder Müllerin, mit Zwiebelrostbraten, Schweinelendchen mit Champignonsauce oder mit Gervais überbackenem Brokkoli. Typische Zillertaler Speisen sind zum Beispiel die Zillertaler Käsespätzle mit Röstzwiebeln oder der gemischte Knödelteller mit Zwiebelbutter und Parmesan. Für Süßmäuler gibt es dann noch Apfelstrudel mit Vanillesauce, Kaiserschmarren mit Kompott, Schokoladenmousse oder Zimteisparfait.

Gamsrücken in Walnussbrioche mit Preiselbeersauce

Zutaten

4 Stück Gamsrücken à 160 g
Öl zum Braten
330 g Mehl
8 g Hefe
3 Eier
1 Prise Salz (1 g)
60 g Walnüsse, geröstet und gehackt
verquirltes Ei zum Bestreichen
grüner Speck
150 g Preiselbeerkonfitüre
1 Orange
1 Zimtstange
8 cl Portwein
0,5 l Wildfond
Pfifferlinge und Rosenkohlblätter
Salz, Pfeffer

Zubereitung

Den Gamsrücken auf allen Seiten scharf anbraten, abkühlen lassen, salzen und pfeffern.
Für den Teig 80 Gramm Mehl mit Hefe und 100 Milliliter lauwarmem Wasser verkneten, zugedeckt bei Zimmertemperatur auf die doppelte Größe aufgehen lassen. Dann mit dem restlichen Mehl und den Eiern zu einem Teig verkneten, nach und nach Salz, Butter und Walnüsse einarbeiten. Mindestens eine Stunde kühl stellen. Briocheteig ausrollen, mit dünn geschnittenem Speck belegen, die Gamsrücken darauflegen, einrollen und mit der Naht nach unten auf ein gefettetes Backblech legen. Mit Ei bestreichen und bei 160 °C (Umluft) circa 12 bis 15 Minuten garen.
Die Preiselbeerkonfitüre in einem Topf karamellisieren, mit Portwein ablöschen und mit Wildfond aufgießen. Zimtstange und Orangenschale beigeben, zur Hälfte einkochen lassen, passieren und nochmals reduzieren, bis die Sauce dickflüssig ist.
Dazu Pfifferlinge und Rosenkohlblätter servieren.

HOTEL RESTAURANT PERAUER

Schon seit Jahrzehnten begrüßt Familie Perauer im „Hotel Gasthof Restaurant Perauer" ihre Gäste aus aller Welt unter dem Motto „Nicht zu Hause und doch daheim". Umgeben von den mächtigen Gipfeln der Zillertaler Bergwelt liegt das Haus im südlichen Ortsteil von Mayrhofen, unmittelbar neben der neuen Ahornbahn und nur drei Gehminuten von der Penkenbahn entfernt. Im Hotel Perauer genießt man die schönsten Seiten des Urlaubs und die sprichwörtliche Zillertaler Gastfreundschaft, die bei der Gastgeberfamilie von ganzem Herzen kommt. Von außen strahlt das im Tiroler Stil erbaute Haus alpine Gemütlichkeit aus und drinnen fühlt man sich auf Anhieb wohl. Die neu umgebauten, stilvollen Räumlichkeiten mit rustikal-eleganter Einrichtung bieten einen zünftigen, harmonischen Rahmen für geselliges Beisammensein bei einem Glas Wein oder beim Abendessen.

In der 300 Jahre alten wunderschönen Metzgerstube, in der Bürger- und der Lumpenstube können sich Feinschmecker auf eine Küche freuen, die weithin bekannt ist für traditionelle und internationale Spezialitäten. Produkte aus der eigenen Metzgerei sowie

Hotel Restaurant Perauer
Familie Perauer

Ahornstraße 854
A-6290 Mayrhofen

Telefon 00 43 (0) 52 85 / 6 25 66
Telefax 00 43 (0) 52 85 / 6 25 666

www.perauer.at

aus dem eigenen Jagdrevier bilden die Basis für Juniorchef Michaels fantasievolle Zubereitungen. Je nach Saison folgt man entweder den Tagesempfehlungen – angefangen im Frühjahr mit Leckereien rund um den Spargel, im Sommer mit verschiedenen Pfifferlingsgerichten oder im Herbst mit den schon traditionell gewordenen Wildbretwochen. Obligate Spezialitäten aus der Hausmetzgerei sind unter anderen die ofenfrischen gegrillten Schweinshaxen, die hausgemachten Blut- und Leberwürste, die Schlachtplatte, Spareribs oder die geröstete Kalbsleber Tiroler Art. Die Auswahl an diversen Steaks ist beachtlich, darunter befinden sich T-Bone-Steaks, Hirsch- oder Lammsteaks mit fantasievollen Beilagen. Wenn nur der kleine Hunger gestillt werden soll, bieten sich das Tiroler Speckbrot an, der

Stramme Max, die Haussülze oder das saure Rindfleisch. Auch Feines vom Wild steht auf der Karte: Wildererpfandl mit Gams-, Reh- und Hirschmedaillons oder Rehragout mit Apfelrotkraut und Kartoffelknödel. Wer Fisch liebt, ist mit einer fangfrischen Gebirgsforelle, mit Riesengarnelen oder Wallerfilet sicher ebenfalls bestens beraten. Weiter geht das Repertoire der Küchenbrigade mit österreichischen und internationalen Gerichten wie Wiener Schnitzel, Zürcher Rahmgeschnetzeltem, Zwiebelrostbraten oder gebackenem Maishuhn. Auch Liebhaber der vegetarischen Küche kommen mit den typischen Zillertaler Käsespätzle mit Röstzwiebeln, den original Zillertaler Krapfen sowie den Spinat-Käse-Knödeln an brauner Nussbutter auf ihre Kosten. Im neuen Weinkeller kann man sich vom Sommelier über ein passendes „Tröpfchen" beraten lassen oder Spezialitäten verschiedenster Winzer verkosten.
Nach dem Dessert sollte man sich dann unbedingt noch einen Digestif an der heimeligen Hausbar gönnen oder im Sommer den Abend auf der Terrasse genießen. Eine Saunalandschaft mit Solarium, Dampfbad, Infrarotkabine, Erlebnisduschen und Ruheraum mit Wasserbetten steht selbstverständlich ebenfalls zur Verfügung. Übrigens bietet Familie Perauer ihren Gästen auch Jagdmöglichkeiten im eigenen, 2 500 Hektar großen Jagdrevier oder entspannendes Angeln.

Geröstete Leber auf Tiroler Art

Zutaten
600 g Kalbsleber, blättrig geschnitten
etwas Speck, gewürfelt
30 g Butter oder Öl
1 Zwiebel, gehackt
1 EL Mehl
1/8 l Weißwein
etwas Fleischsuppe
2 EL Sauerrahm
Salz, Pfeffer

Zubereitung
Das Fett in einer Pfanne erhitzen, die Zwiebel darin goldgelb anrösten, Speck und Leberstreifen darin anlaufen lassen, mit Mehl stauben, mit Weißwein ablöschen, mit Fleischsuppe aufgießen und weich dünsten.
Kurz vor dem Anrichten salzen und pfeffern und den Sauerrahm hinzufügen. Dazu passen mitgedünstete Scheiben eines säuerlichen Apfels.
Mit Reis, Röstkartoffeln oder Kartoffelpüree servieren.

GUSTSHOF ZILLERTAL

Gustshof Zillertal
Günther Schragl

Stillupklamm 826
A-6290 Mayrhofen

Telefon 00 43 (0) 52 85 / 81 24
Telefax 00 43 (0) 52 85 / 83 28

www.gutshof.cc

Der „Gutshof Zillertal" liegt in Mayrhofen direkt am Eingang der fünf Seitentäler des hinteren Zillertals und stellt somit den idealen Ausgangspunkt für unzählige Freizeitaktivitäten dar. Am Vormittag Skifahren am Hintertuxer Gletscher – nur wenige Kilometer entfernt – und das an 365 Tagen im Jahr. Am Nachmittag Schwimmen, Eislaufen, Langlaufen, Rodeln ... oder lieber eine erlebnisreiche Gipfelerklimmung und anschließendes Entspannen im hauseigenen Wellnessbereich mit Almsauna, Dampfbad, Pool und Wellness sowie Beautybehandlungen? In den Zimmern und Suiten fühlt man die Geborgenheit des stilvollen Hauses, jeder Raum ein Königreich für sich. Man versinkt in den Daunenbetten und betrachtet den Sternenhimmel über sich. Entspannungen finden die Gäste auch im wunderschönen, weitläufigen Gutshofpark – ein Paradies inmitten der Zillertaler Alpen. Viele Jahrzehnte mit Geschichten und Schicksalen verbinden Menschen und Räume am Gutshof Zillertal. Das Hotel, ein Gasthaus, eine eigene Welt. Man tritt durch die schwere Fichtenholztür aus der Jahrhundertwende ein, ein erhabener Empfang mit einem Gefühl, das schon so viele Gäste erleben durften. Danach die bäuerliche Lebenswelt rund um den großen, gemauerten Küchenherd, ein „lebender" Zeitzeuge, der Hüter des so lebenswichtigen Feuers. Gespeist wird in traditionellen Stuben mit Kachelöfen, die für wohlige Wärme sorgen. „Mei Tirol" heißt das neue Restaurant im Gutshof Zillertal, wo „Tradition" und „Tirol" großgeschrieben wer-

Heidelbeernockerl mit Honigeis

Zutaten
32 g glattes Mehl
31 g griffiges Mehl
1 Eigelb
1 Eiweiß
63 ml Milch
50 g Heidelbeeren

Für das Eis
100 ml Milch
2 Eigelb
50 g Honig
1 TL Vanillezucker
100 ml Schlagrahm

Zubereitung
Für das Eis Honig, Eigelbe und Vanillezucker in einem Rührkessel über Dampf zur Rose aufschlagen. Zuerst bei 70 °C, dann kalt weiterrühren. Wenn die Masse abgekühlt ist, den Rahm schlagen und unterheben. Das Eis einfrieren und circa 4 Stunden gefrieren lassen.
Für die Nockerln Milch in eine Schüssel geben und beide Mehle beifügen, umrühren und Eigelb unterrühren. Das Eiweiß steif schlagen und zusammen mit den Heidelbeeren unterheben. Die Masse mit einem Löffel in eine Pfanne geben und langsam auf beiden Seiten anbraten. Mit dem Eis auf Tellern anrichten und mit Puderzucker bestreuen.

den. Der ganze Körper spürt die weiche, ruhige Stimmung dieser Räume. Im hintersten Winkel überrascht ein offener Kamin mit umliegenden Sitzplätzen für den Genuss am offenen Feuer.
Der große Herd versprüht den Geruch von Brot und Gewürzen; auf der großen Platte kochen Knödel, Spätzle, Schlichtanudeln, in seinem Bauch schmoren der Schweinsbraten und die Zillertaler Ofenleber. Verschiedenste Brote bekommen hier ihre goldbraune Farbe. Das Erlebnis, an der unverfälschten Zubereitung traditioneller Speisen mit Augen, Nase und Gaumen teilzuhaben, wird als ein unvergessliches Highlight des Zillertals in Erinnerung bleiben.

CAFÉ KONDITOREI BÄCKEREI KOSTNER

Café Konditorei Bäckerei Kostner
Carl Peter und Clara Kostner

Hauptstraße 414
A-6290 Mayrhofen

Telefon 00 43 (0) 52 85 / 6 22 15
Telefax 00 43 (0) 52 85 / 6 22 15 44

www.kostner.at

Die Geschichte der Firma Kostner geht zurück bis in das Jahr 1933, als der Grödner Standschützenhauptmann Johann Kostner in Mayrhofen eine neu errichtete Dampfbäckerei und Mehlhandlung an der Hauptstraße erwarb, die seither als Firmensitz dient. 1954 begann dann die Blütezeit der Konditorei unter Karl Kostner, dem Vater des heutigen Besitzers Carl-Peter Kostner. Tradition und Qualität, berufliche Leidenschaft und grenzenlose Kreativität sind die Erfolgsfaktoren der „Bäckerei-Konditorei Kostner", die weithin für feinste ofenfrische Brote, Backwaren, Konditorei und Konfiserie bekannt ist. Unter dem Motto „Altes bewahren, Neues prüfen" wird in der Backstube die Tradition des alten Handwerks und das Erbe des Großvaters fortgesetzt. Das Brot entsteht noch aus „echtem Schrot und Korn", aus frisch gemahlenem Getreide, das aus kontrolliert biologischem Anbau stammt, sowie aus echtem Sauerteig. Kornbrote in allen Varianten werden nach eigenen Rezepten gebacken, so zum Beispiel Biobrote in Demeterqualität, verschiedene Knäckebrote oder das Dinkelbrot, das auch für Weizenallergiker bekömmlich ist. Neu im Sortiment ist die Kollektion „Herzstücke", zu der unter anderen Köstlichkeiten wie die „Wander- oder Skifahrerschnitte" gehören – eine Fruchtschnitte, die echt Power gibt.
Ein wahrer Augenschmaus und ein Tummelplatz für Naschkatzen ist die Torten- und Confiserie-Abteilung: zauberhaft die bunte Vielfalt an Pralinen, Kleingebäck, Kuchen und Torten. Für besondere Anlässe kreiert

Konditormeister Kostner auch hinreißende und originell dekorierte Torten. Wer etwas ganz Besonderes sucht, sollte den „Zillertaler Granat" probieren, eine süße Komposition aus Johannisbeermarzipan und Mandelnugat, umhüllt von dunkler Schokolade und wie ein Edelstein geformt – eine unwiderstehliche Versuchung und ein nettes Mitbringsel.
Das liebevoll gestaltete Café im Zentrum Mayrhofens mit der Terrasse und echtem Wiener Kaffeehausflair ist ein idealer Ort, um nette Leute zu treffen, in Ruhe Zeitung zu lesen oder für einen kleinen Plausch unter Freundinnen. Die Kinder haben ihren Spaß in einem separaten Spielraum oder auf dem hauseigenen Spielplatz abseits der Straße.
Ein feines Frühstück „vergoldet" den Tag, Kostner bietet dafür eine unglaubliche Auswahl an Kaffeespezialitäten erster Qualität, wofür dem Café und der Konditorei im Jahr 2001 die „Goldene Kaffeebohne" von Gault Millau und Jacobs verliehen wurde. Ob man zu seiner Melange, dem Einspänner, zu Latte macchiato oder Espresso ein duftendes Croissant, eine resche Buttersemmel, eine feine Eierspeise, das Alpenfrühstück oder das Wiener Frühstück wählt oder ob man sich ein frisch zubereitetes Sandwich bestellt, lecker schmeckt es allemal.
Und last but not least zählen die hausgemachten und nur mit besten Zutaten verfeinerten Eisspezialitäten zu den Highlights in diesem Familienunternehmen.

Esterházy-Torte

Zutaten
Für die Böden
6 Eiklar
260 g Zucker
200 g fein gemahlene Mandeln oder Haselnüsse
80 g Maisstärke

Für die Creme
1/4 l Milch
70 g Zucker
30 g Maisstärke
3 Eigelb
150 g Butter
70 g Staubzucker

Für Glasur und Garnitur
100 g Aprikosenmarmelade
150 g Zitronenfondant, davon 20 g mit 10 g Kochschokolade gemischt
gehobelte, geröstete Mandeln zum Garnieren

Zubereitung
Eiklar und Zucker zu steifem Schnee schlagen, Nüsse und Maisstärke gut vermischen und unter den Schnee mischen. Mit einem Tortenring 5 Kreise auf Backpapier aufzeichnen und die Masse gleichmäßig darauf verteilen. Bei 180 °C circa 15 Minuten goldgelb backen.
Für die Creme Maisstärke, Eigelbe und etwas Milch (0,05 l) gut verrühren, restliche Milch mit Zucker aufkochen. Milchgemisch rasch unter die kochende Milch rühren, von der Herdplatte nehmen und abdecken. Nach dem Abkühlen glatt rühren und mit weicher Butter und Staubzucker schaumig rühren.
Zur Fertigstellung die 5 Teigblätter mit der Creme zusammensetzen und gut durchkühlen lassen. Die Ränder mit einem scharfen Messer rund zuschneiden, mit heißer Aprikosenmarmelade bestreichen und mit Zitronenfondant glasieren. Mit dunkler Schokolade eine Spirale aufdressieren und ein kleines Messer von innen nach außen durch die Glasur ziehen, sodass ein Stern entsteht. Den Rand mit kühler Marmelade einpinseln und mit gehobelten, gerösteten Mandeln einstreuen.

ERLEBNISSENNEREI ZILLERTAL

ErlebnisSennerei Zillertal
Familie Kröll

Hollenzen 116
A-6290 Mayrhofen

Telefon 00 43 (0) 52 85 / 6 27 13
Telefax 00 43 (0) 52 85 / 6 37 12

www.sennerei-zillertal.at

Schon von Weitem heißen die „grasenden" Kühe auf dem Dach der „ErlebnisSennerei Zillertal" am Ortsanfang von Mayrhofen die Besucher willkommen: Österreichs modernste Schaukäserei beeindruckt durch ihre geradlinige Architektur mit viel Holz und Glas und informiert die Besucher auf 6 000 Quadratmetern und elf Stationen über die Welt von Milch und Käse. Anschaulich und erlebnisreich werden die verschiedenen Arbeitsschritte erklärt, dabei spielt die innovative Technik natürlich genauso eine Rolle wie traditionelle Werte, Erfahrung und Know-how.
1954 begann der Weg der Sennerei, als der Landwirt Franz Geisler seinen kleinen Privatbetrieb gründete und noch ausschließlich Emmentaler herstellte. Nach und nach musste die Sennerei vergrößert werden, denn die Qualität seines Käses sprach sich herum und immer mehr Bauern lieferten ihre Milch ab. 1998 wurde die neue Sennerei unter der Leitung von Franz Geislers Schwiegersohn Heinz Kröll gebaut; mittlerweile ist sein Sohn Christian in der dritten Generation im Familienbetrieb tätig, der heute eine perfekte Symbiose von Tradition und Moderne bildet. Traditionell ist der Rohstoff Milch: Rund 15 Millionen Liter Heumilch, das heißt gentechnik- und silofreie Rohmilch der Kühe von 380 Zillertaler Heubauern, werden unter Zuhilfenahme modernster Betriebsmittel jährlich verarbeitet. Überall können die Besucher zuschauen: wie die frische Milch mit der Käseharfe unter Zugabe von Lab in den großen Kesseln dickgelegt und der Bruch mit Tüchern oder in Formen herausgeschöpft wird, wie das Aushängeschild der Sennerei, der Graukäse, hergestellt wird, wie das Salzbad den Käse haltbar macht und der Käsemeister die Laibe pflegt, wie die Löcher in den Käse kommen, wie die Butter im Butterfass entsteht, wie die Milch ins Packerl fließt

und wie schließlich die verschiedenen Produkte der Sennerei verpackt werden. Dabei erläutern Audio-Guides in mehreren Sprachen das Geschehen hinter den großen Glasscheiben. Mit Sehen und Hören ist es aber noch nicht getan, hier können Interessierte auch riechen und schmecken! Kulinarische Gaumenfreuden genießen Besucher im Restaurant, bei schönem Wetter auf der großzügigen, überdachten Terrasse mit herrlicher Aussicht. Ob Käsebrunch, Mittagessen oder Kaffee und Kuchen, die Zillertaler Sennereiküche hat für jeden Geschmack etwas und überzeugt durch beste Qualität.
Es werden nur Produkte aus der Region, also aus heimischen Gewässern, der regionalen Almwirtschaft und der umgebenden Wildregion, verwendet. Unbedingt probieren sollte man die Zillertaler Graukäsesuppe, ein sahniger, vollmundiger Genuss. Ebenso gut sind die Käsespätzle mit braunen Zwiebeln, Almkäse und Bergtilsiter, das mit Schinken und Almkäse gefüllte Cordon Bleu oder der Braten vom Zillertaler Vollmilchkalb. Traditionelles aus Großmutters Küche sind zum Beispiel die ofenwarmen, mit Käse überbackenen Bauernbrote und ganz besonders empfehlenswert sind die ausgesuchten, kalten Käsespezialitäten aus Kuh- und Ziegenmilch. Dass die Sennereiküche ganz leckere Süßspeisen zubereitet, versteht sich von selbst: Milchreis mit frischen Früchten, Kaiserschmarren, Buttermilcheis oder Topfencreme sind nur einige Beispiele aus der süßen Ecke. Wer sich die leckeren Milch- und Käsespezialitäten mit nach Hause nehmen möchte, kann diese und viele andere schöne Dinge rund um das „weiße Gold" im großen, lichten Hofladen erwerben.
„Käse mit Musik" steht im Sommer jeden Freitag übrigens auch auf dem Programm und zu bestimmten Terminen wie zum Beispiel zum Muttertag oder zum Heubauernfest spielen bekannte Zillertaler Musikgruppen auf.

Zillertaler Ziegengervais

Zutaten
250 g Zillertaler Ziegengervais

Für die Garnitur
Blattsalate, marinierte
Radieschenstreifen
Cocktailtomaten
Eierschwammerl
Speckstreifen
Balsamicoglace

Zubereitung
Den Ziegengervais locker per Hand mit dem Schneebesen aufschlagen und mit einem Löffel zu 6 bis 8 Nocken formen. Die Eierschwammerl in einer Pfanne anrösten und die Speckstreifen anbraten. Nocken, Eierschwammerl und Speckstreifen auf vier Teller verteilen und nach Wunsch mit Radieschenstreifen, Cocktailtomaten, dem Blattsalat und der Balsamicoglace garnieren.

HOTEL HINTERTUXERHOF

Hotel Hintertuxerhof
Familie Christian Kofler

Hintertux 780
A-6294 Hintertux

Telefon 00 43 (0) 52 87 / 85 30
Telefax 00 43 (0) 52 87 / 85 305

www.hintertuxerhof.at

Urlaub mit Kindern: nicht immer ganz einfach, alle unter einen Hut zu bringen und einen Ort zu finden, wo sich alle gemeinsam wohlfühlen. Geradezu ideal für Eltern und Kinder ist das „Hotel Hintertuxerhof", das sich schon einmal durch seine ruhige, verkehrsgeschützte Lage am Fuß des imposanten Hintertuxer Gletschers für einen Familienurlaub empfiehlt. Die Gäste des Hotels sind hier nur von Wiesen, Wäldern und Bergen umgeben und zur Talstation der Gletscherbahn sind es nur drei Minuten. Ob ein leichter Spaziergang, eine mehrtägige Wanderung, eine Gipfeltour im Sommer oder aber grenzenloser Skispaß zu jeder Jahreszeit, für jeden ist etwas dabei und Langeweile kommt ganz bestimmt nicht auf. Dies ist besonders wichtig, wenn man mit Kindern unterwegs ist, denn während sich die Eltern auf der großen Sonnenterrasse mit Panoramablick zum Gletscher entspannen, können die Kids auf dem gleich daneben liegenden Ganzjahres-Spielplatz nach Herzenslust herumtollen. Bei schlechtem Wetter bietet sich auch das schöne Spielzimmer an und das Gratistaxi bringt die Sprösslinge ins Tuxer Kinderparadies „Playarena" mit Mega-Softplayanlage, Vierer-Riesenrutsche, Hochseilgarten, Trampolinen, Hüpfburg, Bastel- und Kreativbereich, Kino, Theater, Playbackshow, Playstation und X-Box, Mini Gokartbahn, Tischfußball, Kletterwand und vielem mehr: ein Traum für Kids und Teens. Im Sommer werden kurzweilige Programme für alle Altersgruppen angeboten, zum Bei-

spiel Rafting, Gletschertag, Indianerfest, Höhlentour, Heuhüpfen und Insektenkongress. Und wenn die Kinder gut versorgt sind und ihren Spaß haben, so sind auch die Eltern zufrieden und können entspannt ihren eigenen Lieblings-Sportarten frönen: Ski fahren, auf Gletschertour gehen, die herrliche Bergwelt erkunden, Raftingtouren unternehmen, mountainbiken, Tennis spielen oder einfach nur relaxen.
Dass zu einem rundum gelungenen Urlaub auch kulinarische Genüsse gehören, versteht sich im Hintertuxerhof von selbst. In den gemütlichen Räumen und Stuben oder auf der

Terrasse beginnt der Tag mit einem reichhaltigen Frühstücksbuffet mit Bioecke. Großen Wert legt die Küche auf Produkte aus der Region, deshalb gibt es alles frisch von Hintertuxer Bauern, ebenso beste Zillertaler Wurst-, Speck- und Käsespezialitäten. Nachmittags ist die beliebte Skifahrerjause mit süßen und herzhaften Schmankerln angesagt und am Abend erwartet die Gäste ein köstliches Wahlmenü mit täglich frischem Salatbuffet, Wildgerichten, Tiroler und internationalen Köstlichkeiten, begleitet von einem guten Tropfen aus dem bestens sortierten Weinkeller.

Gamsrücken Hintertuxerhof Art

Zutaten

1 Gamsrücken mit Knochen von circa 1,5 kg
Olivenöl und Butter zum Braten
1 kg Gamsknochen
2 EL Öl
150 g Zwiebeln
60 g Karotten
40 g Sellerie
50 g Tomatenmark
500 ml Rotwein
1 Lorbeerblatt
1 Gewürznelke
10 Pfefferkörner (schwarz und weiß)
1 Thymianzweig
1 Rosmarinzweig
Schalotten, Wacholderbeeren, Butter
Gewürzsalz, Pfeffer

Zubereitung

Rückenfilets von Knochen und Sehnen trennen, mit Gewürzsalz und Pfeffer würzen. Aus den Knochen und Fleischabschnitten einen Wildfond herstellen und einreduzieren lassen.
Gamsrückenfilet in Olivenöl und Butter anbraten und bei 90 °C circa 30 Minuten in den Ofen stellen, bei Bedarf noch etwas nachbraten. Die Knochen fein zerhacken und in einer Kasserolle in dem Öl von allen Seiten kräftig anrösten. Das geputzte, zerkleinerte Gemüse beigeben und 5 bis 8 Minuten mitrösten. Tomatenmark unterrühren und immer etwas Wein und 2 1/2 Liter Wasser angießen und einkochen. Nach dem letzten Einkochen die Knochen mit dem restlichen Wasser bedecken, einmal aufkochen und abschäumen. Gewürze und Kräuter hinzufügen und bei kleiner Hitze offen etwa 2 bis 2 1/2 Stunden köcheln lassen. Durch ein feines Tuch passieren. Schalotten fein schneiden, in Butter anziehen, mit Rotwein ablöschen und mit dem reduzierten Fond aufgießen. Wacholderbeeren hinzufügen und mit etwas Butter montieren.

St. Gertraudi, Burg Kropfsberg

Als wäre es mit außergewöhnlichen Naturschönheiten nicht getan, haben wir in dieser Tiroler Region auch noch die kleinste Stadt und das schönste Dorf Österreichs. Zunächst geht es aber nach Kramsach im Inntal zum Museum Tiroler Bauernhöfe, ein Freilichtmuseum mit insgesamt 36 originalen Gebäuden, typischen Bauernhöfen samt Nebengebäuden und Arbeitsmitteln aus den diversen Talschaften Nord-, Ost- und Südtirols. Da gibt es eine alte Schule, Lehr- und Erlebnispfade, Kräutergärten und immer wieder echte Bauernhäuser mit allen Einrichtungen aus damaliger Zeit.
Der Museumsfriedhof in Kramsach ist weltweit einmalig, und könnte man bei einem Friedhof von „lustig" sprechen, dann hier, denn die „Marterlsprüche" auf den Holzkreuzen sind oft von unfreiwilliger Komik: „Hier liegt Martin Krug, der Kinder, Weib und Orgel schlug". Dieser und andere Sprüche gehören zur Sammlung Hans Guggenberger und stammen größtenteils aus dem 19. Jahrhundert.
Von Kramsach geht es nördlich des Inns „hinauf" nach Brandenberg durch die Tiefenbach- und Kaiserklamm, eine Landschaft voll urwüchsiger Kraft. Hier lebte man bis weit in das 20. Jahrhundert von der Holzarbeit. Die gefällten Holzstämme wurden auf der Brandenberger Ache talauswärts getriftet – spektakulär nachzuvollziehen auf einer Aussichtsplattform in der Tiefenbachklamm. „Kaiserklamm" und „Erzherzog-Johann-Klause" – die Namen deuten schon darauf hin, dass der damalige Hochadel hier weilte. Kai-

Bei Reith im Alpbachtal

ser Franz Josef I. ging in der nach ihm benannten Klamm zur Jagd, einmal begleitete ihn auch seine Gattin Kaiserin Elisabeth, die berühmte „Sisi". Sie nächtigten im „Kaiserhaus" – ihre Schlafkammer ist heute noch zu besichtigen, und wer mag, kann hier sogar übernachten. Kulinarisch hat sich Brandenberg mit einer süßen Spezialität verewigt: die „Prügeltorte", „König der Kuchen" genannt, ist eine Art Baumkuchen aus Butter, Mehl, Eiern und Zucker. Der Teig wird auf einer konischen Holzwalze, dem „Prügel", unter ständigem, langsamem Drehen über offenem Feuer Schicht für Schicht aufgetragen und gebacken, wodurch er seine charakteristischen Zacken erhält. Etliche Gasthäuser der Region bieten diese Köstlichkeit an, die Prügeltorte hält sich lang und ist ein beliebtes Mitbringsel. Fährt man wieder ins Inntal hinab und die „andere Seite" hinauf, so gelangt man ins Alpbachtal auf 1000 Metern Seehöhe. Hier kann man das auf einem sonnigen Plateau des Tals gelegene „schönste Blumendorf Europas" bewundern: Alpbach gewann diesen Titel 1993 beim europäischen Blumenschmuck-Wettbewerb. Zu Recht sind die Alpbacher stolz auf ihr Dorf mit den behäbigen Höfen aus dunklem Holz und den üppig mit Blumen geschmückten Balkonen und Fenstersimsen. Der Winter verzaubert mit ganz spezieller Atmosphäre, Alpbach erhielt auch schon den „weißen" Oskar vom „The Good Skiing and Snowboarding Guide" als bestes kleines Skigebiet in Europa. Hier knirscht jungfräulicher Pulverschnee und herrlicher Firn auf 45 Kilometern Pisten unter den Brettln der Skifah-

Kaiserklamm

rer und Snowboarder. Auch Tourengeher haben ihren Spaß auf unberührten, sonnigen Hängen und Langläufer erwarten 20 Kilometer gespurte Loipen. Daneben ist auch Eislaufen, Rodeln, Schlittenfahren oder Paragleiten angesagt: Schneespaß ohne Grenzen.
Schon seit 1945 ist Alpbach Tagungsort des „Europäischen Forum Alpbach“, an dem jährlich führende Persönlichkeiten aus Kultur, Politik und Wirtschaft teilnehmen.
In Alpbach ist sommers wie winters etwas los und besonders für Kinder lässt man sich viel einfallen, darunter zum Beispiel gekennzeichnete kinderwagengerechte Wanderwege, eine Teichwanderung mit der einzigartigen Ameisenstraße, das „Lauserland“ bei der Bergstation der Wiedersbergerhornbahn und vieles mehr.
Reith im Alpbachtal bietet ebenfalls Spiel und Spaß für Groß und Klein. Mitten im malerischen Ortszentrum erwärmt sich das „blaue Auge von Reith“, der Reither Badesee, im Sommer auf bis zu 25 °C und ist mit Spielplatz, Plantschbereich, Sprungbrett und Angelmöglichkeit besonders attraktiv für Kinder. Auf dem zwei Kilometer langen Spiele-Rundwanderweg „Juppis Zauberwald“ am Reitherkogl sind Eltern und Kinder gleichermaßen gut aufgehoben, hier warten nach der Auffahrt mit der Reitherkoglbahn viele lustige Spielstationen für die Kleinen, währenddessen sich ihre Eltern an den herrlichen Ausblicken ins Alpbachtal, Zillertal und Inntal nicht satt sehen können.
Brixlegg am Eingang zum Alpbachtal ist der „Einkaufsort“ der Region. Keine Shopping-Malls, sondern kleine, in Familienbesitz befindliche Geschäfte mit persönlicher Beratung – egal ob man Fleisch kauft oder Schuhe,

Rattenberg

Schmuck oder Kosmetik. Berühmt ist der Ort auch für seine Fertigung von kunstvollen Kerzen. An jedem ersten Samstag im Monat findet ein Bauernmarkt statt, der über 200 handgefertigte Produkte wie Speck, Käse, Würste und Schnaps feilbietet.
Kommen wir nun zum Highlight dieser wunderschönen Tiroler Region und statten wir dem bezaubernden Rattenberg einen Besuch ab. Die kleinste Stadt Österreichs hat sich fast zur Gänze ihr mittelalterliches Bild bewahrt. Urkundlich erstmals 1254 genannt, ist der Ort wahrscheinlich aber schon im zehnten Jahrhundert besiedelt gewesen, und zwar von den bayerischen Rapotonen. Die oberhalb des Städtchens gelegene Burg erreicht man übrigens in bequemen fünf Minuten – für Rollstuhlfahrer steht ein Lift im Malerwinkel zur Verfügung. Von hier oben hat man einen herrlichen Blick über ganz Rattenberg und die umliegenden Berge.
Rattenberg ist zu jeder Jahreszeit sehenswert, zum Beispiel die im Kern gotische Pfarrkirche mit Figuren des berühmten Mondseer Bildschnitzers Meinrad Guggenbichler. Der Ort ist auch untrennbar verbunden mit der Glaskunst. Kisslinger Glas ist seit 1820 der Garant für Glasveredelung in höchster Qualität. Den Handwerkern kann man bei ihrer Arbeit vom glühend heißen Ofen bis zum Gravieren über die Schulter schauen, und in den Berg hineingebaut gibt ein Ausstellungsraum einen Überblick über das ganze Sortiment nebst wertvollen Sammlerstücken aus der Region und aus dem venezianischen Raum.

GASTHAUS JAKOBER

Gasthaus Jakober
Familie Lisbeth und Jakob Larch
Hnr. 169

A-6236 Alpbach

Telefon 00 43 (0) 53 36 / 51 71
Telefax 00 43 (0) 53 36 / 51 71 38

www.alpbach-erleben.at

Ein Anblick wie auf einer Postkarte ist der Dorfkern des reizenden Alpbach, auf 1000 Metern Seehöhe im gleichnamigen Tal gelegen. Alpbach wurde 1983 wegen seines einzigartigen Dorfbilds, des einheitlichen harmonischen Baustils und der Blumenpracht zum „schönsten Dorf Österreichs" gewählt und 1993 erhielt es beim europäischen Blumenschmuck-Wettbewerb den Titel „schönstes Blumendorf Europas". Seine Schönheit bezieht das entzückende Dorf aber nicht nur aus seiner kulturellen Identität, sondern auch aus der herrlichen Umgebung mit klarer Luft, saftigen Wiesen, dichten Wäldern und einer atemberaubenden Bergwelt. Hier ist sommers wie winters gleichermaßen Urlaub vom Feinsten angesagt: Idyllische Badeseen laden zum Schwimmen, man kann Rad fahren oder mountainbiken, Tennis spielen, spazieren gehen, wandern oder einfach nur Sonne und Natur genießen. Der Winter ist die Hoch-Zeit im Alpbachtal: ob rasante oder gemächliche Abfahrten auf Skiern oder mit dem Snowboard, ob Langlauf oder Schlitten fahren: Alpbach bietet für jeden Geschmack etwas.
Wer darüber hinaus auch auf eine ausgezeichnete Küche Wert legt, sollte sich im urgemütlichen „Gasthaus Jakober" zu Speis und Trank niederlassen, ein echtes Tiroler Wirtshaus und ein Juwel mit Geschichte! Schon zu Zeiten, als in Alpbach noch Silber und Kupfer abgebaut wurden, war der Jakober ein beliebter Treffpunkt der Knappen und Einheimischen. Die erste urkundliche Erwäh-

nung fand erstmalig im Jahr 1218 statt. Kein Geringerer als Jakob Fugger richtete es damals für Bergleute ein – daher stammt auch die Bezeichnung „Jakober". Seit 1997 ist das stattliche Haus im Besitz der Familie Larch, die es umfangreichen Renovierungen unterzog, ohne dabei aber die ursprüngliche Identität des Gebäudes und seine Atmosphäre zu zerstören, die über die Jahrhunderte hinweg gewachsen ist. Hier befinden wir uns in einem echten Tiroler Wirtshaus, das schlicht, aber stilvoll mit hinreißenden, holzgetäfelten Stuben eingerichtet ist. Auf der großen Terrasse lässt es sich im Sommer mit Blick auf die Dorfkirche ebenfalls gediegen speisen. Das kulinarische Angebot verspricht Höchstgenüsse und ist großteils der traditionellen Tiroler Küche verpflichtet, bietet aber ebenfalls Wiener und internationale Spezialitäten an. Liebevoll kümmert sich der Service unter der freundlichen Wirtin um alle Gäste, ob groß oder klein. Also lassen wir uns einmal die Alpbacher Breznsuppe, eine Kaspressknödelsuppe oder Weinbergschnecken als Appetitanreger schmecken. Zum Hauptgang wählen wir dann vielleicht das Forellenfilet in Knoblauchbutter, das Tiroler Geröstel, die Schlipfkrapfen (mit Topfen und Kartoffeln gefüllte Teigtaschen) mit brauner Butter oder ein gegrilltes Rumpsteak. Und zum Nachtisch? Da fällt die Wahl auch schwer zwischen Kaiserschmarren, Apfel- oder Topfenstrudel oder Mohr im Hemd. An der Bar des Hauses kann man dann den Abend und einen wunderbaren Urlaubstag bei einem Drink mit Freunden oder anderen Gästen ausklingen lassen. Übrigens kann man im „Gästehaus Jakober" gleich nebenan stilvoll und komfortabel übernachten.

Alpbacher Brottorte

Zutaten
10 Eier
300 g Haselnüsse, gemahlen
100 g Semmelbrösel
85 g Schokolade, gerieben
300 g Zucker
5 EL Rum

Zubereitung
Die Eier trennen und das Eigelb mit der Hälfte des Zuckers zu einer hellgelben, dicklichen Creme verrühren. Nüsse, Schokolade und Semmelbrösel vermischen, Rum und 5 Esslöffel Wasser beifügen und mit der Eigelbmasse verrühren. Das Eiweiß mit dem restlichen Zucker steif schlagen und vorsichtig unter die Teigmasse heben. In eine gefettete, bemehlte Tortenform gießen und im vorgeheizten Ofen bei 185 °C circa 45 Minuten backen.

CAFÉ RESTAURANT MALERWINKEL

Café Restaurant Malerwinkel
Thomas Ennemoser

Pfarrgasse 93
A-6240 Rattenberg

Telefon 00 43 (0) 53 37 / 6 42 32

www.malerwinkel-rattenberg.com

Rattenberg, die kleinste Stadt Tirols, ist ein echtes Schmuckstück und ein ebensolches ist auch nach Meinung des Tiroler Landeshauptmanns Günther Platter das Gebäude-Ensemble „Malerwinkel“, ein Gesamtkunstwerk mit reich gegliederter Fassade, ausladendem

Erker und Marmorreliefs, das in seinen mächtigen Mauern auch das Gemeindeamt, ein Veranstaltungszentrum und nicht zuletzt das „Café Restaurant Malerwinkel“ beherbergt. Während die ursprüngliche Bausubstanz und die Basis des seit Jahrzehnten verfallenden alten Turnsaals aus dem Mittelalter stammen, so ist im Bereich des heutigen Restaurants eine romanische Zyklopenmauer zu sehen; die beiden Gewölbekeller sind gotische Substanz. Bis 1919 gehörte der Malerwinkel zum Anwesen des „Platzbräu“, der ehemals größten Bauerei Rattenbergs, und wurde erst 1922 zum Café-Betrieb umgebaut.
Heute lässt es sich in den original erhaltenen gotischen Gewölben und in der wunderschönen Stube mit Holzvertäfelungen aus dem

19. Jahrhundert „malerisch" speisen. In der warmen Jahreszeit sitzt man herrlich auf der gemütlichen Terrasse im Innenhof oder auf der spektakulären Dachterrasse, die man mit einem gläsernen Aufzug erreicht. Hier geht der Blick über die Dächer von Rattenberg ins Inntal und auf die atemberaubende Kulisse des Rofangebirges – ein fantastischer Ort für einen Empfang oder kleine Feier, die einen aufregenden, kulinarisch anspruchsvollen Abend einleitet. Die Küche richtet sich nach der Region: Frisch, hochwertig und österreichisch mit italienischem Einschlag bietet sie den Gästen Feinstes aus der Region. Vorneweg vielleicht das Carpaccio vom Almochsen mit Himbeerdressing und Stangensellerie, die Schafskäseterrine mit gerösteten Kürbiskernen oder die geschäumte Bergkäsesuppe mit Parmaschinken. Pastafans haben eine große Auswahl an frischen Nudelgerichten, zum Beispiel Penne mit grünem Pesto und Mozzarellabällchen oder Spinat-Topfen-Knödel an Gorgonzolarahm. Hauptspeisen sind unter anderen Schweinefilet im Speckmantel mit frischer Gartenkresse oder Lammrücken an Thymiansafterl auf Wirsing-Kartoffel-Püree mit glasierten Weintrauben. Auch Fischfreunde kommen auf ihre Kosten und zum süßen Abschluss locken Joghurt-Topfen-Mousse oder Orangentiramisu. Alle Speisen werden von hochkarätigen Weinen aus aller Welt begleitet.

Der Malerwinkel ist aber auch ein multifunktionales Seminar- und Veranstaltungszentrum, ein idealer Ort für Tagungen, Seminare und Präsentationen, für Feste und Feiern jeder Art. Die vier flexibel nutzbaren Säle von insgesamt über 400 Quadratmetern stehen für die unterschiedlichsten Nutzungen zur Verfügung. Die fantastische Akustik des Saales Schlossberg war zum Beispiel für Kammersängerin Christa Ludwig einer der Gründe, für ihr Abschlusskonzert der Meisterklasse den Malerwinkel zu wählen.

Süßes aus Tirol mit Zimteis, Schlosserbuam, Ötztaler Kirchtagskrapfen und Apfelradl

Zutaten

Für die Schlosserbuam

1 Ei
50 g Mehl
1 EL Bier
2 TL Zucker
4 Dörrpflaumen

Für die Ötztaler Kirchtagskrapfen

40 g Mehl
50 g Butter
2 Eier
1 EL Rum
Butterschmalz
4 getrocknete Birnen
1 Prise Salz

Für die Apfelradl

Backteig wie bei Schlosserbuam
4 Apfelringe, 1 cm dick

Zubereitung

Für die Schlosserbuam und die Apfelradl aus Eiern, Mehl, Bier und Zucker einen dicken Backteig herstellen, eine Prise Salz hinzufügen. Die Dörrpflaumen beziehungsweise die Apfelringe durch den Teig ziehen und in Butterschmalz schwimmend herausbacken, herausnehmen und abtropfen lassen.

Für die Kirchtagskrapfen das gesalzene Mehl mit zerlassener Butter, Eiern, Rum und etwas Wasser zu einem weichen Teig mischen und gut durchkneten. Vier gleich große Stücke formen und jedes so lange kneten, bis es seidenglatt und blasig ist. Eine halbe Stunde zugedeckt ruhen lassen, dann auf einem bemehlten Brett zu sehr dünnen Blättern auswalken. Quadrate ausradeln, jede Birne mit zwei Quadraten umhüllen und in heißem Fett ausbacken.

Auf Desserttellern mit Obst der Saison, einer Kugel Zimteis anrichten und mit Staubzucker garnieren.

RESTAURANT-CAFÉ DOPOLAVORO

„Dopolavoro" kommt aus dem Italienischen und heißt „Nach der Arbeit" – in Italien war es schon immer Brauch, Gaststätten in unmittelbarer Nähe zum Bahnhof zu errichten, wo sich Eisenbahner, Gleis- und Bauarbeiter und Pendler vor oder nach der Arbeit auf einen caffè oder auf eine ganze Mahlzeit trafen und den Tag bei Vino und Pasta gemütlich ausklingen ließen. Im entzückenden Städtchen Rattenberg liegt das Restaurant-Café direkt gegenüber dem kleinen Bahnhof und so mancher Reisende wird sich gewünscht haben, hier länger als nur ein paar Minuten Halt zu machen, so verführerische Düfte ziehen nämlich durch das eine oder andere geöffnete Zugfenster, wenn Werner Götz gerade etwas Feines kocht. Dann sollte man sich schon Zeit nehmen und sich in der Wohnzimmeratmosphäre des alten Bahnwärterhäuschens niederlassen, das mit vielen originalen und originellen Fundstücken aus Bahnhöfen und Zügen einen ganz besonderen und urgemütlichen Rahmen bildet. Bei Werner Götz findet der italophile Feinschmecker – aber nicht nur der – so manche Spezialität, die es auch in Bella Italia nicht überall gibt. Die mediterrane Küche hat es dem gelernten Koch und Konditormeister besonders angetan, denn da kann man wunderbar experimentieren, wie er sagt. Und so holt er sich von seinen Reisen, zum Beispiel in die Toskana, jede Menge Inspirationen, die er dann in seiner kleinen Küche mit Liebe in genussreiche Kreationen umsetzt. Fangen wir mal bei den Antipasti an: knusprige Crostini mit Tomaten und Olivenöl oder Bresaola della Valtellina, also luftgetrocknetes Rindfleisch aus dem Veltlin, oder lieber die in Knoblauch-

Restaurant-Café Dopolavoro
Werner Götz

Bienerstraße 89
A-6240 Rattenberg

Telefon 00 43 (0) 53 37 / 6 26 13

www.dopolavoro.at

butter gebratenen Flusskrebse? Die Zuppa alla genovese (Basilikumschaumsuppe mit Parmigiana und Pinienkernen) bietet sich ebenfalls als feine Vorspeise an. Salate kann man entweder als Vor- oder als Hauptspeise bestellen, je nach Appetit stillen dann Insalata con pesce (mit gegrillten Fischen) oder der Thai Beef Salat mit Ingwer, Zitronengras und Basilikum den kleinen beziehungsweise großen Hunger.

Pastafans kommen bei Werner Götz ganz bestimmt auf ihre Kosten, zum Beispiel mit Linguine al pescatore (flache Spaghetti mit Miesmuscheln, Shrimps und Fisch), dem „Dialog" von Ravioli und Steinpilztortellini oder der Pasta al greco mit dreifarbigen Nudelrädern, nativem Olivenöl, Cherrytomaten, prosciutto crudo, Schaffrischkäsewürfeln, Oliven und Rucola. Zu den Hauptgerichten zählt etwa Hähnchenbrustfilet „Romana", gefüllt mit Prosciutto, Mozzarella und frischem Salbei, begleitet von einem cremigen Risotto mit Pilzen. Fischfreunde erfreuen sich am gemischten Fischteller mit Weißwein-Zitronenbutter. Und die „Dolci": einfach unwiderstehlich, das raffinierte Semifreddo di basilico auf Erdbeeren mit süßem Balsamico oder die Buttermilchmousseböllchen in Valrhonaspänen.

Kreolischer Garnelensalat mit lauwarmer Mango-Krebs-Sauce

Zutaten

8 rohe Garnelen, ohne Kopf, mit Schale
circa 200 g Flusskrebse, ohne Schale, vorgekocht
200 ml Mangosaft
1 Schuss Noilly Prat oder ein anderer trockener Wermut
1 Schuss Zitronensaft
etwas Fischfond (Fertigprodukt)
50 g Krebsbutter (Fertigprodukt)
100 ml Sahne
Salz, Zucker
Fischgewürzsalz
Mehl
Öl zum Braten
Butter zum Schwenken
Knoblauch nach Geschmack, durchgepresst
außerdem Blattsalate für 4 Personen
1 reife Mango, geschält und gewürfelt

Zubereitung

Für die Sauce Mangosaft, Noilly Prat, Zitronensaft und Fischfond aufkochen, mit Mehl binden, Krebsbutter mit dem Stabmixer einrühren, abschmecken und abkühlen lassen.
Garnelen halbieren, den Darm herausziehen, Garnelen abspülen. Trocknen, auf der Fleischseite würzen und bemehlen. In Öl zuerst auf der Fleischseite braten, wenden und fertig garen, Flusskrebse hinzufügen und kurz mit Knoblauch in Butter schwenken. Auf Salaten anrichten, die lauwarme Sauce mit der geschlagenen Sahne aufschäumen, über den Salat gießen und mit den Mangowürfeln bestreuen.

RESTAURANT-CAFÉ KANZLER BIENER

Restaurant-Café Kanzler Biener
Hannes Schöbel

Südtiroler Straße 48
A-6240 Rattenberg

Telefon 00 43 (0) 53 37 / 6 50 50

www.rattenberg.at/kanzlerbiener

In der Fußgängerzone Rattenberg ist eines der ältesten Gasthäuser das „Restaurant-Café Kanzler Biener", schon 1630 als Gastwirtschaft unter der Bezeichnung „Plankh'sche Behausung" erwähnt. Der gebürtige Schwabe Wilhelm Biener wurde 1630 von Erzherzog Leopold V. zum Kanzler von Tirol berufen – damals kein leichtes Amt, denn das Land befand sich durch die Ereignisse des Dreißigjährigen Krieges in einer schwierigen Lage. Nach dem Tod Leopolds konnte Wilhelm Biener in jener Zeit die höchste Stufe auf der Karriereleiter erreichen – er wurde 1638 zum kaiserlichen Hofkanzler befördert. Claudia de Medici, Witwe des Landesfürsten, und ihr Sohn Ferdinand Karl kümmerten sich damals vor allem um kulturelle Prunkentfaltung – trotz wirtschaftlicher Not der Bevölkerung, auf deren Seite Kanzler Biener stand. Sein Stern sank denn auch immer mehr, seine Kompromisslosigkeit und Eigenmächtigkeit machten ihn zunehmend unbeliebt. Nach Claudia de Medicis Tod kam es 1650 zu seiner Amtsenthebung und zum Prozess, der am 17. Juli 1651 mit Bieners Hinrichtung endete. Tragischerweise kam seine Begnadigung zu spät: Als der Bote das Rattenberger Stadttor erreichte, fiel im Hof das Haupt des Kanzlers. Heute erinnert das Restaurant-Café Kanzler Biener an diesen überzeugungstreuen Mann und verwöhnt die Gäste in den originalen Gewölben des Hauses und draußen auf der Terrasse. Hannes Schöbel hat als gelernter Fleischer, Koch, Kellner und Sommelier in

namhaften Restaurants und Hotels in Lech, am Tegernsee, in St. Moritz und in New Orleans/USA gearbeitet. Zusammen mit seiner Partnerin Birgit Uhl führt er seit dem Jahr 2000 das Restaurant „Kanzler Biener“, tatkräftig unterstützt von seiner Mutter, die alle liebevoll nur „Oma“ nennen. Hannes' Kochstil ist bodenständig, klassisch und authentisch mit leicht mediterranem Einschlag, von ehrlicher Handarbeit geprägt und stets der Jahreszeit angepasst. So wird zum Beispiel der Kaiserschmarren frisch zubereitet – kleine Wartezeit inbegriffen –, Nudeln garen nicht einfach nur in Salzwasser, sondern in Rotwein, außerdem werden Klassiker wie Spargel, Pfifferlinge, Steinpilze, Kürbis, Wild und ähnliches saisonal angeboten. Besonders lieb ist ihm der Frühling, wenn er frischen Bärlauch und aromatische Kräuter aus seinem Garten verwenden kann. Heiß begehrt ist auch Hannes' hausgemachtes Brot, mal mit Nüssen, mal mit Kräutern oder Speck. Mittags steht ein preiswertes Menü auf der Karte, das sich Einheimische und Touristen, Arbeiter und Stammgäste gleichermaßen schmecken lassen, nachmittags verführen hausgemachte Kuchen und Torten, auch eigene Kreationen, nach Omas Art sowie ansehnliche Eisbecher nicht nur der Größe wegen und laden zu einem Besuch beim „Biener“, wie ihn die Einheimischen nennen. Nur sonntagsmittags kommt der knusprige Schweinebraten aus dem Ofen und ab 20 Uhr hat die Küche täglich Feierabend. Eine eigene Dessertkarte sowie die Wein- und Schnapskarte runden das Angebot ab. Ein besonderer Service ist der Weinverkauf zu Ab-Hof-Preisen von renommierten österreichischen Winzern.

Kaiserschmarren

(Für 2–3 Personen)

Zutaten

etwa 140 g Mehl
150 ml halb Milch, halb Wasser
1 Msp. Backpulver
1 Schuss Rum
3 Eier
Maiskeimöl
20 g Butter
Kristallzucker
Staubzucker
Salz

Zubereitung

Mehl, Flüssigkeit, Salz, Backpulver und Rum zu einem zähen, glatten Teig verrühren. Die Eier in einer Schüssel aufschlagen, mit dem Teig mischen und nur grob verschlagen – nicht zu einem glatten Teig verrühren. Eine Bratpfanne mit Öl erhitzen und den Teig hineingeben. Wenn die Masse von unten leicht gebräunt ist, den Teig wenden und kurz anbraten. Die Butter in die Pfanne geben und in den auf 220 °C vorgeheizten Ofen stellen, nach etwa 5 Minuten den Schmarren wenden und nochmals 3 bis 5 Minuten backen. Pfanne aus dem Ofen nehmen, Kristallzucker über den Schmarren streuen und mit 2 Gabeln zerreißen. Auf einem Teller anrichten und Staubzucker darüberstreuen. Mit Apfelmus, Zwetschkenröster oder mit gerösteten Nüssen und Vanilleeis servieren.

KÄSEREI REITH

Käserei Reith

Kirchfeld 3
A-6235 Reith im Alpbachtal

Telefon 00 43 (0) 53 37 / 6 21 37

www.kaeserei-reith.at

Das Alpbachtal gehört zur „Genussregion Österreich", das heißt, hier stehen Genuss und Qualität an erster Stelle. Das gilt auch für die „Käserei Reith" im Zentrum des hübschen gleichnamigen Örtchens mitten im idyllischen Alpbachtal. Die Käserei wurde im Jahr 1945 gegründet, schon damals kam man auf die Idee, gemeinschaftlich die frische Milch der Alpbachtaler Bauern zu gesunden, leckeren Milchprodukten weiterzuverarbeiten. Das Käsereigebäude entstand in den Jahren 1949/50 und wurde 1984 mit dem ersten Käsefertiger erweitert. 1996 wurde das Verkaufsgeschäft umgestaltet und seit 1999 sorgt ein großer Reifungskeller für ideale Bedingungen zur Lagerung und Reifung der verschiedenen Käsesorten.

Für die Produkte der Käserei wird nur frische Heumilch der Alpbachtaler Bauern verwendet. Heumilch: Das bedeutet, dass die Kühe nur Gras, Kräuter und Heu fressen und keinerlei Silofutter bekommen. Das Ergebnis sind Milch und Käse von erster Güte und erlesenem Geschmack. 65 Bauern aus Reith und von den umliegenden Almen des Alpbachtales versorgen die Käserei mit bester silofreier Heumilch, dazu kommt im Sommer noch zusätzlich die Milch von zehn Almen, dort beliefern 22 Bauern die Käserei mit reinster Biomilch. Für die Qualität spricht die vielfache Auszeichnung der Bauern mit dem österreichischen Milchgütesiegel. Aus dieser hochwertigen Milch erzeugt die Käserei Reith entsprechend hochwertige Qualitätsprodukte, die im „Bau-

ernladl" in Reith verkauft werden. Kurze Anfahrtszeiten und der Verzicht auf aufwendige Verpackungen garantieren ebenfalls Schutz des sensiblen Lebensraums.
Neun verschiedene Käsesorten bietet die Käserei Reith an: Der Alpbachtaler Bergkäse darf dabei natürlich nicht fehlen, er ist aromatisch, rein und leicht bis stark pikant, genau richtig für den Käsefreund, der einen würzigen Geschmack bevorzugt. Der Alpbachtaler Hornkäse ist ein halbharter Schnittkäse mit Rotkultur-Oberflächenreifung und im Geschmack mild bis leicht pikant, dabei mit deutlichem Rotschmiercharakter – er eignet sich hervorragend für Raclette. Die Alpbacher Stange ist ein Käse, der jedem schmeckt und mit seinem milden, leicht herben Geschmack für jede Tageszeit geeignet ist. Kommen wir zum Alpbacher Dorfkäse: ein Schnittkäse mit Oberflächenreifung, mild und cremig und ebenfalls ein feiner Jausenkäse. Alpbacher Kellergold heißt der leicht herb-säuerliche Käse, der mindestens zwei Monate im Reifungskeller verbracht hat. Er schmeckt ganz ausgezeichnet zu Milch, Brot und Bauernbutter. Der Alpbachtaler Bierkäse passt, wie der Name schon sagt, gut zu einem Glas Bier und ist mit seinen 15 % Fett i. Tr. gut für die „schlanke Linie". Auch hierfür garantieren beste Heumilch von ausgesuchten Bergbauernhöfen und selbstverständlich aus silofreier Fütterung höchsten Genuss. Den Bierkäse gibt es auch in Bioqualität, das heißt, die Milch kommt von Alpbachtaler Bauern, die ihre Kühe mit kontrolliert-biologischem Futter versorgen. Auch einen Rahmtilsiter hat die Käserei Reith im Angebot, der Schnittkäse mit Rotkultur-Oberflächenreifung zergeht auf der Zunge! Im Bauernladl in Reith können Käsefreunde aber nicht nur Käse kaufen, sondern auch andere hochwertige Produkte wie frische Vollmilch, Buttermilch, Bergbauernbutter aus silo- und gentechnikfreier Heumilch und montags und freitags auch frisches Bauernbrot: Als qualitätsbewusster Verbraucher hat man mit den Erzeugnissen der Käserei Reith nur das Beste auf dem Tisch.

Kasspatzln

Zutaten
500 g Mehl
4 Eier
200 g geriebener Alpbachtaler Bergkäse
2 Zwiebeln
100 g Butter
Schnittlauch
Salz

Zubereitung
Mehl, Salz, Eier und circa 1/4 Liter Wasser zu einem Teig vermischen, durch ein Spätzlesieb in kochendes Salzwasser reiben, aufsteigen lassen und herausnehmen. In einer Pfanne gehackte Zwiebeln in Butter hell anrösten, die Spatzln hineingeben, ebenfalls den geriebenen Käse und öfters wenden. Mit Schnittlauch bestreuen und servieren.

Kam-In Bar

Dorfstraße 13
A-6235 Reith im Alpbachtal

Telefon 00 43 (0) 53 37 / 6 52 20

www.kam-in.at

„Geschüttelt oder gerührt" – das ist jetzt auch in Reith im Alpbachtal öfter die Frage. Ganz neu ist es und sehr zentral gelegen; hier haben sich die Geschwister Andreas, Maria, Josef, Johannes und Thomas einen Wunsch erfüllt und im Sommer 2009 eine Bar-Lounge mit eleganter Atmosphäre für anspruchsvolle Gäste eröffnet.
Das edle, moderne Design in warmen Farben, die lange, kommunikationsfördernde Bar und viele gemütliche Sitzgruppen rund um den flackernden Kamin sorgen für ein Ambiente, in dem sich junge Leute genauso wohlfühlen wie älteres, anspruchsvolles Publikum.
Im Sommer lädt auch die gemütliche, sonnige Terrasse zum Verweilen ein – dort kann man den Tag bei einem Glas Aperol-Spritz oder einem „kühlen Blonden" bestens ausklingen lassen.
Dabei ist der Name geschickt gewählt und spielt sowohl auf den Kamin als Mittelpunkt an als auch auf die Aufforderung „Come in!" ... and have fun, könnte man hinzufügen.
Musik ist in der „Kam-In Bar" immer dabei – mal Pop oder Rock, mal Oldies, mal Evergreens, ob Partymusik, DJ oder Livemusik: Das Team der Kam-In Bar überrascht mit einem abwechslungsreichen Programm und regelmäßige Veranstaltungen sorgen für zusätzliche Stimmung – zum Beispiel war die Weißwurstparty (immer vor dem bekannten Almabtrieb) der Renner. Ausgelassene Stimmung bei zünftiger Musik begeisterte alle Gäste ... auch der Dresscode „Dirndl und Le-

Long Island Iced Tea

Zutaten
2 cl Rum
2 cl Wodka
2 cl Gin
2 cl Cointreau
2 cl Zitronen- oder Limettensaft
1 Schuss Cola
Eiswürfel

Zubereitung
Alles miteinander mischen. Die Varianten für den Long Island Iced Tea sind zahlreich und tragen zum Teil abweichende Namen. So ist die Mischung mit Tequila auch als „Texas Tea" bekannt. Beim „Long Beach Iced Tea" wird statt Cola Cranberrysaft verwendet. Mit Red Bull statt Cola erhält man einen „Long Island Energy" und mit Champagner statt Cola einen „Beverly Hills Iced Tea".

derhose" wurde ernst genommen und mit ein paar „Begrüßungsschnapserln" honoriert.
Ob man nach der Arbeit auf einen Drink vorbeischaut, den Abend mit Freunden genießen will oder etwas Besonderes zu feiern hat: Im Kam-In fühlt sich jeder einfach wohl.
Die Liste der Getränke ist lang und hält für jeden Geschmack etwas bereit: verschiedene Biere vom Fass oder aus der Flasche, Whiskys, Cognacs und edle Brände, Bitters und Shots, Cocktails und Longdrinks und natürlich eine große Auswahl an Fruchtsäften und nichtalkoholischen Getränken wie Tee, Kaffee und heiße Schokolade. Auch Weinliebhaber kommen auf ihre Kosten. Im wohltemperierten Weinkeller lagern über 30 ausgewählte edle Tropfen aus Österreich und aller Welt.
Und wenn der kleine Hunger kommt, begeistern verschiedene Baguettes, ausgewählte Bruschettas, Toasts oder die Käseplatte mit Käsespezialitäten der Genussregion die Geschmacksknospen. Bei einer Feier wird auch ein Buffet mit warmen und kalten Speisen für die Gäste organisiert ... auf Vorbestellung gibt es „alles, was das Herz begehrt"!
Die Liste der Ideen des jungen Teams ist noch lang: Wie wäre es mit einer Salsanight, einem Jazzbrunch ... die Gäste können sich überraschen lassen, was der Kam-In-Crew noch alles einfällt, neueste Infos und Events findet man immer aktuell auf der Homepage.
Vielleicht trifft man sich bei einem Feierabend-Glasl, beim Abfeiern mit Liveband oder beim Après-Ski oder nach dem Nachtschilauf im neuen, modernen Lokal für Junge und Junggebliebene, für Einheimische und Gäste auf einen Drink.

KAISERHAUS

Kaiserhaus
Angelika und Hannes Larch

Aschau 81
A-6234 Brandenberg

Telefon 00 43 (0) 53 31 / 52 71
Telefax 00 43 (0) 53 31 / 52 71 20

www.kaiserhaus.eu

Wer ein idyllisches Plätzchen in stiller Natur sucht, das sich dazu noch rühmen kann, von Kaiser Franz Josef und seiner „Sisi" beehrt worden zu sein, der sollte unbedingt das „Kaiserhaus" am Einstieg der Kaiserklamm hinter dem Örtchen Aschau bei Brandenberg besuchen. Hier kann man mitten im tiefen Wald, umgeben von weiten Wiesen, aufatmen, Kraft tanken und die Energiereserven auffüllen. Das ehemalige Forsthaus ist ein großes, typisches Tiroler Bauernhaus mit grünen Fensterläden und blumengeschmückten Balkonen und schon 500 Jahre alt! Es erzählt die Geschichte vergangener Tage, als der österreichische Kaiser hier zur Jagd ging und von der Ruhe und Schönheit des Ortes beeindruckt war. Direkt an der Brandenburger Ache konnte Franz Josef I. mit seinem Gefolge das gewaltige Schauspiel der Holztrift hautnah erleben. Aus dieser Zeit stammen auch die Namen Kaiserhaus und Kaiserklamm. Zusammen mit seiner Gemahlin Elisabeth nächtigte er im zweiten Stock in einer Kammer, die noch heute originalgetreu erhalten ist und Gästen zur Verfügung steht. Aber auch in den anderen, komfortabel eingerichteten Zimmern und Schlaflagern lässt es sich in der frischen Waldluft so herrlich schlafen und vom lukullischen Frühstück träumen, mit dem ein aktiver oder relaxter Tag beginnt. Das Kaiserhaus ist zentraler Ausgangspunkt für viele Spaziergänge, Wanderungen und Radetappen aller Schwierigkeitsgrade. Von hier aus geht's nach Spitzingsee, Tegernsee, Achensee und Thiersee. Auch der bekannte Tiroler Adlerweg führt am Kaiserhaus vorbei. Wem der Sinn eher nach Ausruhen steht, kann im schönen Gastgarten die Sonne genießen, während sich die Kinder auf dem rustikalen Erlebnisspielplatz mit Wasser-Matsch-Anlage, riesengroßer Sandkiste und zwei fünf Meter großen Trampolinen amüsieren oder

sich über den Kleintierzoo mit Eseln, Hasen, Ziegen, Schafen, Galloway-Rindern und Hühnern freuen. Alle freuen sich dann aber auch auf die kulinarischen Genüsse, die Hausherr Hannes und sein Team zubereiten und die entweder im Garten, in den wunderschönen Stuben oder im lichten Wintergarten serviert werden. Berühmt ist die Küche für die Wildgerichte von Hirsch und Reh wie zum Beispiel die Wild-Hauswurst mit Kraut oder das Ragout vom Brandenberger Hirsch mit Knödeln. Ausgezeichnet auch die frischen Forellen aus der Ache, die verschiedenen Pastagerichte und die hausgemachten Kuchen nach Omas Rezept. Ganz etwas Besonderes ist die „Original Tiroler Prügeltorte“, bei deren Zubereitung „am Spieß“ man im Sommer einmal in der Woche zuschauen kann. Oktober und November stehen ganz im Zeichen des Törggelens und im Winter lockt der romantische Adventsmarkt mit Anklöpflern, Turmbläsern, Kutschenfahrten, Adventsmusik und vielen weihnachtlichen Standeln. Echte Volksmusik mit Zither, Harfe und Hackbrett gibt es aber auch jeden ersten Sonntag im Monat und zum „Musikantanhogascht“.

Mit Pilzen gefülltes Hirschkalbsschnitzel Förster Art

Zutaten

4 Hirschkalbsschnitzel vom Hirschrücken
250 g Steinpilze und Eierschwammerl
1 Zwiebel, fein gewürfelt
12 Speckscheiben, fein geschnitten
1–2 Knoblauchzehen, durchgepresst
Olivenöl zum Braten
etwas Weißwein
2–3 EL Petersilie, fein geschnitten
etwas Mehl
Fett zum Braten
125 ml fruchtiger Rotwein
Preiselbeeren, Orangensaft
Salz, Pfeffer

Zubereitung

Für die Fülle die Pilze fein würfeln und mit Zwiebeln, Speck und Knoblauch gut anbraten. Mit etwas Weißwein ablöschen, abkühlen lassen, dann Petersilie unterrühren, salzen und pfeffern. Die Hirschkalbsschnitzel klopfen, salzen und pfeffern. Die Pilzfülle darauflegen und verteilen. Zusammenklappen und mit Zahnstochern fixieren. Die Schnitzel in Mehl wenden und in heißem Fett von beiden Seiten gut anbraten, mit Rotwein aufgießen und ziehen lassen. Den Natursaft mit Preiselbeeren und Orangensaft verfeinern und die Sauce bei Bedarf nachwürzen. Dazu serviert man Schupfnudeln und Apfelrotkraut.

VON WÖRGL IN DIE WILDSCHÖNAU UND INS BRIXENTAL

Hohe Salve

Wörgl ist für die meisten Reisenden ein Ort an der Inntalautobahn, an dem man achtlos vorbeirauscht, dabei ist dieses nette Handelsstädtchen durchaus auch einmal wert, sich bei einem Stopover ein wenig umzuschauen. Durch die verkehrsgünstige Lage am Ufer des Inns und am Ein- bzw. Ausgang verschiedener Täler war Wörgl seit jeher wichtigstes Handelszentrum des Tiroler Unterlands und ein bedeutender Verkehrsknotenpunkt für den Schienen- und Straßenverkehr. Die lebhafte Bahnhofstraße ist die zweitgrößte Einkaufsstraße Tirols mit zahlreichen Geschäften, Cafés und Restaurants.

Das Hochtal Wildschönau erstreckt sich über 24 Kilometer und buchstäblich „wild" ging es hier früher zu, denn diese Gegend war nur über Schleichwege oder die Kundler Klamm erreichbar und diente deshalb auch als Rückzugsgebiet im Tiroler Freiheitskampf Anfang des 19. Jahrhunderts. Hier rief der Gefährte Andreas Hofers, Joseph Speckbacher, an einem kleinen Tisch beim Sollererwirt in Thierbach zum Kampf aller Tiroler gemeinsam mit Andreas Hofer auf: „Wer kein Schießgewehr hat, möge Spieße oder Mistgabeln an lange Stangen machen." Noch heute erinnern die „Sturmlöda" an diese Zeiten, zu festlichen Anlässen marschieren diese Männer noch heute mit Sense und Mistgabeln auf.

„Schön" ist die Wildschönau freilich auch, den Weg durch das Hochtal säumen neben verschiedenen verstreut liegenden Weilern die vier „Kirchdörfer" Niederau, Oberau, Auffach und Thierbach. Niederau ist der erste Ort, leicht erkennbar an dem markanten spit-

zen Kirchturm. Oberau besitzt die schöne, 250 Jahre alte barocke Pfarrkirche, die wegen ihrer imposanten Größe auch „Dom des Tiroler Unterlands" genannt wird. Thierbach ganz am Ende des Tals ist ein idyllisches Ensemble aus ein paar Tiroler Bauernhöfen, altem Schulhaus und Kirche, umgeben von stiller Bergwelt, die sich im Winter natürlich in einen wunderbaren Tummelplatz für Skifahrer und Schneeliebhaber wandelt. In der Wildschönau ist allerdings sowohl im Sommer als auch im Winter „sanfter" Tourismus angesagt; auf 300 Kilometern Wanderwegen lässt es sich in aller Ruhe spazieren gehen und die 70 Kilometer Pisten aller Schwierigkeitsgrade dienen keinesfalls alpinem Skizirkus, sondern sportlicher Erholung mit allen möglichen Aktivitäten. Im Sommer kann man zum Beispiel mountainbiken, reiten, Canyoning und Rafting ausüben oder klettern im Hochseilgarten. Aufgrund des Schiefergesteins ist die Wildschönau eine besonders almenreiche Gegend, auf 46 Almen weiden Rinder, Pferde, Schafe und Ziegen während ihrer „Sommerfrische" – ein beliebtes Wanderziel für Naturfreunde. Auch kulinarische Genießer kommen in der Wildschönau auf ihre Kosten, hier wird die „echte" Tiroler Küche gepflegt, die ausschließlich heimische Produkte verwendet: Speck, Milch, Butter und Käse, kerniges Fleisch vom Bauern und Wild aus den umliegenden Wäldern, Kräuter, Marmeladen und Honig, Forellen aus den Bächen. Die bekannteste Spezialität der Wildschönau ist der „Krautinger", ein Schnaps aus der weißen

Hopfgarten

Stoppelrübe, die natürlich auch zu Suppe oder Gemüse verarbeitet wird. Nur in der Wildschönau darf dieser Rübenschnaps gebrannt werden, als Hausmittel, Medizin und Lebenselixier genießt er quasi Kultstatus – eine eigene Festwoche ihm zu Ehren sagt eigentlich alles über seine Wertschätzung aus. Die letzte Etappe dieser Region des Tiroler Unterlands führt uns ins Brixental mit den Hauptorten Hopfgarten, Westendorf, Brixen im Thale und Kirchberg. Das Brixental ist etwa 30 Kilometer lang und wird von der Brixentaler Ache durchflossen. Sanftes, meist bewaldetes Gebirge, das zu den Kitzbüheler Alpen zählt, prägt die Landschaft, allen voran der markante Kegel des Aussichtsbergs Hohe Salve. Er wird auch „schönster Aussichtsberg Tirols“ genannt, denn vom Gipfel auf 1828 Metern Höhe geht der Blick mit 360 Grad über sage und schreibe 70 Dreitausender: direkt „vor der Nase“ der Wilde Kaiser und in der Ferne die Hohen Tauern, die Zillertaler Alpen, sogar Großglockner und Großvenediger sind auszumachen. Hier oben steht auch die höchstgelegene Kapelle Tirols, die Wallfahrtskirche zu Johannes dem Täufer. Im Sommer ist die Hohe Salve ein idealer Ort für Wanderer und im Winter gehört das Gebiet zur „Skiwelt Wilder Kaiser/Brixental“ mit mehreren Abfahrten ins Tal, außerdem ist der Gipfel ein beliebter Startplatz für Gleitschirmflieger.
Die sonnige Marktgemeinde Hopfgarten am Fuß der Hohen Salve mit ihren stillen Gassen, kleinen Geschäften und urigen Gasthäusern bietet Familien mit Kindern einen

idealen Urlaubsort mit allen möglichen Aktivitäten vom Frühling bis in den Winter, dazu gehören zahlreiche Freizeiteinrichtungen wie Sommerrodelbahn, Tennisplatz, Beachvolleyballplatz, Asphalt- und Eisstockbahn und Kegelbahn.

Die Gemeinde Westendorf, auf einer sonnigen Terrasse mitten im Brixental gelegen, erhielt 1998 im Rahmen der „Entente Florale" die internationale Auszeichnung „schönstes, grünendes und blühendes Dorf Europas" aufgrund der gepflegten Almwiesen, der stattlichen Bauernhäuser und der abwechslungsreichen Flora und Fauna. Langweilig wird es hier nie, vor allem für Kinder nicht, da gibt es zum Beispiel den Alpinolino Themenweg, den Wappenweg, Urzeitweg und die Tierische Rätseltour. Im Winter ist das top Skigebiet der Kitzbüheler Alpen nur einen Katzensprung entfernt und ganz in der Nähe bietet Westendorf eine Langlaufloipe und eine Rodelbahn.

Mitten in den Kitzbüheler Alpen befindet sich auch Kirchberg in Tirol. 88 Kilometer Nordic-Walking-Strecken führen durch die grandiose Landschaft und im schneesicheren Winter werden hier alle Träume eines Schnee-Urlaubs wahr, das Dorf verfügt über eine direkte Anbindung an die Skiwelt des Wilden Kaisers. Empfehlenswert ist auch eine Wanderung zum Großen Rettenstein, dem 2 362 Meter hohen Wahrzeichen Kirchbergs. Feinschmecker sind in Kirchberg ebenfalls goldrichtig, eine große Auswahl an Gaststätten mit typischen Tiroler Schmankerln runden die Ferien auch kulinarisch ab.

TIROL MILCH

Alpen und Milch, das gehört einfach zusammen, friedlich grasende oder wiederkäuende Kühe auf grünen Almen gehören zur sommerlichen Bergromantik in Tirol. Wer hier in einer der Hütten einkehrt, wird oft mit einem Glas frischer Milch oder Buttermilch bewirtet – etwas Besseres gibt es nicht! Die Milch von den Almen wird im Sommer natürlich an etliche verarbeitende Betriebe geliefert und darunter steht die „Tirol Milch“ an erster Stelle. Sie verarbeitet die Milch von rund 1150 Almen zu Qualitätsprodukten erster Güte.

Die Geschichte der Milchversorgung in Tirol ist eine Geschichte mit vielen Höhen und Tiefen. Nach von wenig Erfolg gekrönten Versuchen Anfang des 20. Jahrhunderts war die Gründung der „Genossenschaft Milchverband Innsbruck“ im Jahr 1935 der Startschuss einer strukturierten Entwicklung der Tiroler Milchversorgung. 1939 kaufte die noch sehr junge Genossenschaft die „Städtische Molkerei Innsbruck“. Der „Milchhof Innsbruck“ war dadurch entstanden sowie die ersten Grundlagen für eine ordentliche Versorgung des Landes. 1943 erfuhr der Milchhof beim ersten Bombenangriff einen Volltreffer, der die Produktion komplett lahmlegte. Ab dem Jahr 1951 konsolidierten sich die Verhältnisse wieder. In den weiteren Jahren kam es zu einer starken Steigerung der Milchanlieferung und auch des Absatzes. Ein Schlüsselereignis in der Entwicklung zu einer international konkurrenzfähigen Größenordnung war die Fusion des „Milchhofs Innsbruck“ mit der „Inntalmilch Wörgl“ zum heutigen Unternehmen Tirol Milch im Jahr 1991.

Tirol Milch

Lattellaplatz 1
A-6300 Wörgl

Telefon 00 43 (0) 53 32 / 7 80 10
Telefax 00 43 (0) 53 32 / 78 01 99 14

www.tirolmilch.at

Heute versorgen rund 4 000 Bauern aus Tal- und Bergregionen das Unternehmen täglich mit frischer Milch. Diese wird von der Tirol Milch regelmäßig abgeholt – und das von immerhin rund 2 000 Sammelstellen übers ganze Land verteilt. Die kleinen bäuerlichen Strukturen und das nachhaltige Wirtschaften bilden die Grundlage für den wertvollen Rohstoff Milch. Die hochwertige Qualität der Milch aus den Tiroler Bergen ist das wichtigste Kapital von Tirol Milch, ein genossenschaftlich organisiertes Unternehmen im Eigentum der Tiroler Bauern, das sich der Region und der Erhaltung der einzigartigen Natur verpflichtet fühlt. Im Mittelpunkt der Firmenphilosophie steht der Mensch: Die Wünsche der Konsumenten prägen die tägliche Arbeit, es ist wichtig, allen Ansprüchen gerecht zu werden. Letztendlich kommt auch die Erfahrung der Käsemeister oder der speziell ausgebildeten Molkereifachmänner und -frauen den Produkten zugute, deren Basis die hohe Qualität der Tiroler Milch darstellt. Um diesen hohen Standard, gepaart mit natürlichem, bestem Geschmack zu erzielen, bedient man sich bei Tirol Milch neben solider, ehrlicher Handarbeit natürlich auch modernster Technik. Die Produktpalette ist breit gefächert und beinhaltet natürlich zunächst Frischmilch, Butter, Buttermilch, Topfen, Joghurt, Sauerrahm, Schlagobers und „Lattella“, das wohl bekannteste Fruchtmolkegetränk Österreichs.

Ein besonderes Kapitel nimmt der Käse ein: Auf diesem Gebiet kann Tirol Milch mit den verschiedensten Erzeugnissen aufwarten, die die Herzen so mancher Käseliebhaber höher schlagen lassen. Beginnen wir mit dem Tiroler Graukäse, eine jahrhundertealte Tradition und früher als „Armeleuteessen“ belächelt. Heute gewinnt diese würzige Spezialität wieder an Freunden und an Bedeutung. Graukäse ist ein Sauermilchkäse ohne Labzusatz; man lässt die Magermilch durch Säuerungskulturen reifen, dabei reift er von außen nach

innen, ist zunächst topfenähnlich und bröselig, mit zunehmendem Alter außen speckig und gräulich. Die Bezeichnung „Tiroler Graukäse“ genießt Ursprungsschutz der EU, die verwendete Milch muss aus der Region stammen und auch hier verarbeitet werden. Klassisch bereitet man Graukäse mit Essig, Öl und Zwiebelringen zu. Liebhaber sollten aber auch einmal die Variante mit steirischem Kürbiskernöl und einem Glas Grünen Veltliner oder mit einem dunklen Märzenbier probieren. Für Kalorienbewusste eine gute Nachricht: Er enthält nur ein Prozent Fett. Graukäse eignet sich auch vorzüglich für cremige Suppen oder die berühmten „Pressknödel“, die zuerst gebraten und dann in Brühe oder auf einem frischen, knackigen Salat serviert werden. Tiroler Graukäse wird bei Tirol Milch am Standort Lienz hergestellt, wo sich außerdem das Kompetenzzentrum für Weichkäse befindet.

Die Käsepalette von Tirol Milch bietet neben verschiedenen Weich- und Schnittkäsen vor allem feinste Hartkäse, darunter befinden sich drei besondere Spezialitäten: der Tiroler Felsenkeller Käse, der Tiroler Adler und der Andreas Hofer Jubiläumskäse. Der Tiroler Felsenkeller Käse gehört zum Besten weit und breit und erfährt eine ganz besondere Behandlung, er reift nämlich in zwei natürlichen Felsenkellern bei Wörgl und in Kundl. Die Geschichte des Felsenkellers begann schon 1658, als Kundler Brauleute einen 50 Meter langen und 15 Meter breiten Stollen in einen Felsen hieben, um dort ihr Bier zu kühlen. Arbeiter brachten vor Hunderten von Jahren regelmäßig Berge von Blockeis in den Keller, um die Kühlung des Kundler Biers zu sichern. Der Felsenkeller war jedoch auch Hort und Versteck von unschätzbaren Kunstwerken: Fast 300 Jahre später, in den Kriegsjahren 1942 bis 1945, wurden aus der Innsbrucker Hofkirche die „Eisernen“ oder „Schwarzen Mander“ aus der Bombengefahr gerettet, außerdem fanden im Keller auch 170 tapfere Kundler Bürger Sicherheit. Heute reifen in beiden Felsenkellern einige hundert Laibe dieses speziellen Käses. Die Käsemeister der Tirol Milch hatten sich vor zehn Jahren dieser alten Reifemethode erinnert. Früher waren Lehmkeller die klassischen Orte der Käsereifung, mit der ständig erweiterten Produktion verschwanden sie aber und wurden durch klimatisierte Reifekeller ersetzt. Das Klima in den Felsenkellern ist aber ein ganz und gar natürliches – Temperatur und Luftfeuchtigkeit bleiben konstant. Dadurch erhält dieser Käse seinen äußerst geschmeidigen Teig und seinen vollaromatischen Geschmack. Natürlich kommt es auch auf den Rohstoff Milch an und für den feinen Käse verwendet man nur beste Rohmilch aus wertvoller Heumilch von Kühen, die ausschließlich Gras, Kräuter und Heu fressen. Diese Milch verhindert die Spätblähung im Käse, die zu Rissen in den Laiben führen kann, außerdem bleiben in ihr die Gräser und Aromen der Almkräuter erhalten. In den Felsenkellern reifen die acht Kilogramm schweren Laibe mindestens sechs Monate und werden von Hand liebevoll gepflegt. Die Oberflächenreifung

mit Rotkultur erzeugt den kräftig-aromatisch-pikanten Geschmack und garantiert ein absolutes Genusserlebnis. Der Tiroler Felsenkeller Käse ist ein Hartkäse mit 45 Prozent Fett in der Trockenmasse, was einem absoluten Fettgehalt von 36 Prozent entspricht. Er hält sich auch zu Hause noch länger und gewinnt dabei an Würze. Dieser Prachtkerl von Käse ist der Star auf jeder Käseplatte! Er hat schon etliche Preise eingeheimst, zum Beispiel beim World Cheese Award 2007 in London, wo er als einziger von 49 eingereichten österreichischen und weltweit 2000 Käsen Gold erreichte – die höchste Auszeichnung, die bei diesem Event vergeben wird. Außerdem war er 2001, 2002 und 2008 „Käse-Kaiser" und errang dreimal Gold bei der Internationalen Käsiade in Hopfgarten. Weitere Auszeichnungen wurden ihm bei der Almkäse-Olympiade in Galtür, bei der Bergkäse-Olympiade in Verona und von der Deutschen Landwirtschaftsgesellschaft verliehen. Übrigens können auch Menschen mit Laktose-Unverträglichkeit diese schmackhafte Spezialität ohne Reue genießen: Er ist auf natürliche Weise laktosefrei. Am besten schmeckt er dünn gehobelt zu Bauernbrot und Butter. Ob man dazu ein süß-pikantes Chutney serviert, ist Geschmackssache.

Der Tiroler Adler mit Premium-Alpenreife ist ebenfalls einer der Besten seiner Klasse und besticht durch seinen würzigen, aussagekräftigen Charakter – eben ein „richtiger" Tiroler, bodenständig und echt. Er wird aus pasteurisierter Alpenmilch hergestellt und entwickelt einen geschmeidigen, an Parmesan erinnernden Teig. Mit zunehmendem Alter wird er immer würziger und ist wie der Felsenkeller Käse laktosefrei.

Der Dritte im Bunde der drei Besonderen ist der Andreas Hofer Jubiläumskäse, eine Hommage an den Tiroler Freiheitskämpfer, der 1809 die Tiroler dreimal siegreich gegen die Truppen Napoleons führte. Die Tirol Milch würdigt das Jubiläum mit diesem besonderen Genusskäse. Wie auch der Felsenkeller Käse wird er aus wertvoller Heumilch hergestellt, reift mindestens drei Monate in kühlen Kellern, währenddessen er sorgfältig mit Rotkulturen gepflegt wird, und ist ebenfalls auf natürliche Art laktosefrei. Als bester heimischer Hartkäse darf er sich „Käse-Kaiser 2010" nennen.

Für welchen Käse der Tirol Milch man sich auch entscheidet: Hervorragende Qualität und ausgezeichneter Geschmack sind garantiert.

Tiroler Bergkäse Kaiserschmarrn

Zutaten

60 g durchwachsener Speck
150 g Tiroler Bergkäse
120 g Tiroler Teebutter
4 Eier
200 ml Tiroler Vollmilch
6 EL Tiroler Speisetopfen
200 g Mehl
1 Prise Salz

Zubereitung

Den Speck klein würfeln und etwas anbraten. Käse reiben, 80 g Butter schmelzen, die Eier trennen. Eiweiß steif schlagen, Eigelb mit Milch, Topfen, Salz und Mehl glatt rühren. Speck, Käse und geschmolzene Butter zugeben. Eischnee vorsichtig unterheben. Restliche Butter in einer Pfanne erhitzen. Teig hineingeben und bei schwacher Hitze 5–8 Minuten anbraten. Den Pfannkuchen dabei einmal wenden. Zum Schluss den Pfannkuchen mit einer Gabel zerreißen. Die Teigstücke unter Wenden noch 3 Minuten goldgelb braten.

BERG BAUER

Berg Bauer
Lebensmittel GmbH

Angather Weg 14
A-6300 Wörgl

Telefon 00 43 (0) 53 32 / 7 60 16
Telefax 00 43 (0) 53 32 / 7 60 18

Sennstube

Bahnhofstraße 28
A-6300 Wörgl

Telefon 00 43 (0) 53 32 / 7 20 04

www.bergbauer.at

Lebensmittel für Feinschmecker und vor allem für Menschen, die neben dem Genuss auf die Tatsache Wert legen, keine Industrieprodukte erworben zu haben, sondern mit Liebe erzeugte, natürliche Lebensmittel – das ist die Philosophie der Firma „Berg Bauer“ aus Wörgl. Mit dem Kauf der Berg Bauer-Produkte hilft der Konsument tatsächlich, Bergbauern und Kleinbetriebe wie Sennereien, Almkäsereien und regionale Metzgereien am Leben zu erhalten. Außerdem kann er sicher sein, nur qualitativ beste Ware zu erhalten. „Früher war alles besser“ – so trauern viele Menschen den Dingen von damals nach – vielleicht haben Lebensmittel früher „besser“ geschmeckt, weil sie noch auf vollkommen natürliche Weise ohne Technik und ohne Zusatzstoffe hergestellt wurden. Die Firma Berg Bauer, der „Gourmet aus den Alpen“, hat alte Rezepte gesucht und gefunden, den heutigen Gegebenheiten angepasst und damit den Geschmack der Verbraucher getroffen, sagt Martin Hirner, der Firmenchef. Berg Bauer legt größten Wert auf schonende Behandlung der Rohstoffe, Hygiene und ständige Qualitätskontrollen. Steigende Verkaufszahlen in den führenden Lebensmittelketten in Österreich und in der Gastronomie in Tirol belegen seine Philosophie. Nur Produkte aus naturnaher Landwirtschaft des Kaiserwinkls, des Wilden Kaisers, des Zillertals, des Alpbachtals, des Nationalparks Hohe Tauern und des Bregenzer Waldes bis zum Montafon finden den Weg ins Berg Bauer-Sortiment. Nach

dem Philosophen und Arzt Paracelsus (1494–1541) sollen Nahrungsmittel auch Heilmittel sein, was durch beste Grundstoffe aus den heimischen Alpen durchaus möglich ist. Das Bewusstsein um die Herkunft der Lebensmittel ist für die Menschen heutzutage von immer größerer Bedeutung. Keiner kauft mehr die „Katze im Sack", sondern man ist als verantwortungsvoller Konsument auch interessiert an der artgerechten Haltung der Tiere – nehmen wir die Kühe als Beispiel: Für die Berg Bauer-Milch und Milchprodukte wird nur Milch von Kühen verwendet, die den Sommer über auf Almen würzige Gräser und Kräuter fressen konnten. Die Milch- und Viehwirtschaft in den Alpen ist keine reine Produktionswirtschaft, sondern dient auch dem Erhalt der Natur- und Kulturlandschaft. Würden die Almen nicht bewirtschaftet werden, so wären sie im Laufe weniger Jahre mit Stauden, Büschen und Gestrüpp zugewachsen und als Erholungsgebiet für Einheimische und Urlauber verschwunden. Natürlich produzierten Lebensmitteln schmeckt man einfach an, dass sie nach den Zyklen der Natur hergestellt wurden.
Die Firma Berg Bauer bietet sowohl für den Handel als auch für die Gastronomie und nicht zuletzt für den Privatkunden in der „Sennstube" in Wörgl ein breit gefächertes Sortiment an Spezialitäten aus den Alpen.
Ein Großteil wird direkt im Erzeugerland Österreich verkauft, ein Teil geht schon seit Jahren in den Export mit steigender Tendenz. Als kleines, flexibles Unternehmen ist Martin Hirner mit seiner Belegschaft auch neuen Produktideen immer aufgeschlossen und verwirklicht gerne die Vorstellungen seiner Kunden.

Milchprodukte

Milch ist ein Lebensmittel mit hohem Nährstoffgehalt, wobei dem Milcheiweiß besondere Bedeutung zukommt. Milchprodukte haben auch einen hohen Stellenwert als Kalziumquelle und sollten täglich auf dem Speiseplan stehen. Berg Bauer bietet auf diesem Sektor Vollmilch, fettarme Trinkmilch, haltbare Milch und die Premium Vollmilch an, die aus den schönsten Bergbauernregionen Westösterreichs stammt.
Joghurt wird aus naturreiner Bergmilch schonend und ohne chemische Konservierungsmittel hergestellt, es ist leicht verdaulich und sowohl pur oder in Saucen und Desserts ein Genuss. Neben Naturjoghurt hat Berg Bauer auch Joghurt mit Waldbeeren, Erdbeeren oder Marillen im Programm.
Butter gibt es in Form von Süßrahmbutter aus pasteurisiertem Rahm, als Sennereibutter aus einer Zillertaler Sennerei, die mit speziellen Milchsäurebakterien fein gesäuert, im Butterfass zu kleinen Butterkörnern geschlagen und dann gewaschen, geknetet, geformt und verpackt wird. Die Edelweißbutter kommt ebenfalls aus dem Zillertal und besteht aus frischem Süß- und Sauerrahm, im Fass geschlagen und von Hand gemodelt – köstlich auf frischem, knusprigem Bauernbrot.
Neben Topfen, Schlagrahm, Sauerrahm und Buttermilch bietet Berg Bauer für die Gastronomie auch die Premium-Produkte in Großgebinden an, sämtliche von erlesener Qualität (Güteklasse 1) und nur aus Milch von qualitätsprämierten Bergbauern.

Käse

Was Käse betrifft, so findet man beim Berg Bauer ein äußerst umfangreiches Angebot vom Schnittkäse über Weich- und Hartkäse bis zu Blauschimmel- und Sauermilchkäse. Bei den Schnittkäsen ist es unter anderen der Tiroler Schützenkäse, der anlässlich des Andreas-Hofer-Gedenkjahrs kreiert wurde. Nach altem Traditionsrezept im Alpbachtal hergestellt, besteht er aus silofreier Heumilch und

reift mit Rotschmiere, sein Geschmack ist vollmundig, sahnig und leicht säuerlich. Der Tiroler Hirtakas ist ein halbfester Schnittkäse aus silofreier Heumilch aus der Genussregion Kaiserwinkl. Mit seinem zarten Rotschmieraroma eignet er sich gut zum Schmelzen. Ebenfalls aus dem Kaiserwinkl stammt der Tiroler Maigouda aus frischer Frühlingsmilch, und der Tiroler Bärlauchgouda macht Toasts und warme Käsegerichte zum besonderen Geschmackserlebnis. Der Tiroler Almkräutergouda, auch aus der Heumilchregion Kaiserwinkl, entsteht aus naturreiner pasteurisierter Bergmilch, wird leicht gepresst und reift ohne Schmierbildung. Vor der Reifung werden ihm Almkräuter wie Lavendel, Thymian, Frauenmantel, Salbei, Minze und Schafgarbe beigegeben. Neben etlichen anderen bietet Berg Bauer etwa auch den Zigeunerbaron an, eine neue Käsekreation aus dem Nationalpark Hohe Tauern, aus naturreiner pasteurisierter Bergmilch. In den Käseteig werden getrocknete grüne Jalapeños und rote Paprikaschoten gemischt, was ihm ein attraktives, appetitliches Äußeres verleiht – er ist „der" Käse für Liebhaber pikanterer Sorten. Unmöglich, alle Schnittkäse einzeln aufzuführen, picken wir uns noch ein paar besonders leckere heraus: Pinzgauer Bierkäse, auch mit gemahlenem Pfeffer auf der Rinde, Berg Bauer Festtagskäse aus dem Zillertal, der schon vor Jahrhunderten auf den Almen her-

gestellt wurde und nun nach überlieferten Rezepten seine Renaissance feiert – es gibt ihn auch mit Alpenkräutern oder mit Walnüssen. Auch der Berg Bauer Kümmelkas ist ein echter Zillertaler und von unvergleichlich würzigem Aroma, das sich auch gut mit Öl, Essig, Salz, Pfeffer und Zwiebelringen verträgt. Der Mostbauernkäse aus silofreier Milch wird während seiner dreimonatigen Reifezeit mit Birnen- und Apfelmost behandelt – ebenfalls eine Bereicherung jeder Käseplatte!
Die Hartkäse sind mit einer stattlichen Anzahl an würzigen Bergkäsen vertreten, zum Beispiel mit dem Berg Bauer Kaiserwinkl

Heumilchbergkäse, dem Fügener Bergkäse, dem Hochfügener Frühlingsbergkäse und dem Berg Bauer Emmentaler. Alle diese Spezialitäten werden von Hand gekäst und zeichnen sich durch den charakteristischen Geschmack nach Wiesen und Almen, Kräutern und Gräsern aus. Am besten schmecken sie zu einem Glas frischer Milch und zu frischem Bauernbrot mit knuspriger Kruste, und wer ein Glas Wein dazu lieber hat: Zweigelt oder Blaufränkischer sind ideale Partner.
Der Berg Bauer Paratino wurde nach alter Rezeptur entwickelt und nach einem besonderen Verfahren hergestellt. Diesen Käse kann man in kleinen Stücken aus dem Laib brechen und anstelle von Salzgebäck servieren – ideal zum Beispiel als Vor- oder Nachspeise, über Salat gestreut, gerieben über Nudeln und Suppen oder – besonders delikat – in Kombination mit Olivenöl. Übrigens sind alle diese Käse vom Berg Bauer auf natürliche Weise laktosefrei und für Menschen mit Laktose-Unverträglichkeit problemlos verträglich.

Kommen wir zu den Weichkäsen, so finden wir hier verschiedene Camembertsorten, natur oder mit Pistazien und Walnüssen im Teig, oder auch aus Ziegenmilch. Blauschimmelkäse sind zum Beispiel mit Edelpilzkäse nach Roquefortart und mit einem französischen Bleu d'Auvergne vertreten. Diese Käse können in Tirol nicht so gut produziert werden, da hier das dafür notwendige Klima und das weiche Gras fehlen. Daher bezieht Berg Bauer diese Käsesorten in Form eines Austauschgeschäftes aus Frankreich. Auch leckerleichte Sauermilchkäse gibt es beim Berg Bauer: original Tiroler Graukäse mit topfigmarmoriertem Teig und weißem Kern richtet der Kenner am liebsten mit Essig, Öl und Zwiebelringen an, und die ebenso traditionellen Ziegerkugeln reibt man über Suppen, Krapfen und Spätzle, sie schmecken aber auch auf einem Butterbrot hervorragend.
Was wäre Tirol ohne seine weltbekannten Speck- und Wurstspezialitäten! Auch hier bietet Berg Bauer wieder nur das Beste, zum Beispiel den Tiroler Karreespeck nach Bauernart, über Buchenholz mild angeräuchert und luftgetrocknet, wahlweise auch im Pfeffermantel. Die Tiroler Boxeln im Naturdarm

eignen sich hervorragend zur Jause, als Wanderproviant oder auf kalten Platten, ebenso wie die Tiroler Landjäger. Die Sennerwürstel mit ihrem würzigen Geschmack und mildem Raucharoma kann man erhitzen, braten oder grillen, auch die Tiroler Hauswurst, die heiß über Buchenholz geräuchert wird, ist sowohl gekocht als auch gebraten oder gegrillt oder

zu Sauerkraut, mit Senf, Kren oder Brot eine herzhafte Delikatesse. Ebenfalls bei den Schinken erweist sich Berg Bauer als Garant für erstklassige Ware: ob Bergbauernschinken, den man kalt oder warm mit diversen Saucen und Salaten serviert, ob Tiroler Kaiserschinken mit Honig, eine Alternative für kalorienbewusste Genießer, oder ob man die feinen Wild-Hirschboxeln, die pfeffrigen Hirschhartwürstel oder die Wildbratwurst, den Wild-Leberkäse oder den Hirsch-Kaiserschinken wählt: Sie alle sind aus ausgesuchtem Fleisch und Speck in ehrlicher Handarbeit gefertigt und von morgens bis abends willkommen.
Dazu passen die ofenfrischen Brote: Bergbauernbrot, Krustenbrot, Hochalmlaib, Buttermilchbrot, Südtiroler Naturbrot, Roggensemmel oder Vinschger.

Sennstube

Mitten in Wörgl lädt die „Sennstube“ in ein Gourmetparadies, das keine Wünsche offen lässt. Auf nur wenigen Quadratmetern türmen sich die verschiedensten Spezialitäten aus dem Berg Bauer-Sortiment, aus allen Bergregionen Tirols, Südtirols, der Schweiz und aus aller Welt, auch ausgefallene Käsewünsche werden erfüllt: „Wir besorgen jeden Käse der Welt“, verspricht Martin Hirner. Neben dem großen Käseangebot steigen auch verführerische Düfte von Geselchtem und Geräuchertem in die Nase: Die kulinarische Weltreise führt in andere Regionen Österreichs, nach Bayern und Südtirol mit gschmackigen Würsten, Speck, Kaminwurzen natur oder mit Chili-, Kräuter- oder Knoblauchkruste. Wer hier Appetit bekommt, kann selbigen gleich stillen: Verschiedene Sorten Leberkäse oder würzigen Schweinebraten kann man gleich aus der heißen Theke schlemmen. Die Sennstube versteht sich quasi als Teststation für neue Käse, Wurst- oder Speckspezialitäten. Bevor die Produkte in größerer Menge hergestellt werden, können die Verbraucher ihre Qualität hier prüfen, und erst wenn ein Produkt den Sennstubentest bestanden hat, entlässt man es in die großen Märkte. Nahezu alle Produkte werden direkt beim Erzeuger eingekauft, ohne Zwischenhandel, das heißt wiederum Qualität und außerdem günstige Preise. Zwischen September und Mai gibt es vor der Sennstube jeden Freitag frische Zillertaler Krapfen oder ausgezogene Nudeln mit Preiselbeeren oder mit Sauerkraut und um die Weihnachtszeit bereichert ein selbst hergestellter Speck ohne Pökelsalz das Angebot. Wer eine Party plant, kann sich in der Sennstube eine abwechslungsreiche und schmackhafte Käse- oder Speckplatte zusammenstellen lassen und über die herrlich bestückten Geschenkkörbe freut sich bestimmt jeder. Neben allen diesen Spezialitäten hält die Sennstube auch andere Lebensmittel parat: frische Milch, Eier, Butter und Topfen, Brot und Gebäck, Biohonig und Marmeladen und edle Brände aus der Steiermark. Das vielfältige und qualitativ erstklassige Angebot der Sennstube wurde im Jahr 2007 mit der Auszeichnung als einer der drei besten Genussläden Tirols gewürdigt. Schon mehrmals konnte sich Berg Bauer unter den besten zehn platzieren.

SPORT- UND VITALHOTEL WASTLHOF

Sport- und Vitalhotel Wastlhof
Familie Margit Brunner

Wildschönauerstraße 206
A-6314 Niederau

Telefon 00 43 (0) 53 39 / 82 47
Telefax 00 43 (0) 53 39 / 82 477

www.hotelwastlhof.at

Wer im wunderschönen Hochtal Wildschönau den Wunsch verspürt, hier einmal einen erholsamen, spannenden und unvergesslichen Urlaub zu verbringen, ist im „Sport- und Vitalhotel Wastlhof" bei Familie Brunner bestens aufgehoben. „Urlaub nach Herzenslust" heißt die Devise, das bedeutet, hier kann man alle Annehmlichkeiten genießen und sich rundum verwöhnen lassen. Die angenehme, familiäre Atmosphäre des großzügigen Hauses zeigt sich nicht nur in den gemütlichen Räumlichkeiten, sondern auch in den schönen, komfortablen Zimmern und Suiten im typischen Tiroler Stil. Und wenn man sein Zuhause auf Zeit verlässt, so ist man gleich umgeben von der intakten Natur, die sich zu jeder Jahreszeit von ihrer ganz besonderen Schokoladenseite zeigt. Der Bergsommer lockt mit ungezählten Möglichkeiten, die Vielfalt der Natur kennenzulernen – Reiter finden im Wastlhof das sprichwörtliche Glück auf dem

Pferderücken, denn hier gibt es für Pferdefreunde alles, wovon sie träumen: bestens ausgebildete Warmblüter und Haflinger und Ponys für die Kleinen, mit denen man in der modernen Reithalle, auf dem Außenreitplatz und natürlich bei einem Ausritt durch den „Wilden Westen“ der Wildschönau die Ferien aus der Sattelperspektive genießen kann. Für Kinder ist der Wastlhof sowieso das reinste Paradies: Bei Spielabenden am Lagerfeuer, beim Herumtollen auf dem hoteleigenen Spielplatz oder im Spielzimmer sind schnell neue Freunde gefunden. Eltern können derweil auf insgesamt 300 Kilometern Wanderwegen der Wanderlust frönen oder im Beauty-Vitalbereich relaxen. Der Winter ist eine besondere Zeit im Hotel Wastlhof, das Haus befindet

sich direkt an der Talstation zur Hochberg-Abfahrt. Auch Snowboarder und Carver finden ihre Lieblingspisten und im Wastlhof erstrahlen Schwimmbad und Saunabereich einmal in der Woche im Kerzenschein und zaubern ein einmaliges Ambiente.
Bewegung in frischer Luft macht natürlich hungrig und da ist der Wastlhof – „Landes-

sieger-Genusswirt des Jahres 2008“ – wieder die beste Adresse: Kleinigkeiten für den Anfang oder für zwischendurch wären etwa die Knoblauchrahmsuppe, die Kasspatzlen oder das Geröstl. Hauptspeisen sind unter anderem Zanderfilet in der Kürbiskernkruste, Hirschgulasch oder Rumpsteak vom heimischen Rind. Im Herbst sind besondere Schmankerl angesagt, nämlich Spezialitäten von der „Krautinger Rübe“, aus der Hausherr und Küchenchef Otto von Carpaccio über Suppe, Puffer, Eintopf und panierte Schnitzel bis süße, mit Krautinger-Schnaps und Bitterschokolade gefüllte Pralinen zubereitet.

Gebratene Forelle mit glaciertem Stoppelrübengemüse und Petersilienkartoffeln

Zutaten

4 Forellen (ausgenommen)
800 g Kartoffeln
800 g Stoppelrüben
100 g Butter
50 g Zucker
1 Zitrone
1 Bund Petersilie
1 Tasse Mehl
4 EL Öl
80 g Butter
Salz, Pfeffer aus der Mühle

Zubereitung

Kartoffeln waschen, schälen, vierteln und in Salzwasser kochen. Zwei Drittel der Petersilie waschen und fein hacken. Die Rüben schälen und in Stäbe schneiden, kurz in Salzwasser blanchieren, die Butter in einer Pfanne erhitzen, Zucker hinzufügen und die Rübenstäbchen darin leicht karamellisieren lassen, mit Salz und Pfeffer abschmecken.
Forellen waschen und mit Küchenpapier gründlich trocknen. Innen und außen salzen und pfeffern. Die Zitrone in Scheiben schneiden und mit der restlichen Petersilie in die Bauchhöhle der Fische geben. Die Fische sorgfältig in Mehl wenden und in mäßig heißem Öl in einer großen Pfanne hellbraun braten, dabei immer wieder mit dem heißen Bratöl begießen, damit sie gleichmäßig garen. Einen Löffel Butter in einer Pfanne schmelzen, gekochte Kartoffeln und Petersilie hinzufügen und durchschwenken. Forellen auf vorgewärmte Teller legen, das Bratöl, die Zitronenscheiben und die Petersilie aus den Bauchhöhlen entsorgen, die restliche Butter in der Pfanne leicht bräunen und die Fische damit nappieren. Die Kartoffeln und das Gemüse auf den Tellern anrichten und servieren.

Hohe Salve

RESTAURANT ZEITLOS

Restaurant zeitlos
Monika Pirchmoser

Marktgasse 4
A-6361 Hopfgarten im Brixental

Telefon 00 43 (0) 6 76 / 4 33 60 55
www.restaurant-zeitlos.at

Harmonie: ein erstrebenswerter Zustand, die Balance von Körper und Geist, die sich nur einstellt, wenn wir uns rundum wohlfühlen. Und genau dieses Gefühl möchten Monika Pirchmoser und Tamara Lerchner ihren Gästen im „Restaurant zeitlos" vermitteln. Hier fühlt sich der Besucher wie ein willkommener Gast und nicht wie ein kulinarischer Konsument. Die Zauberformel für Harmonie steckt schon im Namen des Restaurants, nämlich „Zeit", die man hier eine „Zeit lang" vergisst und sich einmal eine „Auszeit" nimmt. Mitten im beschaulichen Ort Hopfgarten haben sich die beiden langjährigen Freundinnen ein Schmuckstück mit Tagescafé, Restaurant und Bar geschaffen. Es soll ein Ort der Begegnung sein, Begegnung zwischen Jung und Alt, zwischen Heute und Gestern, Moderne und Tradition, kurz: ein stilvoller Ort, wo sich Genießer treffen. Monikas und Tamaras Vision ist es, Menschen zu begeistern und mit ihnen Gefühle und Emotionen zu teilen. Das aus dem 16. Jahrhundert stammende Haus scheint von guten Geistern durchweht zu sein, die für Zufriedenheit und Wohlgefühl sorgen. Man soll sein Leben schließlich genießen und glücklich sein und auf dieser Basis hat begonnen, was den Gast von heute quasi an unsichtbaren Fäden ins Restaurant zeitlos führt. Die Einrichtung unter dem mystischen Gewölbe

ist absolut modern und gradlinig, eben „zeitlos". Nach dem herzlichen Empfang durch Monika Pirchmoser kann man sich zunächst an der Bar mit einen Aperitif auf die kommenden Genüsse einstimmen, bevor man es sich an einem der edel eingedeckten Tische gemütlich macht. Die Speisekarte zeigt jeden Tag frisch gekochte Gerichte auf, deren Zutaten von den engagierten Gastgeberinnen persönlich eingekauft werden, selbstverständlich ausschließlich heimische Produkte. Aus frischen Kräutern, heimischem Fisch und Fleisch zaubert Küchenchefin Tamara mit ihrer Schwester Tatjana dann traditionelle Speisen mit mediterranem Einschlag, in denen das Beste jeder einzelnen Zutat zur Entfaltung kommt: Räucherlachstatar mit Caipirinhacreme, Kalbscarpaccio mit Dolcelatte und gerösteten Pinienkernen, Balsamhuhn mit Rucola und Cherrytomaten oder Pastavariationen mit handgemachten Nudeln. Für Naschkatzen stehen zum Beispiel Limonensorbet im Proseccobad oder gebratene Bananen mit Mandelsplittern auf der Karte. Saisonale Spezialitätenwochen mit Spargel, Pilzen, die Törggelezeit oder Martinigansl-Wochen bereichern das Repertoire. Die Mitarbeiter des Lokals probieren jedes einzelne Gericht und durch die so gewonnene „Bildung" des Gaumens sind sie in der Lage, den Gästen fundierte Empfehlungen zu geben.

Der tägliche Sinnspruch auf der linken Seite der Speisekarte gibt ebenfalls eine Empfehlung, zum Beispiel „Träume nicht Dein Leben, sondern lebe Deine Träume". Zwischen 9 und 11 Uhr vormittags könnte dieser Traum ganz profan aus einem ausgiebigen Brunch mit ofenfrischem Brot bestehen, mit Prosecco, Wurst- und Käseplatte, selbst gemachten Marmeladen, Eierspeisen und frischen Früchten – so beginnt der Tag im Restaurant zeitlos zum ... Leben .... Genießen ... Glücklich sein.

Riesengarnelen an Enzian-parfümierten Eierschwammerln

(Für 2 Personen)

Zutaten

6 Riesengarnelen
200 g Eierschwammerln
100 g Zuckerschoten, klein gewürfelt
2 EL Sesamöl
1 EL helle Sojasauce
2 EL Sesam, geröstet
2 EL Olivenöl
4 frische Enzianblüten (nur Blütenblätter)
Salz, Pfeffer aus der Mühle

Zubereitung

Von den Riesengarnelen Köpfe und Beine entfernen, Garnelen an der Bauchseite einschneiden, dabei den Rücken nicht durchtrennen, Därme entfernen.

Aus Sojasauce, Sesam und Sesamöl eine Marinade anrühren, die Garnelen darin einige Minuten ziehen lassen.

Die geputzten Eierschwammerln und die Zuckerschoten in heißem Olivenöl kurz anbraten, mit Salz und Pfeffer abschmecken und beiseitestellen. Die Garnelen ebenfalls in einer Pfanne mit Olivenöl anbraten. Die sautierten Eierschwammerln und die Garnelen auf Tellern anrichten und mit Enzianblüten garnieren.

GASTHOF TRAUBE

Gasthof Traube
Familie Maria Salvenmoser
und Michael Wurzrainer

Brixentalerstraße 31
A-6361 Hopfgarten

Telefon 00 43 (0) 53 35 / 22 08
Telefax 00 43 (0) 53 35 / 22 08 13

www.traube.at

Der idyllische Ort Hopfgarten mitten im Feriengebiet „Hohe Salve-Brixental" mit seinem traditionellen Ortskern, den schmalen, gepflasterten Gässchen und der prächtigen, zweitürmigen Barockkirche ist ein Urlaubsort für die ganze Familie, und zwar sowohl im Sommer als auch im Winter. Jeder kann hier nach seinem Gusto spazieren gehen, wandern, mountainbiken oder schwimmen und im Winter den Pulverschnee auf Brettern genießen oder stille Wanderungen durch tief verschneite Wälder entlang gefrorener Bäche unternehmen. Der „Gasthof Traube" mitten in Hopfgarten ist für sämtliche Aktivitäten der ideale Ausgangsort – nur drei Minuten von den Liften entfernt, die die Urlauber in die Bergwelt dieses schönen Fleckchens Tirols bringen. Mit seiner bemalten Fassade, dem blumengeschmückten Balkon, den Erkern und der Freitreppe signalisiert der Gasthof schon von außen Gemütlichkeit und Wohlbefinden. Im Sommer laden vor der Treppe Tische unter Sonnenschirmen zu schattiger Einkehr. Im Innern des geschichtsträchtigen, fast 400 Jahre alten Gebäudes umfängt den Gast typische Tiroler Gastlichkeit mit Herz, echt, urtümlich und gleichzeitig offen für Neues. Maria Salvenmoser und ihre Familie sind die passionierten Gastgeber und führen den Betrieb mit Liebe zur Tradition und Gespür für eine authentische Atmosphäre. Je nach Jahreszeit sorgt die Hausherrin für schöne Dekorationen mit Liebe zum Detail. Zeitgenössisches Design ist mit modernen Gemälden und gradlinigen Möbeln genauso vertreten wie heimelige, originale holzgetäfelte Stuben

aus vergangener Zeit: Ob Zirbenstube, Hopfgartner Stube oder Tiroler Stube – überall schmeckt die Küche des Hausherrn Michael Wurzrainer und seines Bruders, Verfechter der bodenständigen, traditionellen Küche ihrer Heimat. Über 70 Prozent der Urlauber sind Stammgäste, die es sich hier immer wieder gerne schmecken lassen. Der Gasthof Traube steht für eine gewachsene gastronomische Kultur und ist schon immer Treffpunkt für Einheimische gewesen, ob nach der Kirche zum Frühschoppen, auf einen „Karter" oder auf ein Gläschen Wein. Alle zwei Jahre findet in der Traube auch die „Käsiade" statt, eine Käse-Olympiade mit Käsesorten aus aller Welt. Die Liebe zu Küche und Keller zeichnet die gleichbleibende kulinarische Qualität aus und so genießen die Gäste echte Tiroler Küche und internationale Spezialitäten wie Schweinsbraten und Rippchen, Tiroler Leber, Ganslsuppe, Gulasch, Wiener Schnitzel oder eine gefüllte Gans mit Blaukraut und Knödeln. Feriengäste finden in den geräumigen, mit jedem Komfort eingerichteten Zimmern genau jene Ruhe, in der man sich nach Sport und Spaß perfekt regenerieren kann. Das reichhaltige, kräftige Frühstück lässt dann wieder neue Energie für den nächsten Urlaubstag tanken. Besondere Angebote wie zum Beispiel die Almwochen-Pauschalen, die Radwochen oder die Super-Skiwochen wenden sich an aktive Genießer. Und wer etwas zu feiern hat: Die Traube beherbergt – wie der Name schon andeutet – einen wunderschönen Weinkeller, in dem auf Vorbestellung jegliche Festivität organisiert wird. Hier finden auf Wunsch auch Weinverkostungen statt – in den urigen Mauern ein ganz besonderes Erlebnis!

Tiroler Leber

Zutaten

600 g Schweineleber, küchenfertig
Mehl zum Bestäuben
2 kleine Zwiebeln, in Scheiben
3–4 EL Wein
Brühe zum Aufgießen
Öl und Butter zum Braten
Majoran
120 g Bauchspeck in Scheiben
Salz, Pfeffer

Zubereitung

Die Leber in dünne Scheiben schneiden und mit Mehl bestäuben. In einer Pfanne etwas Butter schmelzen und die Zwiebeln darin schmoren. In einer anderen Pfanne das Öl erhitzen, die Leber darin rasch anbraten, mit Wein ablöschen, mit Brühe aufgießen und mit Majoran, Salz und Pfeffer würzen. Den Speck grillen und mit den Zwiebeln und der Leber auf heißen Tellern anrichten. Dazu passen Petersilienkartoffeln und Gemüse der Saison.

GASTHOF ALTE MITTELSTATION

Gasthof Alte Mittelstation
Christine und Georg Kurz

Nachtsöllberg 55
A-6363 Westendorf

Telefon 00 43 (0) 53 32 / 23 24
Telefax 00 43 (0) 53 32 / 3 01 18

www.altemittel.at

Das Tiroler Unterland eröffnet seinen Besuchern zauberhafte Gegenden, wo man sich wie im Paradies fühlt. Die Jausenstation „Alte Mittel" gehört auch dazu. Obwohl nur ein paar Autominuten von Westendorf entfernt, wähnt man sich weit weg von Verkehr und Lärm. Hier oben ist nichts als Ruhe inmitten von Wiesen und Almen. Das Gasthaus liegt direkt am Wanderweg Nachtsöllberg–Westendorf–Mittelstation, ideal für Spaziergänger oder Wanderer. Im Winter führt die Piste direkt am Gasthaus vorbei, wo sich bis 1968 einmal die Mittelstation des Sessellifts befand. Sie gibt es nicht mehr, der Name ist geblieben. Setzt man sich auf die Terrasse, geht der Blick weit hinunter ins Inntal, man kann in der Ferne Wörgl und die Hohe Salve ausmachen und die traumhafte Tiroler Bergwelt genießen. Christine und Georg Kurz bewirtschaften mit Mutter und Cousin das heimelige Gasthaus und sorgen allerbestens für das leibliche Wohl ihrer Besucher. Ein großer Kinderspielplatz erfreut die Herzen der Kinder – rund um das Haus können sie sowieso gefahrlos herumtollen. Falls das Wetter nicht mitspielt: Drinnen ist es urgemütlich

und im Winter wärmt der Kachelofen die Stube. Was hier aufgetischt wird, ist super leckere Tiroler Almküche in einem echten Tiroler Wirtshaus, in dem die frisch zubereiteten Speisen hungrigen Wanderern und Skifahrern das Wasser im Mund zusammenlaufen lassen. Hier kümmert man sich besonders um alte bäuerliche Speisen, die anderswo längst vergessen sind, wie zum Beispiel die Erdäpfelmiasl, eine Art knusprig gebratener Schmarren aus Kartoffelteig, den man je nach Geschmack als Vor- oder Hauptspeise mit Salat oder Speckwürfeln reicht und den es ebenfalls in einer süßen Variante mit Preiselbeeren gibt.
Aber auch die anderen Schmankerln der Brixentaler Hausmannskost finden sich im Gasthaus Alte Mittel: Brixentaler Graukäse, Einbrennsuppe mit Käse, Brezensuppe, Käsespätzle, Tiroler Rostbraten mit Spätzle, Speck und braunen Zwiebeln, Rindfleischsuppentopf, Wiener Schnitzel, Grillwürstchen, mit Tiroler Bergkäse und Speck gefüllte Hühnerbrust, Daumnidei (Schupfnudeln) mit Kraut oder Hirschgulasch schmecken ebenfalls sehr gut. Alle Zutaten werden von Bauern aus der Region bezogen, Wildfleisch liefern Westendorfer Jäger und den begehrten Jochschnittlauch schneiden Georg und Christine gerne selbst auf über 1 800 Metern Höhe, er schmeckt wesentlich intensiver als „normaler" und verleiht zum Beispiel Salaten eine besondere Note. Zu allen Speisen mundet das frisch gezapfte Bier aus St. Johann. Wer auf einen Nachmittagskaffee vorbeischaut, kann von den hausgemachten Kuchen wie Apfelstrudel, Topfen-Marillenkuchen oder Sachertorte sicher nicht genug bekommen, für die die gelernte Konditorin Christine zuständig ist. Oder wie wäre es mit einem gerührten Eiskaffee? Auch die Nachspeisen klingen verführerisch: Apfelkuchen mit Vanillesauce, Strauben mit Apfelmus oder je nach Saison Leckeres mit Erdbeeren, Aprikosen, Zwetschgen oder Moosbeeren. Und nach dem Essen sollte man sich noch ein Stamperl selbst gebrannten Schnaps von Bauern aus der Gegend gönnen.

Erdäpfelmiasel

Zutaten
300 g Kartoffeln (mehlig)
ca. 100 ml Milch
ca. 100 g Mehl
1 Ei
Salz
Schmalz zum Braten

Zubereitung
Die Kartoffeln kochen, kalt werden lassen und dann reiben. Kartoffeln und alle weiteren Zutaten zu einem glatten Teig verarbeiten. Die Menge richtet sich dabei nach den Erdäpfeln, wenn sie entweder speckig oder eher wässrig sind, weniger oder mehr Milch verwenden. Schmalz in einer Pfanne erhitzen, den Teig hineingeben, schön braun werden lassen, dann wenden und auch die andere Seite kross braten. Zuletzt das Miasel in kleine Stücke stechen und mit grünem Salat, Apfelmus oder Preiselbeeren servieren.
Tipp: Man kann das Miasel auch mit gewürfeltem Speck verfeinern, was der Speise einen guten Geschmack verleiht.

RESTAURANT THALHOF

Restaurant Thalhof
Annelies und Klaus Wallner

Schwimmbadweg 8
A-6364 Brixen im Thale

Telefon 00 43 (0) 53 34 / 84 68
Telefon 00 43 (0) 6 64 / 2 79 49 73

www.thalhof.at
www.hochgenusstour.at

Ein echter Geheimtipp ist seit über zwei Jahrzehnten der ruhig und wunderschön gelegene „Thalhof" in Brixen im Thale. Die Aussicht auf die Abfahrt der Kandler Alm könnte schon fast von den Gustostückerln auf den Tellern ablenken, die Hausherr und Meisterkoch Klaus Wallner in seiner „Kochwerkstatt" austüftelt. Immer saisonal, frisch und mit viel Liebe gekocht ist seine regionale österreichische Küche mit mediterraner Note. So werden im Frühjahr und Sommer zum Beispiel Bärlauch, Spargel, frische Kräuter und Pilze kreativ verarbeitet. Die hausgemachten Eis- und Pastaspezialitäten genießen schon legendären Ruf. Kalb-, Lamm-, Rind- und Wildfleisch, Obst und Gemüse liefern die Bauern aus der Region. Alles ist frisch vom Acker, aus See und Fluss, und wird variantenreich und raffiniert, aber trotzdem bodenständig zubereitet. Dass sich Klaus Wallner zu jeder Jahreszeit Besonderes einfallen lässt, hat sich in Feinschmeckerkreisen schon herumgesprochen, und so wundert es

nicht, dass das gediegen und edel dekorierte Restaurant und die sonnige Terrasse Gourmets von nah und fern anziehen, die sich den kulinarischen Genüssen hingeben.
Diese Genüsse bietet Annelies Wallner auch mit ihrer „Hochgenusstour". Unter dem Motto „Mehr erleben. Mehr genießen" macht sie höchstes Naturerlebnis möglich, gekrönt von feinsten Geschmackserlebnissen. Diese Ge-

nusswanderungen, individuell und exklusiv zusammengestellt, wenden sich an anspruchsvolle Menschen, die etwas Außergewöhnliches erleben und Körper und Geist gleichermaßen verwöhnen wollen. Die Hochgenusstouren mit Annelies und ihrem Team sind sehr vielfältig und bieten für jeden Geschmack das Passende. Die Angebote reichen vom Berg- bis zum Wassererlebnis, von Nordic Walking über Biathlon-Staffelwettbewerbe, volkstümliche Wettkämpfe, Skitouren, Skitransalps bis zu Schneeschuhwanderungen und mehrtägigen kulinarischen Touren, bei denen Tiroler Spezialitäten verkostet werden und die am Thalhof mit lukullischen, fantasievollen Menüs beginnen und dort auch wieder enden, begleitet von den besten österreichischen Weinen. Besonders für Firmen sind die verschiedensten Events wie etwa Weihnachtsfeiern einmal anders oder Strategie-Management-Schulungen interessant; ein ausgebauter Stadel in 1300 Metern Höhe mit dem neuesten technischen Equipment dient dabei als Seminarraum – die optimale Location für Veranstaltungen und Workshops. Annelies Wallner organisiert dafür alles bis ins kleinste Detail, von der An- bis zur Abreise, das spannende und vielfältige Rahmenprogramm lässt keine Wünsche offen.

Kastaniensoufflé mit hausgemachtem Fichtenhonigeis und karamellisierten Orangenfilets

Zutaten

80 g Mehl
50 g Kastanienpüree
1 Msp. Backpulver
1/2 TL Zimt
1 Msp. Lebkuchengewürz
80 g Butter
1 Ei, getrennt
1 TL Rum
1 Msp. Zitronenschale, gerieben
30 ml Sahne
20 g Apfelwürfel
Butter und Mehl für die Form
250 ml Milch
60 g Zucker
20 g Fichtenhonig
2 Eigelb
2 EL Zucker
20 ml Cointreau
1 Orange, filetiert

Zubereitung

Mehl und Kastanienpüree gut durchmischen, Backpulver, Zimt und Lebkuchengewürz beigeben. Die weiche Butter in einer Schüssel mit Eigelb, Rum, der Hälfte des Zuckers und der Zitronenschale schaumig rühren. Mehlmischung abwechselnd mit flüssiger Sahne in die Buttermischung einrühren und am Ende die Apfelwürfel unter die Masse heben. Eiweiß leicht anschlagen, restlichen Zucker einlaufen lassen und steif schlagen, in die Masse einheben. Backform mit Butter ausstreichen, mit Mehl bestreuen, die Masse einfüllen und im vorgeheizten Ofen bei 170 °C 15–18 Minuten backen.
Für das Eis die Milch mit der Hälfte des Zuckers und dem Honig aufkochen und am Siedepunkt 5 Minuten ziehen lassen. Eigelb mit der anderen Hälfte des Zuckers verrühren und in die kochende Milch rühren. Masse auf 80 °C (kurz unterhalb des Siedepunkts) erhitzen und sofort durch ein Sieb seien. Auskühlen und in der Eismaschine gefrieren lassen.
Für die Orangenfilets den Zucker leicht karamelisieren, mit Cointreau aufgießen und die Orangenfilets dazugeben.

RESTAURANT KUPFERSTUB'N

Restaurant Kupferstub'n
Familie Erber

Kitzbüheler Straße 9
A-6365 Kirchberg

Telefon 00 43 (0) 53 57 / 23 35
Mobil 00 43 (0) 6 64 / 4 86 50 08
Telefax 00 43 (0) 53 57 / 23 35

www.kupferstube.at

Gemütlich und echt tirolerisch speisen, und das noch in einem der ältesten Häuser Kirchbergs – das geht nur in der „Kupferstub'n" etwas außerhalb des Ortszentrums, dessen Mauern bis ins 15. Jahrhundert zurückreichen. Liebevoll umgebaut, zählt das heimelig eingerichtete Restaurant schon längst zu den Geheimtipps in Feinschmeckerkreisen. Wo früher die Hämmer auf das gar nicht weit abgebaute Kupfer sausten und Vater Erber später eine Milchbar betrieb, sitzt man heute unter den originalen Gewölben

und lässt sich hier oder in einer der beiden anderen Stuben die ausgezeichnete Küche von Peter Erber schmecken. Die familiäre Atmosphäre, die traditionelle Hausmannskost und nicht zuletzt der herzliche Service von Hildegard und ihrem Team machen den Besuch in der Kupferstub'n zu einem echten Erlebnis. Peter kocht mit Liebe und Leidenschaft, und das nur mit den besten Produkten aus der Umgebung, zum Beispiel mit Rind- und Kalbfleisch, Lamm, Obst und Gemüse von heimischen Bauern. Kräuter pflückt der Chef im eigenen Garten und komponiert aus allen Zutaten ganz feine Schmankerln, wozu auch Gerichte gehören, die es anderswo kaum noch gibt, wie die „Brixentaler Broadaknödel" mit einer Art „Graukäse" aus dem Brixental! Werfen wir einen Blick in die Speisekarte und stellen uns ein leckeres Abendessen zusammen. Den Anfang macht vielleicht ein pikanter Hühnersalat mit gebackenen Kartoffelscheiben, Speck und Zwiebelringen oder eine Brixentaler Pressknödelsuppe. Als Hauptspeise wählen wir einen der Kupferstub'n Geheimtipps wie Tiroler Krautrouladen in feiner Rahmsauce oder die rosa gebratene Entenbrust in Orangen-Cognac-Sauce. Fischfans nehmen die frische Forelle oder gegrilltes Zanderfilet. Die internationale Küche ist zum Beispiel mit Riesengarnelen auf euroasiatische Art vertreten und frisch aus der Pfanne kommen Wiener Zwiebelrostbraten, Kalbspiccata Mailänder Art oder ein zartes Rinderfiletsteak in feiner Pfefferrahmsauce. Wer Kartoffeln liebt, kann sich aus den verschiedenen Gerichten mit Ofenkartoffeln seinen Favoriten aussuchen, etwa den Klassiker mit Sauerrahmsauce und Kräutern oder mit Lachswürfeln, Crevetten und Scampi. Aus der süßen Ecke verlocken dann so wunderbare Dinge wie gebrannte Vanillecreme mit Waldbeerragout, überbackene Topfenpalatschinken, Grand Marnier-Eisguglhupf, ein knuspriges Moosbeertörtchen mit Apfelminze-Rahmeis, oder man macht gleich einen süßen Streifzug durch die Patisserie und wählt die Dessertvariation, da ist alles dabei, was das (süße) Herz begehrt. Wer es lieber herzhaft hat, greift zum Käseteller mit einer Auswahl österreichischer und internationaler Käsespezialitäten. Zu allen Gerichten werden traumhafte Weine speziell aus Österreich, aber auch aus der ganzen Welt serviert.

Brixentaler Broada-Trio

Zutaten

Für die Suppe
2 l Rahmsuppenbasis
200 g Broadakäse (eine Art Graukäse)
100 g Bergkäse, gewürfelt
etwas gemahlener Kümmel und Pfeffer
Schwarzbrotchips

Für die Knödel

250 g mehlige Kartoffeln, gekocht, geschält und durchgepresst
110 g Mehl
40 g Grieß
30 g Butter
1 Ei
300 g Broadakäse
Schnittlauch
Salz

Für die Krapfen

400 g Roggenmehl
400 g Weizenmehl
1 TL Salz
1 kg Broadakäse
Schmalz zum Backen

Zubereitung

Für die Suppe den Käse in die heiße Suppe einrühren, mit Kümmel und Pfeffer würzen und pürieren. Bergkäse in Suppenteller geben und mit der Suppe aufgießen.
Für die Knödel die Kartoffelmasse mit den restlichen Zutaten (außer dem Käse) vermengen und 20 Minuten rasten lassen. Den Käse zu 10 kleinen Kugeln formen und in den Kartoffelteig einschlagen. In heißem Salzwasser 15 Minuten köcheln lassen, mit zerlassener Butter übergießen und mit Schnittlauch bestreuen.
Für die Krapfen die Teigzutaten mit so viel warmem Wasser vermengen, dass ein glatter Nudelteig entsteht. Circa 5 Zentimeter dicke Rollen schneiden und sehr dünn zu runden Formen auswalken. Mit Käsewürfeln füllen, zusammenschlagen, die Ränder gut andrücken. In heißem Schmalz ausbacken und auf Küchenpapier abtropfen lassen.

Getrüffelter Rucola-Rostbraten auf Röstkartoffeln und Sherry-Schmelztomaten

Zutaten

2 Stück Rostbraten à 160 g
Kräuterbutter
4 mittelgroße Kartoffeln, gekocht
100 g Rucola, Stängel etwas abgeschnitten
1 Zwiebel, fein geschnitten
Trüffel- und Olivenöl
Majoran
1 kleine Knoblauchzehe
Parmesan, frisch gerieben
60 g Butter
2 Tomatenrispen
Kräutersalz
Salz, schwarzer Pfeffer aus der Mühle

Zubereitung

Das Fleisch dünn klopfen, salzen und pfeffern. Kartoffeln in Scheiben schneiden, in Butter unter Wenden hellbraun braten. Zwiebel und eine kleine Butterflocke zu den Kartoffeln geben, mit Salz, Pfeffer, Majoran und Knoblauch abschmecken. Rucola mit ein paar Tropfen Trüffel- und Olivenöl, Salz und geriebenem Parmesan marinieren. Tomatenrispen auf beiden Seiten etwa 1 Minute in Butter braten und mit Kräutersalz bestreuen. Rostbraten in wenig Fett beidseitig scharf anbraten, Rucola darauflegen und eng einrollen. Mit Kartoffeln und Tomaten anrichten und mit etwas Kräuterbutter servieren.

Seefeldstuben
Familie Klingsbigl

Stöcklfeld 33
A-6365 Kirchberg

Telefon 00 43 (0) 53 57 / 21 58
Mobil 00 43 (0) 6 76 / 6 45 03 42
Telefax 00 43 (0) 53 57 / 21 58 21

www.seefeldstubn.at

Wie der Name schon vermuten lässt, befand sich hier einmal ein See. Der ist verschwunden, geblieben sind aber die „Seefeldstuben", ein idealer Genießertreff im Winter, wenn es ringsherum tief verschneit ist und man von einer Winterwanderung oder vom Langlaufen direkt vor der Haustür und im urgemütlichen Wirtshaus mit Kachelofen landet. Hanni und Harald Klingsbigl sind die freundlichen Gastgeber, die den Familienbetrieb schon seit 1988 mit Leib und Seele führen. Regionale Produkte sind die Grundlagen der kulinarischen Kreationen. Weitum bekannte Klassiker sind zum Beispiel die knusprigen Backhendln, das Huftsteak vom heimischen Weiderind oder Feines von Lamm und Wild. Ein Schwerpunkt der Küche sind Fisch und Meeresfrüchte, die in allerlei verlockenden Variationen auf den Tisch kommen, zum Beispiel Muscheln im Weißweinsud, im Ganzen geschmorte Goldbrasse auf mediterrane Art, rosa gebratenes Thunfischsteak oder Seeteufel im Prosciuttomantel, und wer sich zwischen Fleisch und Fisch nicht entscheiden kann, wählt den Mixed Grill aus Fluss und Meer mit Sauce Hollandaise. Den süßen Abschluss bilden Topfenknödel oder Ribislsorbet mit Wodka.

ALPENGASTHOF LABALM

Der Name ist Programm, Labsal für Geist und Körper ist auf der 1258 Meter hoch gelegenen „Labalm" jedenfalls garantiert. Ein schönes Plätzchen ist das hier, ebenfalls unter der Ägide von Harald und Hanni Klingsbigl. Die große grüne Wiese bietet viel Platz für hungrige und durstige Wanderer. Der Ausblick ist grandios: vor der Nase der mächtige Rettenstein, in der Ferne die Kitzbüheler Alpen, rundherum nichts als ruhige, traumhafte Natur. Im Landschaftsschutzgebiet kann man auf vielen Rundwanderwegen die heimische Flora und Fauna kennenlernen und mit etwas Geduld sogar einen Blick auf Steinböcke oder Gämsen erhaschen. Die frische Luft macht natürlich Appetit, und der wird auf der Labalm vortrefflich gestillt, nämlich mit echter Tiroler Küche vom Feinsten: Kasspatzen, Schweinebraten, Rinds- oder Hirschgulasch, zum Nachtisch Ribislkuchen oder hausgemachter Joghurt mit frischen Beeren.

Knödel-Dreierlei

Zutaten
Für die Speckknödel
120 g Knödelbrot
2 Eier
80 g Speckwürfel
50 g Zwiebelwürfel
40 g Margarine
100 ml Milch
Salz, Pfeffer

Für die Spinat- oder Käseknödel
120 g Knödelbrot
2 Eier
100 g Bergkäse, klein gewürfelt
oder 100 g Spinat, passiert
50 g Zwiebelwürfel
40 g Margarine
50 ml Milch

Zubereitung Speckknödel
Zwiebel- und Speckwürfel anrösten, Milch erhitzen, Eier verquirlen und unter die Semmelwürfel mischen. Speck und Zwiebel untermengen, mit Salz und Pfeffer würzen. Knödel formen und 15 Minuten in siedendem Salzwasser ziehen lassen.

Zubereitung Käse- und Spinatknödel
Für die Käseknödel Käsewürfel mit Salz, Pfeffer und dem Knödelbrot vermischen, Knödel formen und 15 Minuten ziehen lassen. Mit den Spinatknödeln genauso verfahren.
Auf Tellern anrichten, mit brauner Butter übergießen und mit geriebenem Bergkäse bestreuen.

Alpengasthof Labalm
Unterer Grund 85
A-6365 Kirchberg

Mobil 00 43 (0) 6 76 / 6 45 03 42

www.labalm.at

Kitzbühel

Kitzbühel: Sport und Urlaub, Prominententreff und Postkartenlandschaft. Am Fuß des Hahnenkamms (1 712 Meter) und des Kitzbühler Horns (1 996 Meter) gelegen, gilt Kitzbühel als eines der bedeutendsten Wintersportzentren nicht nur in Österreich. Zusammen mit den Skipisten und Liften in den benachbarten Dörfern Kirchberg, Jochberg und am Pass Thurn besitzt die „Gamsstadt", wie Kitzbühel auch genannt wird, eines der größten zusammenhängenden Skigebiete der Alpenrepublik. Um Kitzbühel herum bringen 56 Seilbahnen und Liftanlagen die Urlauber auf die Gipfel, im Winter laden 168 Pistenkilometer sowie 40 Kilometer Loipen zu unbegrenzten Schneefreuden. Im Sommer kann man auf über 500 Kilometern per pedes und 120 Kilometer auf dem Mountainbike die grandiose Landschaft erkunden. Unbedingt besuchen muss man den Hahnenkamm, den man vom Zentrum mit der Hahnenkammbahn in wenigen Minuten erreicht. Hier informiert das Bergbahnmuseum über die Geschichte des Kitzbüheler Skilaufs und man kann sogar im Abfahrtshäuschen der „Streif" hautnah nachvollziehen, wie es sich wohl anfühlt, wenn sich Hermann Meier & Co. zu ihren Medaillenläufen in die Tiefe stürzen – ein einmaliges Erlebnis. Wer es weniger spektakulär mag, macht sich im Familien-Wanderparadies Hochkitzbühel auf eine ebenso überwältigende Tour auf, entweder auf dem Panorama-Rundweg, auf einer Höhenwanderung zum Pengelstein oder auf der größten Hüttenrunde am Hahnenkamm. Die Wanderung auf der Streif-Rennstrecke ist wiederum eher anspruchsvoll, aber interessant: Die berüchtigte „Mausefalle" mit dem Steilhang ist nichts für ungeübte Geher.

Das Hahnenkammrennen besteht aus dem Abfahrtslauf auf der Streif, dem Slalom am Ganslernhang und dem Super G auf der Streif und lockt jährlich an die 100 000 Besucher aus aller Welt. Im Juli findet in Kitzbühel das ATP-Tennisturnier der Herren, die Generali Open, statt und sorgt wieder für volle Häuser in und um die Gamsstadt. Andere sportliche Großveranstaltungen sind zum Beispiel der Triathlon-Weltcup oder die Alpenrallye.
Einer der berühmtesten und beliebtesten Söhne der Stadt ist Hansi Hinterseer, Skifahrer und Entertainer, der hier jedes Jahr im Sommer zu Open-Air Konzert und Fan-Wanderung einlädt. Kitzbühel selbst zeigt sich als eine Mischung aus tirolerischer Bodenständigkeit und mondänem Jetset-Lifestyle, zwischen traditionellem Gasthaus und modernem Casino ist alles möglich.
Neben dem Hahnenkamm ist das Kitzbüheler Horn der bedeutendste Berg der Kitzbüheler Alpen, das mit mehreren Seilbahnen und einer mautpflichtigen Panoramastraße sowohl von Kitzbühel als auch von St. Johann erreichbar ist. Hier ist das Reich der Radfahrer, die bei der Österreich-Radrundfahrt ihre Kräfte messen. Das „Alpenhaus" war in den letzten Jahren das Ziel der Königsetappe. Weinfreunde fühlen sich bei den drei Weinwirten sicher besonders wohl, hier kann man eine Wanderung mit anschließender Verkostung edler Tropfen in uriger, gemütlicher Atmosphäre bestens verbinden.
Zwischen Kitzbühel und Reith liegt der idyllische Schwarzsee, der zu den schönsten und wärmsten Badeseen der Alpen zählt. Im Sommer lässt es sich im nur acht Meter tiefen See herrlich erfrischen und dabei das grandiose Panorama des Wilden Kaisers genießen

und im Winter lädt der fast immer zugefrorene Moorsee zu Eisvergnügen auf Kufen. St. Johann in Tirol ist auch so ein Feriendorf wie aus dem Bilderbuch: pittoreske Gassen mit alten, blumengeschmückten Häusern, eingebettet in eine Postkartenlandschaft ohnegleichen. Die Gemeinde liegt in einem breiten Kessel des Leukentals, Kitzbüheler Horn und Wilder Kaiser zum Greifen nah. St. Johann gehört mit 8 500 Einwohnern zu den eher größeren Orten des Tiroler Unterlands, was sich auch im Sport- und Unterhaltungsangebot widerspiegelt. Im Sommer laden die „Panorama Badewelt" und eine Doppel-Sommerrodelbahn für Spaß und Action. Wanderer machen sich gerne auf zu den Schleier Wasserfällen am Wilden Kaiser, wo sich die Wassermassen aus 80 Metern Höhe zu Tal ergießen. Das Kitzbüheler Horn ist so gut wie das ganze Jahr über eine Attraktion: Im Sommer ein Paradies für Wanderer, Tourengeher und Bergsteiger und die Sommerrodelbahn ist eine Attraktion für Groß und Klein. Im Winter stehen 60 Pistenkilometer für Skifahrer und Snowboarder zur Verfügung. Ebenfalls ganzjährig ist der einmalige Flug mit dem Heißluftballon ein Erlebnis – lautlos schwebt man über den Gipfeln der majestätischen Alpen. Falls das Wetter einmal nicht mitspielt, führt das Museum mit einer Galerie für zeitgenössische Kunst in die Ortsgeschichte ein. Eines der idyllischsten Täler nicht weit von St. Johann ist das Pillerseetal mit den Orten Fieberbrunn, St. Ulrich, Hochfilzen, St. Jakob und Waidring. Es ist der östlichste Punkt Nordtirols an der Grenze zu Salzburg. Der

Schwarzsee

nur etwa 1,5 Kilometer lange und 300 Meter breite, romantische Pillersee wird von mehreren Gebirgsbächen gespeist, die den nahe gelegenen Loferer Steinbergen und den Kitzbüheler Alpen entspringen.
Wer beim Skifahren den talwärts sausenden Massen entgehen möchte, ist übrigens im fast schon versteckt liegenden Skigebiet Fieberbrunn genau richtig. Hier findet man „in aller Ruhe" jungfräuliche Pulverhänge und top präparierte Pisten aller Schwierigkeitsgrade.

Etwa fünf Kilometer südlich von Kitzbühel trifft man auf Aurach mit seinen wunderschönen, vorbildlich restaurierten Gehöften und der sehenswerten „Hochzeitskirche" Zum Heiligen Rupert. Außerdem können im Wildpark Aurach auf über 1000 Metern Höhe kapitales Rotwild, Damhirsche, Wildschweine, Luchse und sogar Kängurus und Berberaffen gesehen werden – es ist das größte Freigehege Tirols, durch das ein herrlicher Wanderweg vor der wildromantischen Kulisse der Kitzbühler Alpen führt.

Auf die Spuren der Knappen hingegen führt die Grubenbahn durch das Schaubergwerk Kupferplatte. Hier wurde schon vor über 3000 Jahren nach Kupfer geschürft und die ganze Familie kann während einer Grubenfahrt alles Wissenswerte über Abbau und Werkzeuge erfahren – ein Erlebnis für Groß und Klein.

HALLERWIRT

Eine Idylle wie auf einer Postkarte, das ist der „Hallerwirt" in Oberaurach in der Nähe von Kitzbühel, ein bauliches Juwel und einer der schönsten Landgasthöfe weit und breit! Das ganze Ensemble im Ortskern mit Kirche, Messnerhaus, Schule, Krämerhaus, Pfarrhof, Hallerwirt und der dazugehörende Stall stehen unter Denkmalschutz. Der Erbhof Hallerwirt ist das größte und älteste Holzblockhaus im Kitzbüheler Raum und liegt direkt gegenüber der Pfarrkirche zum Heiligen Rupert aus dem Jahr 1300. Seine in Ehren gealterte Fassade mit den blumengeschmückten Balkonen ist eine wahre Augenweide. Über 300 Jahre ist er alt, seine Mauern könnten wohl so manche Geschichte erzählen. Tritt man ein in den breiten Hausgang, wo alle Gäste auf das Herzlichste willkommen geheißen werden, so fühlt man sich beim Anblick der alten Truhen und Bilder in alte Zeiten versetzt, genauso wie in den verschiedenen Stuben, dem mit Altholz getäfelten Wilderer Stüberl, der Zechstube mit der Schank, der Blauen Stube, wo früher die Küche war. Überall alte Holzdielen, gekalkte Wände, umlaufende Holzbänke, Kachelöfen, antike Kästen und Truhen, Fotografien aus längst vergangenen Tagen: Kein Wunder, dass der Hallerwirt oft als traumhafte Kulisse für Fernsehserien dient! Heute sind Jürgen und Monika Stelzhammer die sympathischen Gastgeber – der Name „Hallerwirt" geht auf Monikas Hallersche Ahnen von 1665 zurück. Im Jahr 1720 heiratete Elisabeth Haller Georg Filzer, seitdem wurde der Besitz der Familie Filzer von Generation zu Generation weitergegeben. Monikas Eltern Franz und Maria betreiben heute noch die eigene Landwirtschaft, die das Gasthaus mit besten Grundprodukten beliefert. Und damit wären wir bei der Kulinarik des Hallerwirts: Basis ist immer die authentische Tiroler Küche, mit Gespür und Geschmack neu entdeckt. Hier spiegelt sich die bodenständige Kultur wider, alle Gerichte sind einfach, aber einfach köstlich! Sämtliche Klassiker der österreichischen Küche kommen originalgetreu auf die Teller, hier schmeckt ein Gulasch so, wie es schmecken soll, nämlich nach bestem Fleisch, das mit den klassischen Gewürzen Salz, Pfeffer, Majoran, Paprika, Knoblauch und Kümmel erstaunliche Gaumenfreuden verleiht. Thomas Felzmann mit seinem Kü-

Hallerwirt
Monika und Jürgen Stelzhammer

Oberaurach 4
A-6370 Aurach

Telefon 00 43 (0) 53 56 / 6 45 02
Telefax 00 43 (0) 53 56 / 6 45 024

www.hallerwirt.at

chenteam ist aber auch Neuem gegenüber aufgeschlossen. Die Speisen richten sich natürlich immer nach der Saison und den regionalen Produkten. Zählen wir einmal ein paar Schmankerln auf, die uns den Mund wässrig machen: Erdäpfelsuppe mit gebratener Blunz'n, Spinatknödel mit brauner Butter und Parmesan, Backhendl mit Erdäpfel-Kresse-Salat, gebratene Kalbsleber mit Liebstöckelpüree und Biozwiebeln, geschmorte Lammkeule mit Ziegenkäsepolenta, Kalbsbeuschel mit Serviettenknödel. Zum süßen Abschluss gibt es unter anderem Topfenknödel in Butterbröseln, Kaiserschmarren mit Zwetschkenröster oder Vanilleparfait mit frischen Erdbeeren. Und wenn dann im Juli und August sonntagsabends noch die Musikkapelle bei der Kirche zünftig aufspielt, gibt es wohl keinen schöneren Ort als den Hallerwirt!

Kalbskopf

Zutaten

1 Kalbskopfmaske mit Zunge
300 g Wurzelgemüse
Pfefferkörner, Senfkörner
Lorbeerblätter
Kräuteressig
3 l Wasser oder Kalbsfond
Salz

Zubereitung

Kalbskopfmaske mit den Zutaten circa 2 Stunden kochen. Kalbskopf aus dem Sud nehmen und von eventuell noch anhängendem Fett und Blutgefäßen befreien, sodass Schwarte und Fleisch übrig bleiben. Die Zunge häuten. Eine Hälfte des Kalbskopfs in eine Form geben und darauf das Fleisch und die Zunge legen. Mit der anderen Hälfte des Fleischs den Kalbskopf abdecken, die Schwarte am besten nach oben. Das Ganze mit einem Gewicht beschweren und pressen, dann kalt stellen.

Beim späteren Stürzen erhält man eine kompakte Masse. Diese am besten fein wie Wurst in Scheiben aufschneiden und mit Zwiebeln, Essig und Öl servieren. Schmeckt hervorragend und beinhaltet wichtige Bestandteile für den menschlichen Organismus.

HOTEL TIEFENBRUNNER

Hotel Tiefenbrunner
Maria Brunner

Vorderstadt 3
A-6370 Kitzbühel

Telefon 00 43 (0) 53 56 / 6 66 80
Telefax 00 43 (0) 53 56 / 6 66 80 80

www.hotel-tiefenbrunner.at

Das reizende Städtchen Kitzbühel ist zu jeder Jahreszeit eine Reise wert, mal zeigt es sich gemütlich und echt tirolerisch, mal mondän und international. Hier ist für jeden Geschmack etwas dabei: wunderschöne Landschaften mit hohen Bergen, grandiose Aussichten – der Wilde Kaiser steht zum Greifen nah – und etliche Möglichkeiten, sich sportlich zu betätigen. Die pittoresken Gassen Kitzbühels laden zu gemütlichem Bummeln, kurz: Hier lässt es sich fein aushalten, eine gediegene Unterkunft natürlich vorausgesetzt. Das „Hotel Tiefenbrunner" gehört zu den ersten Adressen mitten in der Altstadt des charmanten Örtchens. Seit 1810 befindet es sich in Familienbesitz und diente früher als Post- und Pferdewechselstation, die erst 1925 aufgelassen wurde. Heute empfängt das Hotel Tiefenbrunner mit seiner magentarot und gelb gestrichenen Fassade die Gäste von nah und fern, die sich schon beim Eintreten wie zu Hause fühlen dürfen. Überall zurückhaltende Eleganz, die Gemütlichkeit mit Luxus verbindet. Die komfortablen Zimmer bieten sowohl Geschäftsreisenden als auch Urlaubern Ruhe und Erholung, eine Heimat auf Zeit, in der man gerne länger verweilen würde! Und was kann man in einer der schönsten Ecken Tirols nicht alles erleben: wandern und bergsteigen, Ski fahren, biken und golfen oder einfach nur die herrliche Umgebung genießen. Und nach einem aktiven Tag an der frischen Luft fasziniert der neue, großzügig angelegte Wellnessbereich des Hotels Tiefenbrunner mit wunderbarer Aussicht auf die umliegende Bergwelt und das imposante Kitzbüheler Horn. Völlig entspannt dreht der Gast seine Runden im großen Panoramahallenbad, tankt neue Kraft in den verschiedenen Saunas oder entspannt bei den vielfältigen Beautyanwendungen. Und dann kann man sich schon auf die nächste Annehmlichkeit freuen, nämlich auf die kulinarische! Zum Auftakt nimmt man vielleicht einen Drink an der Hotelbar „Tiafinga Sitz", bevor man sich im „Restaurant Goldene Gans" oder „Rosshimmel" zu exklusiven Tafelfreuden niederlässt. Ein Blick in die Speisekarte verrät: Hier wird vom österreichischen Schmankerl bis zur internationalen Gourmetküche alles frisch und auf höchstem Niveau zubereitet. Vorspeisen wären etwa hausgemachte Schwammerlravioli mit frischen Kräutern, Elsässer Flammkuchen mit Kräuter-Crème fraîche oder Kartoffelrahmsuppe mit Räucherlachsroulade. Bei den Hauptspeisen fällt die Wahl schwer zwischen Rumpsteak, Maishendlbrust oder Scampi frisch vom Grill mit gefüllter Ofenkartoffel oder herzhaftem Knoblauchbaguette. Die traditio-

nelle Küche Österreichs ist unter anderem vertreten mit ofenfrischem Schweinskrustenbraten in Braunbiersaftl und Semmelknödel, klassischem Wiener Schnitzel aus der Pfanne oder gekochtem Rindfleisch mit frisch gerissenem Kren. Zum süßen Abschluss locken Palatschinken mit Marillen- oder Preiselbeermarmelade, Kaiserschmarren mit Zwetschkenröster oder kalte Grießknödel in süßen Bröseln mit Weichselragout. Die große Auswahl an hausgemachten Kuchen und Torten ist übrigens auch eine Sünde wert!

Sommerliche Fruchtstanitzel mit leichter Topfencreme

Zutaten

100 g Marzipanrohmasse
1 Eigelb
1 EL Mehl
50 ml Milch
2 EL Zucker
150 g Topfen
Staubzucker
Rum
abgeriebene Zitronenschale
50 ml Obers
frische Früchte der Saison
Zitronenmelisse zum Dekorieren

Zubereitung

Aus Marzipan, Eigelb, Mehl, Milch und Zucker eine glatte Masse rühren. Mithilfe einer Palette ovale Kreise auf ein gebuttertes und bemehltes Backblech streichen und im vorgeheizten Backrohr bei 180 °C circa 2 bis 4 Minuten backen. Noch heiß und so rasch wie möglich die gebackene Hippenmasse vom Blech lösen und zu Stanitzeln zusammenrollen.
Für die Füllung den Topfen mit etwas Staubzucker, Rum und Zitronenschale aufschlagen und das Obers schlagen und unterheben. Die vorbereiteten Stanitzel mit frischen Früchten füllen und die Topfenmasse eindressieren. Mit Früchten, Zitronenmelisse und Staubzucker dekorieren.

WIRTSHAUS STEUERBERG

Wirtshaus Steuerberg
Barbara und Wolfgang Obernauer

Bichlachweg 78
A-6370 Kitzbühel

Telefon 00 43 (0) 53 56 / 6 48 87
Telefax 00 43 (0) 53 56 / 7 15 25

www.steuerberg.com

Ein echtes Traditionsgasthaus ist das „Wirtshaus Steuerberg" – und zwar schon seit über 100 Jahren! Diesem Kleinod gebührt natürlich der Logenplatz über dem Kitzbühler Schwarzsee, eingebettet in saftige Weiden und dichte Wälder, in der ursprünglichen Hochmoorlandschaft des Bichlachs. Es bietet den Gästen eine Aussicht, die man mit Worten kaum beschreiben kann: Vom Südberg über Hahnenkamm und Fleckalm bis zum Kitzbühler Horn und dem Wilden Kaiser ist hier die gesamte Hautevolee der Kitzbühler Bergwelt versammelt. Barbara und Wolfgang Obernauer führen dieses Schmuckstück seit über sieben Jahren, das sich als Feinschmeckeradresse über die Region hinaus einen Namen gemacht hat. Wenn in Kitzbühel mal wieder großer Rummel herrscht, hier vor und über den Toren der Stadt hat man von vormittags bis abends seine herrliche Ruhe in romantischem Ambiente. Bei schönem Wetter gibt es wohl weit und breit keinen feineren Ort, als sich auf der Sonnenterrasse oder in der großen grünen Wiese an einem der Holztische zur Einkehr niederzulassen und sich von Frau Barbara, der herzlichen, charmanten Gastgeberin, die Tagesspezialitäten empfehlen zu lassen, die sich ihr Mann, Patron Wolfgang, in der Küche mit seinem Team einfallen lässt. Alles ist selbstverständlich taufrisch und regional und wird von Meisterhand zubereitet: Da gibt es Bodenständiges wie Spinatknödel, Weinbergschnecken, Haussulzerl mit Kernöl und Barrique-Apfelessig oder Pressknödelsuppe, Kalbsrahmbeuschel, den unvergleichlichen Kalbstafelspitz mit Rösterdäpfeln und Apfelkren oder Schweinskotelett von auf Stroh gehaltenen, „glücklichen" Schweinen. Aber

auch Chili Beef Tatar, Dim Sum, Ofenkartoffel mit Chili-Shrimps oder Tacos stehen für die Liebhaber der internationalen Spezialitäten zum Genuss bereit und zeugen von der experimentierfreudigen kulinarischen Offenheit des Hausherrn. Fischfans greifen zum Tiroler Bachsaibling oder zum Lachsforellenfilet. Etwas Besonderes ist „Surf & Turf", eine köstliche Kombination von „Meer und Land", zum Beispiel Rinderfilet mit Garnelen und Knoblauchbutter oder Filetsteak mit Jakobsmuscheln und mariniertem Seegras. Zu süßen Sünden verführen die Nusspalatschinken, die Topfennockerln mit Him- oder Heidelbeeren oder der Kaiserschmarrn mit Zwetschgenröster. Hausgemachtes Eis wird in ebensolchen Waffeln serviert.
Sollte das Wetter einmal nicht mitspielen, so halten wir uns an den Spruch von John Ruskin: „Es gibt kein schlechtes Wetter, es gibt nur verschiedene Arten von gutem" – unter diesem Motto des Wirtshauses kann man in den wunderschön dekorierten, urgemütlichen Stuben des Hauses das Mittag- oder Abendessen genießen und dazu die besten österreichischen Weiß- und Rotweine sowie feinste Rotweine aus Italien, Frankreich und Spanien verkosten.

Bärlauchtascherl

Zutaten
Für die Füllung
3 kg Erdäpfel
200 g Lauchzwiebeln, fein geschnitten
Butter zum Dünsten
700 g Spinat, gehackt
700 g Bärlauch, fein gehackt
4 Knoblauchzehen (oder auch mehr, nach Geschmack)
geriebene Muskatnuss, Salz, Pfeffer aus der Mühle

700 g Nudelteig

Zubereitung
Die Erdäpfel weich kochen, schälen und noch heiß durch die Presse drücken. Lauchzwiebel in etwas Butter andünsten, Knoblauchzehen dazupressen und kurz mitdünsten. Bärlauch und Spinat hinzufügen und mitdünsten. Mit Salz, Pfeffer und Muskat abschmecken. Den entstehenden Saft vom Spinat etwas abschütten, sonst wird die Fülle zu flüssig. Bärlauchmischung mit den Erdäpfeln vermengen und nochmals nach Geschmack nachwürzen.
Die Fülle kann man nun in einen klassischen Nudelteig geben oder in Erdäpfelteig. Verwendet man letzteren, so werden die Tascherl zuerst gekocht und dann mit Bröseln in Butter gebraten. Die Nudelteigtascherl serviert man mit brauner Butter, Parmesan und leicht sautierten Jungzwiebelringen.

STAMPERL

Stamperl
Robert Mayrhofer

Jochberger Straße 62
A-6370 Kitzbühel

Telefon 00 43 (0) 53 56 / 6 25 55
Mobil 00 43 (0) 6 60 / 3 00 00 33

www.stamperl-kitzbühel.at

Das „Stamperl" ist *der* ideale Treffpunkt, wenn man in Kitzbühel nach ausgiebigem Shoppingbummel, nach einem Spaziergang oder einer Wanderung nette Leute treffen möchte, sich etwas Gutes zum Essen und vielleicht das eine oder andere „Stamperl" – also ein Gläschen Schnaps – gönnen möchte. Dass hier immer etwas los ist und man mit allerlei Leckerem verwöhnt wird, hat sich vor allem bei den Einheimischen herumgesprochen. Und da das gemütlich eingerichtete Lokal an 360 Tagen im Jahr geöffnet ist, steht man so gut wie nie vor verschlossenen Türen, sondern wird von Robert Mayrhofer und seinem Team auf das Allerbeste umsorgt. Besonders im Winter geht hier die Post ab, denn genau hier beim Stamperl endet die Abfahrt vom Hahnenkamm, den man sowohl wie die Profis – also echt steil – bezwingen kann, aber auch auf der gemächlicheren Familienabfahrt. Den letzten Einkehrschwung macht man also beim Stamperl, wo man sich nach einem aktiven, sportlichen Tag in ungezwungener Atmosphäre auf so manches lukullische Leckerli freuen kann. Seit vier Jahren kümmert sich die gleiche Crew in der Küche und im Service um die Gäste. Wer hier zum Après-Ski vielleicht wirklich nur auf ein „Stamperl" vorbeischaut, bleibt wahrscheinlich auch zum Abendessen, zu verführerisch klingen die Speisenangebote, die sich natürlich nach den Jahreszeiten und dem aktuellen Marktangebot richten. Da gibt es zum Beispiel gebratene Scampi oder Putenfleisch aus dem Wok oder Tiroler Spezialitäten in der Eisenpfanne wie Gröstl mit Spiegelei und Krautsalat oder Kasspatzln mit braunen Zwiebeln. Hauptgerichte aus der traditionellen Stamperlküche sind unter anderem gekochter Tafelspitz mit seinen typischen Beilagen,

Wiener Schnitzel, Filetsteak vom Angusrind in Pfefferrahmsauce oder Spareribs mit Bratkartoffeln. Zum Nachtisch empfehlen sich etwa Mohr im Hemd, Marillenpalatschinken oder Kaiserschmarren mit Zwetschkenröster. Wenn sich nur kleiner Hunger bemerkbar macht, so wird dieser perfekt mit einem der kleinen Imbisse gestillt: Stamperl-Jause mit Speck, Hauswürstl, Käse aus heimischer Produktion, Tomaten mit Mozzarella und Basilikum oder saures Rindfleisch mit roten Zwiebeln und steirischem Kernöl. Im Stamperl wird aber nicht nur gute Küche geboten, sondern jede Menge Events und Veranstaltungen für jeden Geschmack: Die Chivas-Party wartet mit Eisskulpturen und Pokerrunden auf, die Harley-Davidson-Party ist etwas für Freunde der Kultmaschinen und die Absolut-Wodka-Party macht gute Laune mit Go-go-Girls. Seit 17 Jahren ist das Stamperl-Skirennen ein Begriff und auch das Golfturnier hat schon viele Freunde von nah und fern. Was auch immer der Anlass ist: Dass so manche Flasche Champagner geöffnet wird, steht fest. Auch Vernissagen mit Musikbegleitung sind quasi Pflichttermine für Kunstinteressierte und Polterabende, Hochzeiten und Geburtstage kann man im Stamperl ebenfalls ganz wunderbar feiern – die Stimmung ist immer prächtig. Im Winter steht jeden Donnerstag ein Livekonzert auf dem Programm und das Weihnachts- und Silvestermenü lassen keine Wünsche offen!

RESTAURANT S'PFANDL

Restaurant s'Pfandl
Thomas Hagleitner

Kitzbüheler Straße 69
A-6370 Reith bei Kitzbühel

Telefon 00 43 (0) 53 56 / 6 22 71
Telefax 00 43 (0) 53 56 / 6 22 71 85

www.pfandl.co.at

Das „Pfandl" am Ortsrand von Reith bei Kitzbühel ist ein uriges Tiroler Restaurant mit 200 Jahre alten Holzbalken und einer originalen Tiroler Esse – einer erhöhte Nische direkt neben dem großen offenen Kamin. Bevor man sich der ausgezeichneten Küche des jungen, sympathischen Chefs Thomas Hagleitner widmet, lädt die Bar noch auf einen Aperitif ein, während man die eine oder andere Rarität an den Wänden bewundern kann wie das Geweih eines afrikanischen Wasserbüffels oder einer Antilope. Schon seit 25 Jahren steht das Pfandl für echten Genuss, regionale, authentische Spezialitäten und für kreative Schmankerln. Seine kulinarische Laufbahn absolvierte Thomas bei verschiedenen Haubenköchen und bei einigen Auslandsaufenthalten wie beim Formel-1-Catering. Präzision und

Perfektion bei der Arbeit und die Eigenschaft, sich durch nichts aus der Ruhe bringen zu lassen, sind die Grundlagen seines Tuns. Die Früchte dieser Arbeit machen der Bezeichnung „Tiroler Hausmannskost" alle Ehre. S'Pfandl, wie der Name schon sagt, wurde bekannt mit herzhaften Tiroler Gerichten, die in riesigen gusseisernen Pfannen serviert werden wie die Kalbshaxe mit Röstkartoffeln, Gemüse und Semmelknödeln. Die zweite Spezialität des Hauses sind die rustikalen Spieße, bestückt mit Rinderfilet, Putenbrust oder Fisch, auf dem Grill gebraten und dann auf eigens angefertigte Ständer gehängt, mit Ofenkartoffeln und verschiedenen hausgemachten pikanten Saucen serviert – eine Köstlichkeit, die weit und breit einzigartig ist. Die Idee entstand auf der Blumeninsel Madeira. Die dritte Säule der Küche ist die 14-tägig wechselnde Empfehlungskarte, die sich einerseits nach dem saisonalen Angebot richtet und andererseits auch neue kulinarische Pfade einschlägt wie zum Beispiel mit dem Rostbraten gefüllt mit Rucola, Trüffel, Parmesan, garniert mit altem Balsamico oder mit der fangfrischen Seezunge, im Ganzen gebraten. Das herzliche Serviceteam besteht aus der Familie und langjährigen Mitarbeitern, die zu jedem Gericht den passenden Wein aus dem eigenen Weinkeller empfehlen. Dieser neu renovierte Keller lädt ebenso zum gemütlichen Beisammensein. Als Abschluss eines kulinarischen Abends locken die süßen Desserts wie Holunderblütenmousse im Baumkuchenmantel oder hausgemachtes Zitronensorbet mit Wodka.

Lammrücken unter der Tomaten-Oliven-Kruste mit Paprikapüree und Thymianschupfnudeln

Zutaten

3–4 Lammkronen, küchenfertig
Rosmarin, Knoblauch, gehackt
1 Karotte, 1 Zwiebel, 1 Stück Sellerie
1/2 Lauchstange
1 EL Tomatenmark
Rotwein, Olivenöl

Für die Kruste

150 g Butter
2 Eigelb
50 g entkernte Oliven
50 g getrocknete Tomaten
100 g Weißbrot, gerieben
1 TL Currypulver, Petersilie, Salz, Pfeffer

Für das Paprika-Püree

4 rote Paprikaschoten, 1 Zwiebel
1 EL Tomatenmark
250 m l Gemüse- oder Hühnerfond
62 ml Weißwein
1 TL Paprikapulver, Zucker, Salz, Pfeffer

Zubereitung

Das Fleisch mit Rosmarin, Knoblauch, Öl und Pfeffer marinieren. Etwas Öl erhitzen und das Fleisch auf beiden Seiten scharf anbraten. Den Ofen auf 80 °C vorheizen und das Fleisch circa 1 Stunde braten. Vor dem Servieren mit der Kruste belegen und bei starker Oberhitze gratinieren. Fleischabschnitte in Fett stark anrösten, klein geschnittenes Wurzelgemüse und Tomatenmark mitrösten, mit Rotwein ablöschen, 1 Liter Wasser hinzufügen und kochen lassen. Abschmecken und passieren.

Für die Kruste die Butter schaumig rühren, nach und nach 2 Eigelbe hinzufügen, klein geschnittene Oliven, Tomaten und Weißbrot untermischen. Mit Curry, Salz, Pfeffer, Knoblauch und Petersilie würzen, zu kleinen Rollen formen, in Alufolie wickeln und kalt stellen.

Für das Paprikapüree die Schoten entkernen und klein schneiden. Zwiebel häuten und klein schneiden. Öl in einem Topf erhitzen, Paprika und Zwiebel darin anschwitzen. Tomatenmark kurz mitrösten, mit Weißwein ablöschen, mit Fond aufgießen, Paprikapulver hinzufügen und köcheln lassen. Mit Salz, Pfeffer und wenig Zucker würzen und mit dem Stabmixer aufmixen.

Dazu Thymianschupfnudeln servieren.

ANGERER ALM

Angerer Alm
Annemarie Foidl

Almen am Kitzbüheler Horn Nr. 5
A-6380 St. Johann

Telefon 00 43 (0) 53 52 / 6 27 46

www.angereralm.at

Papier ist geduldig, Postkarten und Reiseprospekte auch, deshalb sei ausdrücklich versichert, die Angerer Alm ist wirklich fast zu schön um wahr zu sein! Urig, aus dunklem, verwitterten Holz und ein wenig windschief erzählt die älteste Hütte auf dem Kitzbüheler Horn ihre 200-jährige Geschichte, als sie der höchst gelegene Bergbauernhof von St. Johann war. Heute vereint das Wirtshaus authentisches Tiroler Flair mit Gastlichkeit und Genuss. In der warmen Jahreszeit ist die Angerer Alm ein optimaler Ausgangspunkt für etliche Wander- und Radtouren in die umliegende Landschaft. Der Winter verzaubert hier oben mit romantisch eingeschneiter Landschaft. Die komfortable Sechser-Gondelbahn bringt die Skifahrer zur Bergstation, von wo man direkt über die Skiabfahrt zur Angerer Alm gelangt. Zum Entspannen und Rasten kann man dann auf der Sonnenterrasse mit Blick auf den Wilden Kaiser oder in einer der urgemütlichen Stuben ein paar leckere Tiroler Schmankerln mit Produkten aus der familieneigenen Landwirtschaft zu sich nehmen, vielleicht eine zünftige Speckplatte, die Brettljause, eine Brennnesselsuppe, Löwenzahnquiche, würzige Kasspatzeln, flaumigen Kaiserschmarren oder die hausgemachten Schlipfkrapfen. Für den größeren Hunger hält die Küche zum Beispiel Tiroler Gröstl, Wiener Schnitzel, Schweinsroulade oder Selchfleischknödel bereit. Frische hausgemachte Kuchen eignen sich perfekt für den Nachmittagskaffee. Wer sich zum Abendessen anmeldet, kommt wie auch die Hausgäste zu einem ganz besonderen Genuss, denn dann verwandelt sich die urige Hütte in ein Gourmet-Restaurant mit warmem Kerzenschein und exklusiven Speisen: Eierschwammerlterrine auf Löwenzahnsalat, Karotten-Ingwer-Suppe, Saibling auf Brennnesselrisotto oder Schweinefilet unter der Vogelbeerkruste mit verschiedenen Gemüsen und zum Nachtisch Holunderparfait mit Traubengratin sind Beispiele der kreativen Küchenseite. Und das Highlight für vinophile Genussmenschen ist

die Tatsache, dass man auf der Angerer Alm bei der Präsidentin der österreichischen Sommeliers zu Gast ist! Wer mag, kann sich zu jedem Gang einen perfekt passenden Tropfen aus dem einzigartigen Weinkeller aussuchen, den man über bucklige Stufen erreicht. Mit über 450 erlesenen Sorten Weiß- und Rotweinen und Edelbränden aus aller Welt zählt er zu den bestsortierten Weinkellern in den ganzen Alpen. Annemarie Foidls größte Schätze sind ein – natürlich unverkäuflicher – Madeira aus dem Jahr 1795 und ein „Massandra" aus dem Weinkeller des russischen Zaren.
Wer sich auf der Angerer Alm ein wenig länger aufhalten möchte: Die einfachen, aber reizend eingerichteten Zimmer im oberen Stock eigenen sich wunderbar für ein paar Tage Auszeit, in denen man sich tagsüber an der schönen Natur erfreut und Abend für

Abend ein Menü der Extraklasse nebst feinsten Weinen genießt. Auch Firmenevents oder Seminare lassen sich hier perfekt organisieren, denn neben Outdoor-Aktivitäten und erlesener Kulinarik bietet das Haus auch neueste Technik mit WLAN. Ob Hochzeit, Geburtstag, Silvesterfeier oder ein Wein- oder Kochseminar: Die Angerer Alm mit ihren kontrastreichen Facetten ist einfach bezaubernd.

Löwenzahnbonbons

Zutaten
1 Ei
3 Eigelb
200 g Mehl
Kurkuma
Olivenöl
Salz, Essig

Für die Fülle
50 g Löwenzahnblätter
2 EL Topfen
1 EL Honig
Salz, Pfeffer
braune Butter und Parmesankäse zum Servieren

Zubereitung
Für den Teig Ei mit Eigelb, etwas Essig, Olivenöl, Kurkuma und Salz verrühren, das Mehl langsam einarbeiten. Den Teig etwa 30 Minuten kalt stellen. Dann ausrollen und in Quadrate schneiden. Für die Füllung die Löwenzahnblätter blanchieren und in einer Pfanne leicht anrösten, mit Honig, Salz und Pfeffer abschmecken, vom Herd nehmen und den Topfen einrühren. Die Füllung auf die Teigquadrate setzen und wie Bonbons einrollen. In kochendem Salzwasser garen, mit brauner Butter und Parmesan servieren.

GASTHOF ZUR POST

Gasthof zur Post
Andreas Kainzner

Dorfstraße 5
A-6384 Waidring

Telefon 00 43 (0) 53 53 / 2 01 84

www.postwaidring.at

Das Pillerseetal nicht weit von St. Johann im Tiroler Unterland bezaubert durch fast unberührte Naturlandschaften, den stillen See und schmucke Dörfer. Eines davon ist das herrlich gelegene Örtchen Waidring am Fuß der Loferer Steinberge im Dreiländereck Tirol, Salzburg und Bayern. Der „Gasthof zur Post" ist in diesem idyllischen Dorf die beste Wahl, wenn man auf gediegenes Ambiente und traditionelle Küche Wert legt. Der Gasthof wurde urkundlich schon im Jahr 1416 erwähnt und zwar als „Tafern zu Waidring". Damals diente er – wie alle Gasthöfe mit dem Namen „Zur Post" – als Wechselstation für Pferde und Umsteigemöglichkeit der Postkutschenreisenden. Der berühmteste Gast in diesen Mauern war Wolfgang Amadeus Mozart, der am 13. August 1771 mit seinem Vater Leopold auf seiner ersten Italienreise nach Verona hier Halt machte. In einem Brief an seine Frau schrieb er: „Wir hatten Suppe und ein gar nicht übles St. Johanser Bier". Auch in den Jahren 1805 und 1809 spielte der Gasthof eine Rolle als Hauptquartier der „feindlichen" Bayern und Franzosen. Sogar Kaiser Franz Josef und Erzherzog Albrecht nächtigten in den Zimmern im ersten Stock. Heute genießt der Gast in der „Post" ein gemütlich-stilvolles Ambiente. Im Poststüberl kann man bei einem Glas Bier oder Wein oder beim Mittagessen mit den Einheimischen ins Gespräch kommen. Und wo es schon Mozart und seinem Vater geschmeckt hat, lassen sich auch jetzt die Gäste nieder: Der wunderschöne, holzgetäfelte Mozartsaal bildet den eleganten Rahmen für die gute Küche des Hauses. Das Angebot ist vielfältig und hält für jeden Geschmack und für den kleinen oder großen Hunger so manches Schmankerl bereit. Zur Vorspeise vielleicht Carpaccio, gebackenen Schafskäse im Körnermantel oder eine Rindsuppe mit dreierlei Knödeln. Haupt-

speisen sind unter anderen das Postpfandl mit Schweinefiletmedaillons, Spätzle und Pilzsauce, die rosa gebratene Lammkrone auf provenzalischem Gemüse oder das Geschnetzelte Zürcher Art. Fischliebhaber greifen zu Zanderfilet auf Kartoffel-Lauch-Ragout mit Schmelztomaten oder zum gebratenen Bachsaibling auf Blattspinat mit Tomatenreis. Traditionelle Gerichte sind zum Beispiel Wiener Tafelspitz mit Röstkartoffeln, Tiroler Gröstl mit Spiegelei und Krautsalat oder ofenfrischer Jungschweinebraten mit Sauerkraut und Semmelknödel. Für zwei Personen

kann man sich auch auf ein Fondue Chinoise oder auf ein Châteaubriand mit Beilagen freuen und auf Vorbestellung bereitet die Küchencrew Schweinshaxe, Kalbshaxe, Bauernente oder Spanferkel zu. Je nach Saison stehen natürlich Spargel-, Pilz- oder Wildgerichte auf der Karte oder zur Kürbiszeit

Leckeres aus der Riesenbeere wie Kürbisschaumsuppe mit Kürbiskernen, im Kürbis serviert, Kürbis-Wok-Gemüse mit gebratenen Garnelenspießen oder rosa gebratenes Hirschsteak mit Kürbisrisotto. Im Sommer schmecken alle Spezialitäten auch draußen im Biergarten unter der Laube direkt neben dem Musikpavillon. Die Post ist auch ein wunderbarer Ort für Feierlichkeiten und Familienfeste.

Lammkarree mit Kartoffel-Steinpilz-Gratin

Zutaten
2 kg Lammkarree mit Knochen
Öl zum Braten
400 g speckige Kartoffeln, geschält
200 g Steinpilze
50 g Zwiebeln
etwas Weißwein
etwas Sahne
je etwas Thymian, Rosmarin, Knoblauch, Salz, Pfeffer, Muskat
100 g geriebener Parmesankäse

Zubereitung
Das Lammkarree zuputzen und die Knochen freilegen, in einer Pfanne beidseitig anbraten und für circa 12 Minuten in den auf 160 °C vorgeheizten Ofen geben.
Kartoffeln und Pilze blättrig schneiden, Pilze mit gehackten Zwiebeln anschwitzen, mit Weißwein ablöschen und mit Sahne aufgießen. Gewürze hinzufügen, dann die Kartoffeln dazugeben und bissfest köcheln. Alles in eine geeignete Form füllen, mit Parmesan bestreuen und bei 180 °C etwa 25 Minuten im Ofen garen.
Dazu passen provenzalisches Gemüse aus Zucchini, Auberginen, Paprika und Lauch, in Olivenöl sautiert und mit Salz, Pfeffer Knoblauch, Rosmarin und Thymian gewürzt und eine Thymian-Knoblauch-Sauce.

DAS KAISERGEBIRGE – ZAHMER UND WILDER KAISER

Wilder Kaiser

Eines der majestätischsten Gebirgsmassive der Alpen ist ohne Zweifel das Kaisergebirge, eine Gebirgsgruppe der nördlichen Kalkalpen, Naturschutzgebiet seit 1963. Es teilt sich in den aus blankem Kalkfels bestehenden Wilden Kaiser und den fast gänzlich mit Latschen bedeckten Zahmen Kaiser. Im Westen trennt sie das Kaisertal, im Osten das Kaiserbachtal. Insgesamt erstreckt sich das Bergmassiv über 20 Kilometer in Ost-West-Richtung und circa 14 Kilometer in Nord-Süd-Richtung. Vielleicht heißt der Zahme Kaiser so, weil er nur knapp die 2 000-Meter-Grenze überschreitet und somit ein bisschen „weniger wild" erscheint als sein „großer" Bruder, der Wilde Kaiser, der mit der höchsten Erhebung, der Ellmauer Halt, 2 344 Höhenmeter erreicht. Die Hauptorte um das Kaisergebirge herum sind Kufstein, Ebbs, Durchholzen, Kiefersfelden, Walchsee, Kössen, Schwendt, Kirchdorf i.T., St. Johann i.T., Going, Ellmau, Scheffau und Söll.
Der Name „Kaiser" geht auf Kaiser Friedrich Barbarossa und das Jahr 1174 zurück, der damals die Burg Ebbs und alle dazugehörigen Gründe und Güter erwarb, dazu gehörte auch dieses spektakuläre Bergmassiv. Als „wild" bezeichnete man in jener Zeit unproduktives, nicht bebaubares Gebiet. Die bizarren Felsformationen trugen auch dazu bei, dass sowohl der Wilde als auch der Zahme Kaiser als „sagenhafte" Orte gelten, in denen so manches Märchen, viele Legenden, Mythen und Spukgeschichten entstanden.
Von wo auch immer man den „Kaiser" betrachtet, stets bleibt man sprachlos ob seiner

gewaltigen Felskulisse – ein echter „Kaiser" eben, dem man mit Bewunderung und Respekt begegnet. Beide Kaisergebirge sind ideale Wander- und Klettergebiete, wobei der Wilde Kaiser schwieriger zu besteigen ist. Überall trifft der Wanderer auf rauschende Gebirgsbäche, grüne Almen, idyllische Seen und insgesamt auf einen einzigartigen Naturraum, der sogar Moore mit fantastischer Flora und Fauna bereithält.
Scheffau, die kleinste der Kaisergemeinden, hat als Urlaubs-Destination eine lange Tradition, die in die Zeit der Jahrhundertwende des 19. zum 20. Jahrhundert zurückreicht, als die „Sommerfrische" ihren Anfang nahm und das Bergsteigen entdeckt wurde. Scheffau war und ist idealer Ausgangspunkt für etliche Bergtouren ins Kaisergebirge. Der Wintertourismus ist noch nicht so „alt"; der erste Schlepplift wurde 1962 gebaut, und von da an nahm der Fremdenverkehr einen rasanten Aufschwung. Durch den Zusammenschluss verschiedener Skigebiete entstand die „Skiwelt Wilder Kaiser – Brixental", das größte zusammenhängende Skigebiet Österreichs mit einer Fläche von etwa 150 Quadratkilometern und über 90 modernsten Seilbahn- und Liftanlagen. Der ländliche Charme und der dörfliche Charakter Scheffaus machen den Ort zu einem Familienparadies mit intakter Umwelt und dem schönsten und saubersten Gebirgssee Tirols, dem Hintersteinersee. Das kristallklare Wasser erfrischt nach einer der zahlreichen Wanderungen oder Bergtouren. Kinder haben ihren Spaß auf einem Abenteuerspielplatz auf 1 650 Metern Höhe.

Ganz in der Nähe der Grenzstation Kufstein-Kiefersfelden hat sich Söll einen sonnigen, windgeschützten Platz im Kaisergebirge zwischen Wildem Kaiser und Hoher Salve ausgesucht. Die Hohe Salve ist quasi der Hausberg Sölls, alljährlich findet hier der „Bergsommer" statt mit tollen Attraktionen wie „Hexenwasser Hochsöll", „Hexenweg", mit Alm-Käsen und Brotbacken. Auch im Winter kann Söll Schneefreunden so manches bieten: Schneevergnügen pur gepaart mit der sprichwörtlichen Tiroler Gastfreundschaft und einer Vielzahl an sportlichen Aktivitäten machen den Urlaub zu einem unvergesslichen Erlebnis. Ellmau kann ebenfalls mit einer fantastischen Lage am Fuß des Wilden Kaisers aufwarten. Im Sommer ist der Ort der perfekte Ausgangspunkt für Wanderungen aller Art, egal ob man nur gemütlich spazieren gehen will oder ob man sich auf eine sportliche Bergtour begibt. Golfer fühlen sich auf dem 27-Loch-Platz Wilder Kaiser und dem 9-Loch-Kurzplatz Kaisergolf pudelwohl und im Winter schafft die direkte Anbindung an die SkiWelt Wilder Kaiser-Brixental Freude mit Abfahrten, die direkt in das Ortszentrum von Ellmau reichen.

Ellmau wird auch das „Filmdorf" genannt. Wegen der herrlichen Lage und Umgebung war das Dorf schon oft Kulisse für Fernsehserien wie „Der Bergdoktor". Über die Grenzen Tirols hinaus bekannt ist die „Rübezahl-Alm", ebenfalls Schauplatz für etliche TV-Produktionen, in denen die prächtigen Alpen als Hintergrund dienen. Der bekannteste Ort der Region ist sicher Going, über dessen romantischem Dorfkern sich die Gipfel und Wände des Wilden Kaisers auftürmen. Das Ortsbild hat sich seinen alpenländischen Charakter bewahrt, traditionelle Bauern- und Gasthöfe prägen das Bild. Im Winter laden idyllische Wanderwege in einer bezaubernden Landschaft zu Schneeschuhwanderungen oder Kutschenfahrten. Die drei Rodelbahnen sind teilweise auch abends beleuchtet, ein gut ausgebautes Netz von 183 Kilometern Langlaufloipen und natürlich das Skigebiet mit 279 Pistenkilometern und 70 urigen Hütten ziehen Wintersportler wie magisch an. Ein in Europa einzigartiges Moorgebiet wurde 2007 renaturiert, heute führen von Going aus informative Wanderwege durch diese traumhafte Naturoase mit vielfältiger Fauna und Flora.

Eschin
Adolf Eschlböck

Pirchmoos 4
A-6306 Söll

Telefon 00 43 (0) 53 33 / 5 29 00
Mobil 00 43 (0) 6 64 / 5 01 03 85
Telefax 00 43 (0) 53 33 / 5 29 02

www.eschin.com

„Gegen alles ist ein Kraut gewachsen" behauptet ein altes Sprichwort – und das kann Adolf Eschlböck mit seinen Kräuterauszügen, Cremes und Tinkturen nur bestätigen. Die Philosophie, dass man mit Kräutern heilen kann, beruht auf der langjährigen Erfahrung des Landschaftsgärtners, Floristen und Landwirts. Adolf Eschlböck ging schon als Bub leidenschaftlich gern Kräuter sammeln, die kleine Landwirtschaft seiner Eltern bot ihm ein breit gefächertes Betätigungsfeld und vom Vater hat er auch das Schnapsbrennen gelernt – ebenfalls eine Sparte des Betriebs, die sich großer Beliebtheit erfreut. Was anfänglich mit Experimentieren mit Kräutermischungen zum Einreiben begann, um sich und seinen Söhnen, die Spitzensportler waren, bei Verspannungen und Zerrungen Linderung zu verschaffen, weitete sich im Laufe der Jahre zu einem veritablen Unternehmen in der Kräuterbranche aus. Schließlich entschloss sich Adolf Eschlböck, seine Produkte in Wien testen zu lassen, um einen regulären Vertrieb zu ermöglichen. Die Testergebnisse fielen dermaßen positiv aus, dass er nun in seinem „Du-Stüberl" eine immense Auswahl an Naturprodukten und Kräuterauszügen anbietet. Werbung geschieht nur durch Mund-zu-Mund-Propaganda und hat sich schon bis in die USA verbreitet; bei aktiven Hochleistungssportlern sind die „Eschin"-Produkte ganz besonders beliebt: Zahlreiche Dankschreiben der Sport-Weltelite beweisen ihre Wirksamkeit. Da hängen die Plakate von Andreas und Wolfgang Linger, 2006 Olympiasieger im Kunstbahnrodeln und Weltmeister 2003, von Carina Wasle, unter anderem 2009 Weltmeisterin im Wintertriathlon sowie mehrfache Weltcupsiegerin, von Peter Penz und Georg Fischler, Silber- und Bronzemedaille 2009 beziehungsweise 2007 im Rodeln, von Tobias und Markus Schiegl, mehrfache Weltmeister im Kunstbahnrodeln, von Lindsey Vonn, Alpin-Ski-Weltmeisterin und Gesamt-Weltcup-Siegerin, um nur einige zu nennen. Neben Sportlern sind es auch etliche Musikgruppen, die auf Eschin-Produkte schwören. Die Eschin-Kräuterauszüge sind keine Arzneimittel, sondern reine Naturprodukte. Adolf Eschlböck weiß genau, welches Kraut in welcher Form bei welchem Leiden Linderung oder sogar Heilung verschafft. Eschin-Produkte helfen bei Entzündungen, Prellungen, Insektenstichen, Rheuma, Bandscheiben-, Muskel- und Gliederschmerzen, bei Überanstrengung und Muskelkater. Inwendig lindern sie Reizhusten und belegte Stimme, Magenverstimmungen und Verdauungsstörungen. Galle und Niere werden entlastet, die Herzmuskulatur entspannt. Auch bei Sonnenbrand und sogar schweren Verbrennungen hilft eine Creme. Braunhirse in ihrer Wildform, Erdmandeln und Dolomit versprechen Genesung bei Osteoporose und Arthrose, Haarausfall, brüchigen Fingernägeln und bei abgenutzten Gelenken. Allgemein wirken die Kräuterauszüge immunisierend und stärkend bei Mensch und Tier. Etwas ganz Besonderes sind „Kolloidales Silber“ und „Kolloidales Gold“. Dabei handelt es sich – einfach ausgedrückt – um durch Elektrolyse geladene Silberteilchen beziehungsweise um reinste, extrem kleine energetisch geladene Goldpartikel. Kolloidales Silber ist sozusagen unser „zweites Immunsystem“. Gemäß neuesten wissenschaftlichen Erkenntnissen bezwingt das kolloidale Silber 650 Virenstämme und Pilze.

Es ist somit das preisgünstigste Antibiotikum der Welt und vollkommen ohne Nebenwirkungen, genauso wie das kolloidale Gold, geeignet für Menschen, Tiere und sogar Pflanzen, das die Stoffwechselprozesse positiv beeinflusst und durch Stimulation der Zirbeldrüse krankheitserregende Blockaden auflösen kann. In diesbezüglicher Forschung ist es Adolf Eschlböck auch gelungen, Feuerbrand bei Obstbäumen und anderen Pflanzen zu 100 Prozent zu bekämpfen, und dies müsste auch bei der Kastanienpest gelingen – fast jedes Produkt ist eine Weltneuheit.
Wer nun aber ganz und gar gesund ist, sollte sich wenigstens eine Teemischung oder einen der edlen Schnäpse von Adolf Eschlböck gönnen, von der Wachauer Marille über Äpfel, Birnen, Holunder, Zwetschgen, Kirschen und Heidelbeeren bis zur Vogelbeer-Spätlese.

GASTHOF MAIKIRCHER

Gasthof Maikircher
Toni Aschenwald

Dorf 59
A-6351 Scheffau

Telefon 00 43 (0) 53 58 / 4 31 79
Mobil 00 43 (0) 6 64 / 6 30 60 30
Telefax 00 43 (0) 53 58 / 44 43 21

www.maikircher.at

Scheffau ist ein idyllisch gelegener Ort am Fuß des Wilden Kaisers. Das „erste Kneipp-Erlebnisdorf Tirols“ liegt mitten in einem der schönsten Teile der Alpen. Hier sind Ruhesuchende genauso gut aufgehoben wie Sportliche; die fast noch unberührte Gegend lädt im Sommer zu entspannenden Wanderungen auf Feld-, Wald- und Wiesenwegen ein, aber auch zu leichten Radtouren oder zu anspruchsvollerem Mountainbiken. Einer der schönsten Badeseen Tirols ist der Hintersteiner See, den man in nur 25 Radelminuten erreicht. Die ganze Palette sportlicher Aktivitäten lässt sich in und um Scheffau erleben: Golfen auf dem 27-Loch-Platz am Fuß des Wilden Kaisers, Klettern, Canyoning, Paragleiten, Nordic Walking und im Winter natürlich den Schnee auf Pisten und Loipen genießen: Alles ist möglich. Mit zwei modernen Gondelbahnen ist Scheffau direkt an Österreichs größtes zusammenhängendes Skigebiet angeschlossen. 250 Kilometer präparierte Pisten bieten Schneespaß für die ganze Familie. Wer lieber langläuft, kann dies auf zehn Loipenkilometern ebenfalls genießen – sie sind sogar bis 22 Uhr beleuchtet. Für Sport und Spaß ist in Scheffau also bestens gesorgt, jetzt fehlt nur noch eine adäquate Unterkunft, und die haben wir im „Gasthof Maikircher“ im Zentrum von Scheffau gefunden. Der „Maikircher“ ist der älteste Gasthof der Gegend und genießt kaiserliches Schankrecht seit über 500 Jahren. Wer weiß, wie viele Adelige, Fuhrmannsleute und Landsknechte hier schon bewirtet wurden und Unterkunft fanden. Zwei junge Familien kümmern sich heute um das Wohl ihrer Gäste, da ist zum einen die Inhaberfamilie Aschenwald, die neben dem Hotel auch eine Alpakafarm betreibt, und zum anderen die Pächter-Familie Szentannai, die sich mit viel Liebe für das kulinarische Wohl der Urlauber engagiert. Von den 12 behaglich eingerichteten Zimmern und sechs Appartments geht der Blick fast unendlich weit in die imposante Bergwelt des Wilden Kaisers. Auf der idyllischen Terrasse oder in den gemütlichen Räumlichkeiten des historischen Hauses lässt man sich die gute

Küche schmecken: Für den kleinen Appetit oder als Vorspeise empfehlen sich zum Beispiel gebratener Camembert mit Preiselbeeren oder eine herzhafte ungarische Gulaschsuppe. Zum Hauptgang fällt die Wahl schwer zwischen Kalbstafelspitz mit Röstkartoffeln, Schweinefilet mit Pfifferlingen, Rinderfilet vom Rost mit Senfsauce oder gegrilltem Seezungenfilet in Weißweinsauce mit Buttergemüse. Natürlich stehen auch typische Tiroler Spezialitäten wie Schweinebraten oder knusprige Schweinshaxen auf der Karte. Auf Vorbestellung bereitet das Küchenteam auch Exotisches wie Krokodilschwanz oder Bisonfleisch zu. Andere Spezialitäten sind der Gyrosteller, die Tiroler Schlutzkrapfen, die mexikanischen „Quesadillas“ – Weizentortillas mit Hühnerfleisch, Paprika und Käse gefüllt – oder der saftige Zwiebelrostbraten mit gegrillten Tomaten. Wer noch Gusto auf etwas Süßes hat, bestellt das Parfait vom steirischen Kürbiskernöl mit heißen Waldbeeren, das Mohnparfait, Crêpes „à la Gundel“ mit Nüssen, Rosinen und Schokosauce oder Apfelstrudel mit Sahne oder Vanillesauce. An den Wochenenden ist beim Maikircher Frühschoppen angesagt und bei den Grillabenden mit Fleisch, Fisch und Gemüse vom Holzkohlengrill gibt es Ofenkartoffeln „satt“. Livemusik mit Harfe und Harmonika macht diese Events zu einem besonders stimmungsvollen Ereignis.

Lammkrone mit Rosmarin

Zutaten

800 g Lammkrone, küchenfertig
frischer Rosmarin
Öl zum Braten
400 g Kartoffeln
Butter
frische Petersilie
3 Lorbeerblätter
1 EL Estragon, gerebelt
200 ml Bratensauce (evtl. instant)
200 ml Rotwein
1/2 Zwiebel
400 g grüne Bohnen
100 g durchwachsener, geräucherter Speck (Bacon)
Salz, Pfeffer aus der Mühle

Zubereitung

Die Lammkrone salzen, pfeffern, mit Rosmarin würzen und marinieren lassen. Dann das Fleisch von allen Seiten braun anbraten. Die Kartoffeln blättrig schneiden, in Butter braten, mit Salz, Pfeffer und Petersilie bestreuen. Lorbeer, Estragon, Pfeffer, Rotwein, Zwiebel und Bratensauce mischen und etwas kochen lassen, dann abseihen. Die Bohnen putzen und gar kochen, in die Speckscheiben wickeln und alles zusammen servieren.

HOTEL SCHNABLWIRT

Der Wilde Kaiser: ein Gebirge, das die Großartigkeit der Landschaft vor Augen führt, ein Bergmassiv von ehrfurchtsgebietender Schönheit und zu seinen Füßen das Dörfchen Going, Inbegriff alpiner Freuden im Sommer wie im Winter. In der warmen Jahreszeit entspannt man in der grünen Natur bei Wanderungen, Fahrradtouren oder Ausflügen. Der Winter lockt mit Schneepracht und unzähligen Aktivitäten. Kein Wunder, dass Going zu den beliebtesten touristischen Zielen im Alpenraum gehört – trotzdem hat sich das Dorf seinen ursprünglichen Charakter noch bewahrt, typische Holzhäuser mit blumengeschmückten Balkonen und kreuzbewehrten Giebeln prägen das Ortsbild. Mitten im Zentrum ist das „Dorfhotel Schnablwirt“ ein Ort behaglicher Gastlichkeit mit Tradition. Seit über 200 Jahren steht der Schnablwirt für herzliche Gastfreundschaft und familiäres Ambiente, für komfortables Wohnen und für exzellente Küche. Josef und Mandy Ertl und das Schnablwirtteam sorgen dafür, dass die schönsten Tage oder Wochen des Jahres auch zu den unvergesslichsten werden. Dazu gehören natürlich die angenehmen Zimmer mit atemberaubendem Blick auf den Wilden Kaiser, die Vitaloase mit Sauna, Dampfbad und Infrarotkabine, dazu gehören aber auch die gemütlichen Räumlichkeiten des Hauses und die vier heimeligen Stüberl, in denen man die Kreationen des Chefs genießen kann. Im Schnablwirt kocht nämlich der Chef selbst. Josef träumte schon als Kind vom Kochen – und unter „Kochen“ versteht er nicht nur „Essen zubereiten“, sondern Lebensmittel so zu verarbeiten, dass sie ihre ursprüngliche Identität nicht verlieren und dadurch unkenntlich werden. Ein paar gekonnte Handgriffe, lustvoll gepaart mit Kreativität, machen aus den Produkten der Region und aus Rezepten aus Großmutters Küche liebevoll zubereitete Speisen, die die Werte der Heimat widerspiegeln. Die Kunst, Einfaches fein zu machen, beherrschen Josef und seine Mitarbeiter perfekt. Lassen wir uns also im Restaurant „Mund-Art“ im Schnablwirt nieder und freuen wir uns auf die kulinarischen Wonnen: zunächst vielleicht lauwarm marinierter Kalbstafelspitz mit Kräutersalat oder steirische Blutwurst-Kartoffelknöderl, Tiroler Gröstel, Schlutzkrapfen mit brauner Butter und Parmesan oder Kalbsleber Tiroler Art. Spezialitäten sind zum Beispiel gebackenes Tiroler Schnitzel, mit Speck, Zwiebel und Champignons gefüllt, der Zwiebelrostbraten mit Speckbohnen oder die Kalbsröllchen mit

Hotel Schnablwirt
Familie Ertl

Dorf 12
A-6353 Going

Telefon 00 43 (0) 53 58 / 35 11
Telefax 00 43 (0) 53 58 / 35 14

www.schnablwirt.at

Schinken-Käse-Füllung. Aus Fluss und See kommen die Tiroler Gebirgsforelle, in Knoblauchbutter gebraten, oder der Bachsaibling mit Kartoffelpüree. Wer nur etwas Kleines zwischendurch möchte, ist mit einer gemischten Käseplatte oder mit dem Schlemmertoast ebenfalls gut bedient. Eine Sünde wert sind die Nachspeisen: Topfen-Nugat-Knödel, Kaiserschmarren mit Zwetschkenröster oder weißes Schokoladenparfait sind etwas für Naschkatzen. Hausgäste genießen darüber hinaus täglich das reichhaltige Frühstücksbuffet, ein viergängiges abendliches Wahlmenü, ein wöchentliches Galadinner und ein Themenbuffet.

Steirische Blutwurstknödel

Zutaten

500 g mehlige Erdäpfel
1 Ei
1 Eidotter
ca. 200 g Mehl (halb griffig, halb glatt)
50 g Maisstärke
Mehl für die Arbeitsfläche
etwas Butter
Blutwurst für die Fülle
Speckwürfel und Petersilie
Salz, Muskatnuss

Zubereitung

Die Erdäpfel schälen, weich kochen, etwas abkühlen lassen und durch eine Kartoffelpresse drücken. Mit Ei, Eidotter, Mehl, Maisstärke, einer Prise Muskatnuss und Salz zu einem geschmeidigen Teig kneten. Auf einer bemehlten Arbeitsfläche zu einer Rolle formen, in 12 gleich große Stücke teilen und gleichmäßig ausrollen. Die Blutwurst in kleine Würfel schneiden und auf die Teigscheiben geben. Mit angefeuchteten Händen zu Knödeln formen und in Salzwasser circa 10 Minuten kochen. Vor dem Servieren Butter zerlassen, Speckwürfel und Petersilie darin anschwitzen und die Knödel darin schwenken.
Tipp: Mit Krautsalat und Kürbiskernen oder mit Sauerkraut und Bratensauce servieren.

DER KAISERWINKL

Tradition und Kultur, ein idyllisch gelegener See, authentische Dörfer, eine traumhafte Bergkulisse und dazu Sport und Spaß ohne Ende in einem wenig bekannten Teil Österreichs, das ist der Kaiserwinkl, ein Stück Tirol, wie man es sich schöner nicht vorstellen kann und wo sich der Sommer genauso genuss- und erlebnisreich zeigt wie der Winter. Landwirtschaftliche Nutzung prägt die Region, hier weidet das Tiroler Grauvieh auf blumenübersäten Almen, hier werden die Felder von den Bauern traditionell bewirtschaftet. Hier und da ein kleiner Weiler, ein Dorf mit Kirchturm, dazwischen nichts als unberührte Natur, überragt vom imposanten Zahmen Kaiser. „Action" gibt es trotzdem genug, zum Beispiel eine Sommerrodelbahn, Minigolf, Beachvolleyballanlagen, Abenteuerspielparks, eine Reithalle mit Schule, Tennishallen und Freiplätze.

In der warmen Jahreszeit ist im Kaiserwinkl „Aktivsommer" angesagt. 200 Kilometer markierte Wanderwege, 50 Kilometer Mountainbikerouten, 20 Kilometer Radwanderweg, Naturlehrpfad, Drachenflug- und Paragleitschule lassen keine Wünsche offen, was ganz besonders Familien mit Kindern anspricht, denn für Spannung und Abwechslung ist gesorgt.

Zahlreiche urige Alm- und Berghütten und Jausenstationen warten auf durstige und hungrige Wanderer und bieten ihnen reine, unverfälschte und gesunde Tiroler Kost. Der Walchsee zählt mit einer Größe von circa 96 Hektar und 21 Metern Tiefe zu den größeren Tiroler Badeseen, dank seiner so gut wie unverbauten Ufer stellt er eine Oase der Ruhe dar. Die hervorragende Wasserqualität und eine konstante Temperatur zwischen 20 und 24 °C versprechen reinste Badefreuden für Jung und Alt. Dafür sorgen auch drei Badestrände und das Strandbad, Bootsverleih, Wasserski, Windsurfen und die Möglichkeit zum Fischen.

Der Kaiserwinkl umfasst die vier Gemeinden Kössen, Walchsee, Schwendt und Rettenschöss, alle zauberhaft, und jede hält etwas Besonderes für Urlauber bereit: Kössen ist

Zahmer Kaiser

der größte Ort der Region, urkundlich schon 1160 erwähnt. Damals war das Benediktinerinnenkloster Frauenchiemsee der größte Grundherr. Seine größte Blüte erlebte der Ort im 16. und 17. Jahrhundert, als etliche Bergbaubetriebe Eisen, Silber und Kupfer verhütteten, einer der Grundpfeiler für den Reichtum des Landes Tirol in jener Zeit.
In Kössen gibt es europaweit die erste Golfanlage, die sich über eine Ländergrenze erstreckt: Man kann auf dem 18-Loch-Platz sowohl in Bayern als auch in Tirol golfen. Im Winter geht es in Kössen quicklebendig zu, wenn das bunt gekleidete Ski- und Snowboardervolk durch die Dorfgassen schlendert. Tagsüber hat man sich auf den Unterbergpisten bis in 1 700 Metern Höhe ausgetobt oder ist eine der vielen Loipen entlanggespurt. Das Unterberghorn in Kössen beziehungsweise Hochkössen gehört zu den schneereichsten Skigebieten in Tirol mit 30 Kilometern gut präparierten Pisten aller Schwierigkeitsgrade. Eine Gondelbahn und zehn Sessel- und Schlepplifte bringen nicht nur Sportler, sondern auch Fernsichtbegeisterte auf die Aussichtspunkte mit grandiosem Ausblick. Noch ein Highlight bietet Kössen, nämlich die alljährlich Ende Januar stattfindende Ballonfahrerwoche, wenn sich bunte Ballone mit den kuriosesten Formen am Himmel tummeln – zusammen mit einem umfangreichen Rahmenprogramm ein besonderes Erlebnis. Die Übernachtungsmöglichkeiten in Kössen sind dementsprechend variantenreich: Vom feinen Hotel über gemütliche Pensionen und Gasthöfe und Urlaub am Bauernhof bis zu Privatzimmern, Ferienwohnungen und dem Eurocamping „Wilder Kaiser“ reicht die Auswahl.
Walchsee mit dem gleichnamigen See wurde bereits in einer Urkunde des Jahres 1073 erwähnt, hier siedelten schon Römer und ihre Nachkommen. Der Sage nach stand hier einst ein Wald, um den sich die Anwohner so lange erbittert stritten, bis er in den Tiefen der Fluten versank. Heute bietet Walchsee vor allem jungen Familien mit Kindern alles, was es für einen erholsamen Urlaub voll Spaß und Abwechslung braucht. Die leichten Hänge sind ideal für Ski- und Snowboardanfänger und Kinder begeistert die Walchseer

Skischule mit Skikindergarten, Zauberteppich und Karussell, wo sie spielerisch die ersten Schwünge lernen. Die Eltern können derweil durch eines der schönsten Langlaufgebiete Tirols spuren und das wunderbare Alpenpanorama genießen.
In unmittelbarer Nähe befindet sich das größte Moorgebiet Nordtirols, von Wiesen und Weiden umrandet, Heimat vieler charakteristischer Kleintiere, über deren Lebensraum man bei einer geführten Wanderung allerhand Wissenswertes erfahren kann.
Schwendt in 700 Metern Höhe nennt sich selbst das „Nostalgie-Schatzkästchen", wahrscheinlich wegen seiner absoluten Ruhe und seines dörflichen Ortsbilds, das seinen unverfälschten Charakter immer bewahrt hat – keine Hotelanlagen, sondern gemütliche Gasthöfe, in denen man mit den Einheimischen bei einem Glas Bier oder Wein zusammensitzt. Um die Jahrtausendwende bescherte der große Holzreichtum der Bevölkerung Wohlstand und Verdienstmöglichkeiten. Das Holz verarbeitete man zu Holzkohle, die im Winter mit Schlitten zu den Kupferhütten in Kössen geliefert wurde. Die Bezeichnung „schwenten" bedeutet auch im heutigen Sprachgebrauch noch „den Boden von Unterholz und Gestrüpp freimachen".
Rettenschöss bedeutet ungefähr „roter Bergsturz", und tatsächlich kann man in der Umgebung rötliches Gestein finden. Rettenschöß ist der kleinste Ort des Kaiserwinkls: Die reizende, verträumte Berggemeinde mit wenigen Bauernhäusern und einer Kapelle liegt eingebettet in grüne Wiesen und Wälder. Kein Durchgangsverkehr stört die abgeschiedene Ruhe, der Massentourismus ist hier definitiv nicht zu Hause, was einen unbeschwerten Urlaub in der Natur mit Erholung und Entspannung ermöglicht.

STÖFFLBRÄU

Auf einem sonnigen Hochplateau in 584 Metern Höhe, nicht weit von Kufstein, liegt im Örtchen Schwoich das „Gasthaus Stöfflbräu“, eingebettet in eine Berglandschaft von großer Schönheit, umgeben von dichten Wäldern, grünen Wiesen und klaren Bächen. Das einzigartige Bauernhofbräuhaus ist die erste private Hausbrauerei des Bezirks Kufstein. Kleine Hausbrauereien blicken in dieser Gegend auf eine lange Tradition zurück: Diese Tradition führt Familie Bichler weiter und pflegt das aufwendige Handwerk des Brauens nach alter Sitte und dem Reinheitsgebot von 1516. Von der Idee zur Gasthausbrauerei dauerte es nicht lang, allerdings musste das Gasthaus vergrößert werden, um die Brauerei harmonisch in den Gastraum integrieren zu können. Heute stehen die kupfernen Braukessel auf einer lichtdurchfluteten Empore, wo Interessierte an einer Führung teilnehmen und zuschauen können, wie das Stöfflbier entsteht, nämlich aus bester Gerste, erstklassigem Hopfen und mit reinem, klarem Quellwasser aus den Bergen. Drei verschiedene Sorten werden im Stöfflbräu hergestellt: ein hefetrübes Weizen, ein helles Gerstenbier und je nach Saison Märzen oder Weihnachtsbock. Wichtig für die Güte dieses Biers ist auch, dass es nicht thermisch behandelt, also pasteurisiert oder kurzzeiterhitzt, wird. Am besten schmeckt es frisch gezapft beim Stöfflbräu selbst: im Sommer auf der Terrasse und, wenn die Tage kühler werden, in den urgemütlichen Räumen, die früher die Kühe beherbergten, mit Wandmalereien, mit alten Bodendielen, blank gescheuerten Tischen, mit dem offenen Kamin und den witzigen Lampen über einigen Tischen, die sich wie weiße Wölkchen am Himmel bewegen. Hier erfreuen wir uns nicht nur am süffigen Bier, sondern

Stöfflbräu
Peter und Uschi Bichler

Sonnendorf 27
A-6330 Schwoich

Telefon 00 43 (0) 53 72 / 5 82 07

www.stoefflbraeu.at

auch an den handfesten Genüssen aus der Küche, in der Chef Christian aus Gutem das Beste macht. Fangen wir mit den Vorspeisen an und delektieren uns an hausgemachtem Tafelspitzsülzchen mit Kürbiskernöl, Bauernbrot mit Grammelschmalz oder Friedas Pressknödelsuppe. Bei den Hauptspeisen sollte man unbedingt die Spezialitäten vom schottischen Hochlandrind bestellen. Ihr Fleisch hat einen besonders intensiven, fast wildartigen, dabei feinen Eigengeschmack. Christian bereitet daraus zum Beispiel Pfeffersteak, Surf and Turf (mit Riesengarnelen), Rumpsteak oder Huftsteak zu, mit Balsamico-Bier-Sauce, Paprikarahmsauce oder mit Röstgemüse und Ofenkartoffel. Süße Verlockungen wären hinterher hausgemachte Kuchen, Eisbecher oder das Stöfflbräudessert: Vanilleeis mit gerösteten Kürbiskernen und Kürbiskernöl. Beim Stöffl hat aber nicht nur das Bierbrauen, sondern auch das Schnapsbrennen Tradition. Zu den hochwertigen, in Barriquefässern gelagerten Edelbränden, die schon viele Preise gewonnen haben, gehören zum Beispiel Gravensteiner, Marille, Birnenquitte, Roter Williams, Muskattraube und – natürlich – Bockbierbrand. Und wer glaubt, dass Whisky immer aus Schottland kommt, irrt, denn sogar der „Stöffl-Whisky" lagert hier im Eichenfass und wartet als edler Single Malt auf seine Fans.

Rumpsteaks in schwarzer Balsamico-Bier-Sauce©

Zutaten

4 Rumpsteaks à 200–250 g
2 TL Rosmarin
2 TL schwarzer Pfeffer, grob gemahlen
1 TL Salbei
1 Tl Koriander
1/2 TL Paprikapulver
Olivenöl
Salz

Für die Sauce

1/2 l Bier
1/2 l Balsam-Essig
4 Gewürznelken
1 Zimtstange
1 EL Rosmarin
1 EL Pfefferkörner
1 daumengroßes Stck. Ingwerwurzel
4 ganze Chilischoten
2 EL Preiselbeermarmelade
200 g Zucker
1 EL Maisstärke
optional: Kardamom, Kümmel, Lorbeerblätter, Majoran, Salbei, Thymian, Wacholderbeeren

Zubereitung

Für die Sauce Bier und Balsamico getrennt in 2 Töpfe gießen. Zum Bier alle Kräuter und Zucker hinzufügen. Langsam aufkochen und beides auf die Hälfte reduzieren lassen. Danach das Bier durch ein Sieb gießen, mit dem Essig mischen, Maisstärke mit etwas kaltem Wasser verrühren und in die Sauce rühren.
Rumpsteaks mit den Kräutern würzen und mit Olivenöl einmassieren. In wenig Öl von allen Seiten nicht zu scharf je 2 Minuten anbraten, dann für 8-10 Minuten in den auf 190 °C vorgeheizten Ofen stellen, zum Schluss die Steaks salzen. Als Beilage eine Ofenkartoffel mit Kräutersauerrahm und in Speck gewickelte grüne Bohnen servieren.

ASCHINGER ALM

Aschinger Alm
Alpengasthaus & Almkäserei
Familie Gerhard Ritzer

Buchberg 34 a
A-6341 Ebbs

Telefon 00 43 (0) 53 73 / 4 31 08
Mobil 00 43 (0) 6 64 / 8 46 19 16

www.aschingeralm.at
www.almkaeserei.at

Dem Alltag völlig entrückt ist man im Kaiserwinkl auf der „Aschinger Alm", die so gut wie in jeder Jahreszeit zu aktivem Relaxen einlädt. Die Sicht auf die umliegende, sagenhafte Bergwelt des Zahmen Kaisers und bis zum Walchsee in der Ferne ist von fast überirdischer Schönheit. Das große, aus altem Lärchenholz erbaute Gasthaus mutet wie eine Almhütte an und bietet an kalten Tagen gemütliche Stuben und eine Bar mit offenem Kamin, wo man sich mit Freunden oder mit der Familie ein paar schöne Stunden machen kann. Die große Sonnenterrasse lädt bei schönem Wetter natürlich zu Speis' und Trank in frischer Luft. Direkt neben dem Gasthaus streckt ein mächtiger alter Bergahorn seine Äste in den Himmel. Bei jedem Wetter leicht zu gehen ist der 1,8 Kilometer lange Rundweg, der vom Gasthaus am Schweinestall vorbei durch Wald und Wiesen und wieder zurück führt. Gleich oberhalb befindet sich das urige Bienenhäuschen aus Zirbenholz, an dessen Tür der Spruch eingemeißelt ist: „Willst Du Gottes Schöpfung sehen, musst Du zu den Bienen gehen". Im Sommer ist die Alm ein Paradies für Wanderer und Mountainbiker; die Sommer- und Winterrodelbahn führt ganz in der Nähe des Hofes vorbei – ein Spaß für Groß und Klein. Kinder sind bei Familie Ritzer übrigens besonders willkommen und können ums Haus herum und auf dem Spielplatz frei herumtoben oder sind bei schlechtem Wetter im Spielzimmer gut aufgehoben. Wenn sich Hunger bemerkbar macht: Die Küche auf der Aschinger Alm hält so manches alpine Leckerli bereit wie zum Beispiel gefüllte Kasnudeln, Kasspätzle, Ochsenfleisch und Wild aus der eigenen Jagd, das mit Gustostückerln von Reh, Gams, Hase und Rotwild die Speisekarte bereichert. Chefkoch

Christian Flatscher hat schon im dreifach besternten „Tantris" in München gekocht, beste Referenz seiner Hausmannskost auf hohem Niveau. Für die süßen Schmankerln ist Gerhard Ritzers Frau Martina zuständig. Eine herzhafte Jause besteht vor allem aus den einmalig guten Käsesorten, die ebenfalls auf der Aschinger Alm hergestellt werden. Hausherr Gerhard, gelernter Zimmermann und Almbauer mit Leib und Seele, fertigt jeden zweiten Tag in der Käserei seine Spezialitäten in Handarbeit, neben Butter und Frischkäse mit Schnittlauch oder Bärlauch auch Tilsiter, Bergkäse und Emmentaler, alles aus der Heumilch der circa 25 Kühe der Alm. Wer Lust hat, kann übrigens in der Käserei durch eine Glasscheibe den Käselaiben bei der Pflege und Reifung zuschauen. Im Bauernladen findet der Liebhaber natürlicher Lebensmittel auch andere Spezialitäten wie Speck, Kaminwurzen, Almsalami, Honig und verschiedene Schnäpse.

Rosa gebratener Rehrücken mit Selleriepüree und Schupfnudeln

Zutaten

Für die Schupfnudeln

250 g mehlige Kartoffeln, gekocht und ausgedämpft
2 Eigelb
100 g doppelgriffiges Mehl
20 g flüssige Butter
30 g Kartoffelstärke
Thymian, Petersilie und Rosmarin, gehackt

Für den Rehrücken

600 g Rehrückenfilet, küchenfertig
Pfeffer, Piment, Wacholder, Koriandersamen
Öl zum Anbraten
Butter
Salz

Zubereitung

Für die Schupfnudeln Kartoffeln durch die Presse drücken und mit den restlichen Zutaten zu einem geschmeidigen Teig verarbeiten. Den Kartoffelteig zu länglichen Rollen formen und nussgroße Stücke abschneiden. Zu Schupfnudeln rollen und in siedendem Salzwasser garen. Wenn sie oben schwimmen, aus dem Wasser heben und in Eiswasser abschrecken. Danach in einem Sieb abtropfen lassen, in Butter schwenken und mit frisch gehackten Kräutern bestreuen. Das Rehrückenfilet salzen und durch die Gewürzmischung rollen, in einer heißen Pfanne mit Öl kurz auf allen Seiten anbraten. Auf ein Gitter setzen und im vorgeheizten Ofen bei 160 °C etwa 8 Minuten braten, dabei immer wieder wenden. Aus dem Ofen nehmen und in Alufolie circa 10 Minuten rasten lassen, vor dem Servieren nochmals 2 bis 3 Minuten im Ofen erhitzen und in heißer Butter rundherum Farbe geben. Dazu Selleriepüree servieren.

GASTHAUS ZUR SCHÖNEN AUSSICHT

Der „Kaiserwinkl" – eine der schönsten Ecken Tirols – ist von erhabener Schönheit und von lärmendem Tourismus weitestgehend verschont. Das kleine Örtchen Rettenschöss im Naturschutzgebiet Kaisergebirge lädt sommers wie winters zu echter Erholung und Entspannung ein. Die Lage hoch über der Durchgangsstraße ohne Verkehrslärm bedeutet Ruhe und intakte Natur. Und wer die gewundene kleine Straße durch Wälder und verstreute Weiler weiterfährt, kommt schließlich zum „Gasthaus Zur Schönen Aussicht" auf 1050 Meter Höhe. Sehr untertrieben und viel zu bescheiden ist es, die Aussicht aber einfach nur „schön" zu nennen! Lage und Aussicht sind viel mehr als das, nämlich absolut einmalig. Von links nach rechts geht der Blick auf die ganze prachtvolle Parade der Berge, da sind die Loferer Steinberge, der Zahme Kaiser, der Wilde Kaiser dahinter, die Zillertaler Alpen, der Wendelstein ... und mittendrin das einfache, aber urgemütliche Gasthaus mit der großen Sonnenterrasse, dem Kinderspielplatz und der Stube für nicht so warme Tage.

Direkt vor der Tür kann man zu Spaziergängen und Wanderungen aufbrechen, ringsum nichts als Wälder, Wiesen und Weiden, auf denen im Sommer Kühe grasen. Besonders Naturliebhaber werden sich in der unberührten Landschaft und der würzigen, reinen Luft wohlfühlen. Zum Einkehren eignet sich dann der Gasthof Zur Schönen Aussicht bestens: Er gehört zur „Genussregion Untere Schranne", ein in der Region verwurzeltes Netzwerk, bei

Gasthaus Zur Schönen Aussicht
Familie Georg Kitzbichler

Rettenschöss 16
A-6342 Rettenschöss

Telefon 00 43 (0) 53 73 / 6 18 11
Telefax 00 43 (0) 53 73 / 6 18 11

www.schoene-aussicht.biz

dem intensiver Erfahrungsaustausch, persönlicher Kontakt mit Produzenten und Abnehmern und ressourcenschonende Vermarktung im Vordergrund stehen.
Familie Kitzbichler sorgt als Gastgeber dafür, dass es den Wanderern und Urlaubern an nichts fehlt, und dazu gehört natürlich auch die bodenständige Tiroler Küche, deren Produkte teilweise vom Bauernhof des Bruders gleich gegenüber kommen, teilweise von anderen Bauern aus der Gegend – alles ist regional, frisch und natürlich: Milch, Eier, Honig, Fleisch, Gemüse, Kräuter und Käse sind einige der Zutaten, aus denen Familie Kitzbichler ihre traditionellen und originellen Schmankerln zubereitet. Zur Brotzeit gibt es zum Beispiel eine Brettljause mit Speck, Kaminwurzen (auch von Reh, Gams oder Hirsch) und Käse. Wer Appetit auf eine warme Vor- oder Zwischenmahlzeit verspürt, wählt etwa Tiroler Gröstel, Kasspatzeln, Gulasch- oder Zwiebelsuppe oder die hausgemachte Sulze mit Essig, Öl und Zwiebelringen. Schon größeren Hunger braucht es für Schweinsbraten mit Knödeln, Wiener Schnitzel aus der Pfanne, Gamsbraten oder Rehgulasch mit Blaukraut

und Spätzle, für das Schopfsteak mit Kräuterbutter und Ofenkartoffel oder mit Letscho und Bratkartoffeln, für die gebratenen Forellen oder die Schweinelendchen mit Champignonrahmsauce. Sogar Hauspizza steht auf der Karte. Für Süßes ist natürlich auch gesorgt: Zum Nachmittagskaffee eignen sich Apfel- oder Topfenstrudel, Joghurttorte oder Marillenkuchen, und zum Dessert gibt es einen wunderbar flaumigen Kaiserschmarren. Im Juli und August wird sonntagsabends auch gegrillt. Gemütliche Komfortzimmer machen die Wahl übrigens leicht, auch mal ein paar Tage die herrliche Umgebung und die herzliche Gastfreundschaft von Familie Kitzbichler zu genießen.

Eierschwammerlgulasch

Zutaten
800 g Eierschwammerl, geputzt
1 große Zwiebel
60 g Butter
25 g Mehl
125 ml Rindssuppe
Petersilie, gehackt
125 ml Rahm
Paprikapulver
Salz
Pfeffer aus der Mühle

Für die Knödel
1 Zwiebel, fein geschnitten
250 g Knödelbrot
2 Eier
Petersilie, gehackt
Mehl, Milch, Salz, Butter

Zubereitung
Zwiebel fein würfeln, in der Butter goldgelb anrösten. Die Eierschwammerl zerkleinern, dazugeben und mitrösten, bis die Flüssigkeit reduziert ist. Mit Salz, Pfeffer und Paprikapulver würzen, mit Mehl bestäuben, umrühren und mit 125 Milliliter Wasser und Rindssuppe ablöschen. Petersilie hinzufügen und etwa 10 Minuten leicht köcheln lassen. Vor dem Servieren mit Rahm verfeinern.
Für die Semmelknödel die Zwiebel in Butter anrösten, Knödelbrot in eine Schüssel geben, Eier, Salz, Petersilie und Zwiebelwürfel zufügen und so viel warme Milch darüber gießen, dass die Teigmasse gut bindet, noch einige Löffel Mehl beigeben und den Teig ruhen lassen. Knödel formen, in kochendes Salzwasser einlegen, circa 15 Minuten ziehen lassen, die letzten 5 Minuten zudecken, damit sie schön aufgehen.

HOTEL GARNI ILGERHOF – KONDITOREI PRASCHBERGER

Hotel Garni Ilgerhof
Konditorei Praschberger

Dorfplatz 4
A-6344 Walchsee

Telefon 00 43 (0) 53 74 / 52 51
Telefax 00 43 (0) 53 74 / 52 51 42

www.ilgerhof.com

Nur ein paar Schritte vom kleinen, feinen Walchsee entfernt kann man wunderschöne, entspannte Urlaubstage oder -wochen verbringen, und zwar im „Hotel Garni Ilgerhof". Das Haus liegt mitten im reizenden Dorf Walchsee zu Füßen des Zahmen Kaisers in romantischer Umgebung, die sich so herrlich zum Spazierengehen oder Wandern eignet. Der idyllische See mit seinen unverbauten Ufern lädt ebenfalls zu einer gemütlichen Umrundung ein, außerdem zum Baden in angenehm temperiertem Wasser, zum Surfen und Wasserskifahren.

Der Ilgerhof hat alles, was es für Wohlfühlferien braucht. Zu den besonderen Stärken der Gastgeber zählt die persönliche Betreuung ihrer Gäste, die sich in familiärer Atmosphäre jeden Wunsch von den Augen ablesen lassen können. Sie haben die Wahl zwischen komfortablen Zimmern und Appartements mit Kochnische, die wie eine Ferienwohnung auch ohne Frühstücksbuffet, aber mit allen Annehmlichkeiten des Ilgerhofs, buchbar sind. Das Haus ist der ideale Ausgangspunkt für Ausflüge jeglicher Art, sommers wie winters. Im Winter sind die Langlaufloipen ganz in der Nähe, Langlaufrennen und Eisstockturniere lassen keine Langeweile aufkommen, und in der warmen Jahreszeit begleitet Familie Praschberger die Urlauber auf etlichen Wanderungen. Fahrräder und Nordic-Walking-Stöcke stehen zum Ausleihen bereit. Der Ilgerhof ist Partnerhotel aller vier umliegenden Golfplätze und bietet Golfern Greenfee-Ermäßigung sowie die verschiedensten Golf-Pauschalangebote. Grillabende mit Tanz und Livemusik gehören ebenfalls zum Verwöhnprogramm des Ilgerhofs: Neues und

Gutes wird mit Tradition und Erfahrung in Einklang gebracht und führt zu unvergesslichen Erlebnissen.
Besondere Schmankerln bietet das hauseigene Café. Süßmäuler glauben sich hier im Schlaraffenland. Kein Wunder, der Chef des Hauses ist Konditormeister und backt täglich -zig Torten, Kuchen und süße Teilchen. Auch das Eis ist Handarbeit: Die Auswahl an verschiedenen hinreißenden Eissorten und -bechern ist groß. Bei Bananensplit, Schwarzwald- oder Hawaiibecher, Coupe Walchsee oder Birne Helene kann wohl niemand nein sagen. In den weitläufigen, hellen Räumlichkeiten oder im Gastgarten vor der Tür lässt sich gemütlich bei einer Tasse Cappuccino oder erlesenem Tee ein Stück Kuchen oder Torte genießen oder man startet einen ereignisreichen Tag mit dem lukullischen Frühstücksbuffet. Natürlich kann auch der Appetit auf etwas Herzhaftes gestillt werden: Täglich wechselnde und frisch zubereitete Gerichte schmeicheln dem Gaumen.
Für besondere Feierlichkeiten wie Geburtstagsfeiern, Hochzeiten oder andere festliche Anlässe lässt sich Familie Praschberger immer wieder etwas Besonderes einfallen, mit dem man die Gäste überraschen und begeistern kann.

Walchseetorte

Zutaten
8 Eier, getrennt
100 g Staubzucker
100 g Kuvertüresplitter
100 g süße Brösel
100 g geriebene Haselnüsse
Vanillezucker
50 g Zucker
1 Prise Salz

Pariser Creme
125 ml Sahne
100 g Kuvertüre, geschmolzen

Füllung
Marillenmarmelade
Ausgerollter Marzipanboden

Tränke
300 ml Läuterzucker
300 ml Cherry Brandy

Glasur
1 Ei
170 g Staubzucker
100 g Kuvertüre, geschmolzen
60 g heißes Kokosfett (alles miteinander vermengt)

Zubereitung
Aus Eigelben, Zucker, Kuvertüre, Bröseln, Haselnüssen, Vanillezucker und Salz einen Teig rühren. Die Eiweiße mit dem Zucker steif schlagen und unterheben. Bei 180 °C circa 35 Minuten backen, auskühlen lassen und zweimal waagerecht durchschneiden.
Für die Pariser Creme Sahne mit Kuvertüre vermischen.
Auf den unteren Boden die Pariser Creme streichen, den zweiten Boden darauflegen, mit Marillenmarmelade und ausgerolltem Marzipan bedecken, darauf wieder Marillenmarmelade streichen, den dritten Boden darauflegen, mit der Tränke beträufeln und die Glasur darüber verteilen.

KÄSEREI PLANGGER

Käserei Plangger

Durchholzen 22
A-6344 Walchsee

Telefon 00 43 (0) 53 74 / 56 17
Telefax 00 43 (0) 53 74 / 56 18

www.kaeserei.at

Fragt man Herrn Plangger, was die wichtigste Voraussetzung für guten Käse ist, so antwortet er: „Der Boden!“ Mit dem Boden fängt nämlich alles an, wenn er gesund ist und gutes Futter für die Kühe auf ihm wachsen, wird auch die Milch der Kühe gut und somit letztendlich auch der Käse, der aus dieser Milch hergestellt wird. Und so ist es Herrn Plangger ein großes Anliegen, dass die Wiesen und Weiden nicht mit zu viel Gülle „misshandelt“ werden, denn dann stinkt und fault der Boden und die Milch kann nicht optimal werden. Wenn die Flora „stimmt“, wachsen genau die richtigen Kräuter und Gräser, die die Kühe dazu bringen, dass sie ungefähr 65-mal wiederkäuen, was zu einer bestmöglichen Verdauung des Futters führt. Dann sind die Kühe gesund, und – Zitat Herr Plangger – „Gesundheit ist viel ansteckender als Krankheit“, denn Krankheit muss man provozieren, während Gesundheit bei richtiger Düngung der Böden schon von vornherein gegeben ist. Eine hohe Milchleistung ist bei gesunden Kühen natürlich besser möglich und das kommt schließlich dem Konsumenten zugute. Es versteht sich von selbst, dass die Käserei Plangger nur „Heumilch“ verwendet, das ist Milch von Kühen, die ausschließlich Gras, Kräuter und Heu fressen und niemals Silofutter erhalten. Die Vielfalt der Pflanzenarten ist für die Qualität der Heumilch natürlich wichtig: Auf gesundem Grünland wachsen 50 bis 60 verschiedene Gräser wie Rotklee, Steinklee, Wicken, Kerbel

oder Schafgarbe. Und hier kommt nun eine Neuheit ins Spiel, die ursprünglich aus Japan stammt und sich dort schon zigtausendfach bewährt hat: Effektive Mikroorganismen „EMs“ oder auch „Aufbauende Mikroorganismen“ genannt, sind Kleinstlebewesen aus gemischten Kulturen von nützlichen, in der Natur vorkommenden Mikroorganismen, die als Impfung angewendet werden, um die mikrobielle Vielfalt im Boden über die Pflanzen zu nutzen. Die „Käserei Plangger“ stellt sie auf der Basis von Wasser und Zuckerrohrmelasse her. Die EMs kompostieren anfallenden Biomüll nicht, sondern sie fermentieren ihn und schaffen ein mikrobiologisches Klima ohne Fäulnis- und Schimmelbildung und ohne üble Gerüche. Die Milchlieferanten der Käserei Plangger bringen ausschließlich diese Mikroorganismen auf ihren Weiden als Dünger aus und verwenden sie auch zur Verbesserung des Stallklimas. Der Vorteil: Die Kleinstlebewesen verbessern den Boden und damit das Pflanzenwachstum, das funktioniert übrigens auch im privaten Garten! Und ist der Boden gesund, so sind es auch die Pflanzen, und wo die Gesundheit „grassiert“, gibt es keine Schnecken, keinen Mehltau, keine Parasiten. Schädlinge haben in diesem gesunden Milieu einfach keine Chance. Die Erfolge des Mikrobeneinsatzes haben auch jene 110 Biobauern überzeugt, die die Milch in die Käserei Plangger liefern: Sie haben dank des Hofkreislaufs „Mist – Boden – Futter – Kuh – Milch“ gesunde Kühe im Stall und auf der Weide, einen besseren Pflanzenwuchs und keinerlei Geruchsprobleme mehr. Kommen wir aber nun zu den leckeren Erzeugnissen der Käserei Plangger: In den großen Kellern unterhalb des Betriebes reifen die Käselaibe in langen Reihen unter optimalen Bedingungen. Schon seit 1956 stellt Familie Plangger Käse her, heute natürlich ausschließlich aus silofreier Bioheumilch. Da wäre zum Beispiel der würzige Biobergkäse, wahlweise drei, sechs oder neun Monate gereift. Beim Biorässkäse werden erlesene Bergkräuter, Kristallsalz und spezielle Mineralien verwendet, wodurch er seinen aromatischen, unverwechselbaren Geschmack erhält. Den Biosennkäse gibt es auch in einer leichten Variante – ein magerer Käse mit viel Geschmack. In dem großzügigen Ladengeschäft kann man aber nicht nur Käse und Milchprodukte aus eigener Herstellung kaufen, sondern auch andere Erzeugnisse erstklassiger Qualität wie Gebirgsschafkäse, Almtilsiter, Ziegenkäse, Eier, Brot, Marmeladen, Honig, geräucherte Wurstwaren und vieles mehr: ein wahres Paradies für Freunde von natürlichen Lebensmitteln.

METZGEREI GRÜNDLER

Metzgerei Gründler
Michael Gründler

Alleestraße 84
A-6345 Kössen

Telefon 00 43 (0) 53 75 / 62 19
Telefax 00 43 (0) 53 75 / 62 19 73

Garant für beste Fleisch- und Wurstqualität ist schon seit 60 Jahren der Familienbetrieb der „Metzgerei Gründler" in Kössen im idyllischen Kaiserwinkl. Michael Gründler leitet das Unternehmen in der dritten Generation mit Know-how und Begeisterung. Sein Großvater wuchs noch als Bauernbub auf und lernte das Speckräuchern nach alten, überlieferten Rezepten. Damals wurde alles in mühsamer Handarbeit produziert. Heute hat natürlich die moderne Technik in den Betrieb Einzug gehalten, das bedeutet aber nicht, dass nicht nach wie vor alles persönlich und nach alter Tradition gehandhabt wird. Beim Speck ist das Geheimnis die eigene Gewürzmischung aus Knoblauch, Pökelsalz, Wacholder, Pfeffer, Zucker und verschiedenen

Kräutern, mit der die ausgewählten Stücke vom Schlegel, Karree oder Bauch eingerieben werden – ohne Phosphate oder Konservierungsstoffe. Dieser Vorgang des Trockenpökelns dauert circa drei bis vier Wochen, während derer dem Fleisch Wasser entzogen wird und sich der milde Geschmack des

späteren Specks entwickelt. Die Speckstücke werden dann für zwei Wochen in der Räucherkammer über Buchenholz geräuchert. Zusammen mit der würzigen Tiroler Bergluft entsteht nach 12 bis 18 Wochen eine einzigartige Spezialität: der Tiroler Speck der Metzgerei Gründler. Auch Kaminwurzen und Pfefferbeißer bestehen aus ausgesuchten Stücken von Schinken, Schulter und Speck, sie werden von Hand gewürzt und ziehen zwei Tage durch, bevor sie grob zerkleinert in Naturdärme gefüllt und portionsweise abgedreht werden. Auch sie erfahren dann für ein bis zwei Tage eine Kalträucherung bei höchstens 25 °C. Dadurch bleiben sie lange haltbar und schmecken einfach wunderbar – genauso wie die rund 80 verschiedenen Wurstsorten, die Michael Gründler und sein Team in sorgsamer Handarbeit und nach überlieferten Rezepturen herstellen. Frischfleisch von Rind, Kalb und Lamm kommen von Bauern aus der Region, die Tiere werden am Sitz der Metzgerei im eigenen Schlachthof geschlachtet – das erspart ihnen sinnlosen Reisestress, was im Endeffekt der Fleischqualität zugute kommt. Reh-, Hirsch- und Gamsfleisch liefern ebenfalls die Jäger aus den umliegenden Wäldern. Neben Würsten, Speck und Fleisch kann man beim Gründler aber auch frischen Fisch, Aufstriche, Grammelschmalz und etliche andere Delikatessen besorgen, die die heimische Tafel bereichern. Dass die Produkte der Metzgerei Gründler erstklassig sind und hervorragend schmecken, hat sich auch schon außerhalb des Kaiserwinkls herumgesprochen. Durch die Grenznähe zu Bayern vergrößert sich das Einzugsgebiet der Kunden und an den Wochenenden reicht die Schlange der Feinschmecker, Fleisch- und Wurstliebhaber bis auf die Straße hinaus! Wer mag, kann im ansprechend gestalteten, großzügigen Geschäft einen kleinen Imbiss oder eine ganze Mahlzeit zu sich nehmen wie Schweinekrustenbraten frisch aus dem Ofen, Würstl oder Knödel. Und wer eine Grillparty plant, bestellt den Partyservice von Familie Gründler mit kalten Platten oder marinierten Fleischspezialitäten.

Michael Gründler kann sich bei seiner Arbeit auf langjährige, treue Mitarbeiter verlassen, die teilweise schon bald 40 Jahre dem Betrieb angehören – ein größeres Kompliment kann man wohl kaum bekommen, und dass die Zukunft der Metzgerei gesichert ist und in Familienhänden bleibt, dafür sorgt Sohn Tobias, der die Zahl der Metzgermeister unter einem Dach kürzlich auf drei anheben konnte. Er feierte an seinem 21. Geburtstag seine Meisterprüfung, die er mit Bravour bestand, denn nur drei von fünf angetretenen Kandidaten konnten beim ersten Mal alle hohen Anforderungen fehlerfrei erfüllen. Tobias Gründler ist also in der vierten Generation als Metzgermeister mit Liebe und Verantwortung tätig, einerseits der Familientradition verpflichtet, andererseits Neuem gegenüber stets aufgeschlossen.

KAISERWINKL SENNEREI

Milch ist nach Wasser das älteste Nahrungsmittel der Welt – jedes Säugetier und somit auch jeder Mensch nimmt als erstes Getränk Muttermilch zu sich. Schon im siebten Jahrtausend v. Chr. verwendeten die Jägernomaden Zentralasiens die Milch von Ziegen, Schafen, Kamelen, Yaks und Wildpferden. Wie es dann von der Milch zum Käse kam, wer ihn wo also quasi „erfunden" hat, ist wahrscheinlich einem Zufall zu verdanken. Eine Legende erzählt zum Beispiel, dass ein Hirte Milch als Proviant in seinem Ledersack mitgeführt hat, die fermentierte und so zu Käse wurde. Oder man hatte vielleicht Milch aus Versehen in der Nähe der warmen Feuerstelle stehen lassen, die daraufhin stockte, gerann und deren weiße, feste Masse den ersten Topfen der Welt entstehen ließ. Die älteste bildliche Darstellung eines Melkvorgangs stammt aus Mesopotamien und zeigt auch die Butterbereitung.

Jahrtausende sind seitdem vergangen und heute gehören Milch und Milchprodukte zu unserem täglichen Leben. Unzählig sind die verschiedenen Käsesorten, die mittlerweile weltweit hergestellt werden, obwohl der Vorgang immer der gleiche ist: Die festen Milchbestandteile müssen von den flüssigen abgetrennt werden und dies geschieht mit dem Kälberenzym Lab oder man verdickt die Milch mithilfe von Milchsäurebakterien. Beim Erwärmen bildet sich der sogenannte Käsebruch, der mit der „Harfe" dann hin und her bewegt und zu kleineren oder größeren

Kaiserwinkl Sennerei
Kaiserwinkl Sennstube

Mühlbachweg 3
A-6345 Kössen

Telefon 00 43 (0) 53 57 / 53 31

Bruchkörnern geschnitten wird. Dabei gilt: Je kleiner das Bruchkorn, desto härter wird letztendlich der Käse. Je nachdem welche Käsesorte hergestellt werden soll, wird der Bruch dann in Formen geschöpft, gepresst, nachgewärmt oder im Ganzen mit einem großen Tuch aus dem Käsekessel gehoben. Nun werden die frischen Laibe gesalzen oder sie kommen in ein Salzbad, das dem Rohling nicht nur weiter Flüssigkeit entzieht, sondern auch zur Rindenbildung beiträgt. Hier kommt nun der Käsemeister ins Spiel, der den Käselaiben bei ihrer Reifung über Tage, Wochen oder Monate zu ihrem Geschmack verhilft.
In Tirol kommt ganz besonders guter Käse aus der „Kaiserwinkl Sennerei“ in Kössen. Die Sennereigenossenschaft wurde 1939 gegründet und im Jahr 2001 in Zusammenarbeit mit der Pinzgau Milch vollkommen umgebaut. Heute präsentiert sich die Sennerei als leistungsfähiger, zukunftsweisender Verarbeitungsbetrieb, der die Milch der Kühe von rund 85 Bauern aus der Region täglich weiterverarbeitet. Was die Sennerei Kaiserwinkl daraus macht, präsentieren die engagierten Mitarbeiter appetitlich in der Vitrine der Sennstube in Kössen. Alle Käse bestehen ausschließlich aus silofreier Heumilch ohne Konservierungs- oder Zusatzstoffe. Die Sennstube ist ein Treffpunkt für Feinschmecker und wurde 2009 als bestes Geschäft prämiert. Hier liegen die ausgezeichneten Käselaibe – „ausgezeichnet“ nicht nur weil sie so schmecken, sondern weil sie vielfach mit Silber- und Goldmedaillen ausgezeichnet wurden, zum Beispiel erhielt der Bio-Sennkäse 50 Prozent bei der „Käsiade“ in Hopfgarten im Jahr 2001 die Silbermedaille und 2002 die Goldmedaille – unter 2 000 Käsesorten aus ganz

Europa ist dies wirklich ein Grund stolz zu sein! Auch 2006 und 2007 konnte diese Käsesorte wieder Gold beziehungsweise Silber gewinnen. Der Tiroler Bergkäse der Sennerei Kaiserwinkl mit seinem würzig-aromatischen Geschmack wurde 2007 bei der Olympiade der Käse aus den Bergen mit einer Goldmedaille geehrt und 2008 erhielt er den World Cheese Award in Dublin.
In der Sennstube lässt sich durch ein Sichtfenster die Arbeit der Käsemacher beobachten und in freundlich-heller Umgebung können Käseliebhaber hier aus einer erlesenen Auswahl österreichischer Milchprodukte und regionaler Käsespezialitäten wählen: Frischmilch, Sennbutter, Senn- und Biosennkäse, Bärlauchsennkäse, Bergkäse, Mostbauernkäse, Gouda und Bärlauchgouda, Ziegenkäse und Schafcamembert, außerdem andere Lebensmittel aus der Region – auch in Bioqualität – wie zum Beispiel Speck, Wurstspezialitäten, Gewürze, Säfte, Weine, Schnäpse, Marmeladen und Honig.

SEBASTIAN DANZL'S SENNEREI

Sebastian Danzl's Sennerei
Sebastian Danzl

Dorfstraße 25
A-6385 Schwendt

Telefon 00 43 (0) 53 75 / 68 18
Telefax 00 43 (0) 53 75 / 68 184

www.sennerei-danzl.at

Nicht ohne Grund heißt der schöne Kaiserwinkl auch „Genussregion", denn echter Genuss und Zufriedenheit beginnen dort, wo die Produkte hergestellt werden. Dazu gehört auch der unvergleichlich gute Käse von „Sebastian Danzl's Sennerei". Ehrliches Handwerk veredelt die Milch – für den Danzl-Käse kommt selbstverständlich nur beste Heu- und Biomilch infrage, die von 27 Milchbauern täglich geliefert wird. Die Kühe dieser Bauern bekommen nichts als Grünfutter, Heu und ein wenig Getreide zum Ausgleich. Diese natürliche Art der Ernährung bringt keine Hochleistungskühe hervor, sondern gesunde Tiere mit gesunder, leckerer Milch. Die Sennerei Danzl ist ein flexibler Betrieb und kann auf individuelle Kundenwünsche eingehen. Die intakte Umwelt und beste Rohstoffe sind die besten Voraussetzungen für die Qualität der Produkte. Großer Wert wird auf naturnahe Erzeugung und traditionelle Überlieferung gelegt, das Ergebnis sind Milchprodukte und Käse von höchster biologischer Qualität. Die enge Zusammenarbeit mit den anliefernden Bauern ermöglicht es den Mitarbeitern der Sennerei, ihre Vorstellungen von naturbelassenen Rohstoffen schon von Anfang an mit einzubringen. Den Produkten der Sennerei Danzl kann man buchstäblich anschmecken, dass hier reine Natur im Spiel ist. So können Sebastian Danzl und seine Mitarbeiter garantieren, dass die jährlich verarbeiteten 1,5 Millionen Liter Milch den Qualitätsvorstellungen entsprechen, die zur Produktion von Hart- und Schnittkäse erforderlich sind.

Von der Zentrifuge über die Weiterverarbeitung bis zu Lagerung, Verpackung und Verkauf kommt alles aus einer Hand. Als Molkerei-Techniker und Käsemeister, der sein Handwerk in Kempten im Allgäu gelernt hat, beherrscht Sebastian Danzl das ganze Repertoire des Käsemachens. Die erstaunlich große Produktpalette bietet so manchen Leckerbissen, angefangen von der Fasslbutter bis hin zum gelagerten Bergkäse. „Fasslbutter" ist natürliche Käsereibutter wie aus Großmutters Zeit. In der Sennerei Danzl wird sie nach traditionellen Rezepten aus unbehandeltem Rahm direkt im Fass hergestellt, dann geformt und in reiner Handarbeit verziert: ein Schmuckstück auf dem Tisch, das auch noch gesund ist und auf der Zunge zergeht. Suchen wir uns einige der leckersten Käsesorten heraus, so hätten wir zum Beispiel den Biotilsiter mit einem intensiven Bouquet nach würzigem Heu und saftigem Alm- und Wiesengras. Dieser Naturtilsiter reift im sogenannten „Schmierkeller" sechs bis acht Wochen, wodurch er seinen angenehmen Rotschmiercharakter erhält. Das besondere Herstellungsverfahren verleiht ihm auch die unregelmäßige Bruch-

lochung. Der Bioschnittlauchkäse ist eine weitere Spezialität der Sennerei Danzl – bei diesem kommt wild gewachsener, aromatischer Schnittlauch von der Kohl-Alm ins Spiel, der in der ganzen Region bekannt und beliebt ist und auch oft Verwendung in der lokalen Gastronomie findet.
Der Biobergkäse ist seit jeher die bekannteste Käseart der Gegend um Schwendt. Auch dafür verwendet Sebastian Danzl's Sennerei ausschließlich silofreie Biomilch. Außerdem wird die Milch dafür täglich, auch an Sonn- und Feiertagen, immer frisch verarbeitet. Es gibt ihn in zwei Reifestufen: Der drei bis vier Monate gelagerte Bergkäse ist von mild-aromatischem Geschmack, der sechs bis acht Monate gereifte entwickelt seinen typischen, vollmundigen Geschmack. Der Biobierkäse schließlich ist ein sogenannter Magerkäse mit nur 15 Prozent Fett in der Trockenmasse. Er ist beliebt als Diätkäse, eignet sich aber auch für Käsespätzle und zur Jause. Bierkäse heißt er, weil dazu bestens ein frisch gezapftes Bier passt. Für welchen Käse man sich auch immer entscheidet: Sebastian Danzl's Sennerei produziert Topkäse und garantiert Gaumenfreuden.

KULINARISCHE EMPFEHLUNGEN

Achensee-Schiffahrt 80
Haus 62
A-6213 Pertisau
Telefon 00 43 (0) 52 43 / 5 25 30
Telefax 00 43 (0) 52 43 / 62 73
info@tirol-schiffahrt.at
www.tirol-schiffahrt.at

Geniesserwirtshaus & Hotel Alpin 84
Familie Armin Gründler
A-6215 Achenkirch 35
Telefon 00 43 (0) 52 46 / 68 00
Telefax 00 43 (0) 52 46 / 68 004
hotel@geniesserwirtshaus-alpin.at
www.geniesserwirtshaus-alpin.at

Gasthof Alte Mittelstation 162
Christine und Georg Kurz
Nachtsöllberg 55
A-6363 Westendorf
Telefon 00 43 (0) 53 32 / 23 24
Telefax 00 43 (0) 53 32 / 3 01 18
g.kurz@altemittel.at
www.altemittel.at

Angerer Alm 186
Annemarie Foidl
Almen am Kitzbüheler Horn Nr. 5
A-6380 St. Johann
Telefon 00 43 (0) 53 52 / 6 27 46
office@angereralm.at
www.angereralm.at

Hotel Restaurant Batzenhäusl 22
Wladimir Kuchtar
Lanser Straße 12–14
A-6080 Igls
Telefon 00 43 (0) 5 12 / 38 61 80
Telefax 00 43 (0) 5 12 / 38 61 87
hotel@batzenhaeusl.at
www.batzenhaeusl.at

Berg Bauer 148
Lebensmittel GmbH
Angather Weg 14
A-6300 Wörgl
Telefon 00 43 (0) 53 32 / 7 60 16
Telefax 00 43 (0) 53 32 / 7 60 18
info@bergbauer.at
www.bergbauer.at

Sennstube
Bahnhofstraße 28
A-6300 Wörgl
Telefon 00 43 (0) 53 32 / 7 20 04
info@bergbauer.at
www.bergbauer.at

Burgtaverne 58
Salvatorgasse 6
A-6060 Hall in Tirol
Telefon 00 43 (0) 52 23 / 5 66 95
info@erlebnisgastro.at
info@burgtaverne.at
www.erlebnisgastro.at

Café Bar Caramba 38
Erwin und Isabella Rauter
Waldrasterstraße 13a
A-6166 Fulpmes
Telefon 00 43 (0) 6 99 / 16 29 68 00
caramba1@aon.at
www.bar-caramba.at

Congresspark Igls 27
Eugenpromenade 2
A-6080 Igls bei Innsbruck
Telefon 00 43 (0) 5 12 / 5 93 66 20
Telefax 00 43 (0) 5 12 / 5 93 67
www.come-innsbruck.at

Restaurant-Café Dopolavoro 130
Werner Götz
Bienerstraße 89
A-6240 Rattenberg
Telefon 00 43 (0) 53 37 / 6 26 13
info@dopolavoro.at
www.dopolavoro.at

ErlebnisSennerei Zillertal 118
Familie Kröll
Hollenzen 116
A-6290 Mayrhofen
Telefon 00 43 (0) 52 85 / 6 27 13
Telefax 00 43 (0) 52 85 / 6 37 12
erlebnis@sennerei-zillertal.at
www.sennerei-zillertal.at

Eschin 194
Adolf Eschlböck
Pirchmoos 4
A-6306 Söll
Telefon 00 43 (0) 53 33 / 5 29 00
Mobil 00 43 (0) 6 64 / 5 01 03 85
Telefax 00 43 (0) 53 33 / 5 29 02
eschlboeck@aon.at
www.eschin.com

Jausenstation und Almwirtschaft Gaisalm 82
Bootshaus
A-6213 Pertisau
Telefon 00 43 (0) 52 43 / 5 25 30
Telefax 00 43 (0) 52 43 / 62 73
gasthaus@gaisalm.at
www.tirol-schiffahrt.at

Kulinarische Empfehlungen

Kaiserwinkl Sennerei 216
Kaiserwinkl Sennstube
Mühlbachweg 3
A-6345 Kössen
Telefon 00 43 (0) 53 57 / 53 31

Restaurant-Café Kanzler Biener 132
Hannes Schöbel
Südtiroler Straße 48
A-6240 Rattenberg
Telefon 00 43 (0) 53 37 / 6 50 50
kanzler.biener@chello.at
www.rattenberg.at/kanzlerbiener

Bäckerei Kempf 44
Familie Stefan Kempf
Dorf 34
A-6167 Neustift
Telefon 00 43 (0) 52 26 / 22 36
Telefax 00 43 (0) 52 26 / 21 87
info@baeckerei-kempf.at
www.baeckerei-kempf.at

Café Konditorei Bäckerei Kostner 116
Carl Peter und Clara Kostner
Hauptstraße 414
A-6290 Mayrhofen
Telefon 00 43 (0) 52 85 / 6 22 15
Telefax 00 43 (0) 52 85 / 6 22 15 44
info@kostner.at
www.kostner.at

Restaurant Kupferstub'n 166
Familie Erber
Kitzbüheler Straße 9
A-6365 Kirchberg
Telefon 00 43 (0) 53 57 / 23 35
Mobil 00 43 (0) 6 64 / 4 86 50 08
Telefax 00 43 (0) 53 57 / 23 35
kupferstube@aon.at
www.kupferstube.at

Alpengasthof Labalm 169
Unterer Grund 85
A-6365 Kirchberg
Mobil 00 43 (0) 6 76 / 6 45 03 42
office@labalm.at
www.labalm.at

Gasthof Lamm 52
Familie Henökl
Brennerstraße 36
A-6143 Matrei am Brenner
Telefon 00 43 (0) 52 73 / 62 21
info@gasthoflamm.at
www.gasthoflamm.at

Landgasthof Linde 100
Familie Hannes Ebster
Dorf 2
A-6272 Stumm
Telefon 00 43 (0) 52 83 / 22 77
Telefax 00 43 (0) 52 83 / 22 77 55
info@landgasthof-linde.at
www.landgasthof-linde.at

Gasthof Maikircher 196
Toni Aschenwald
Dorf 59
A-6351 Scheffau
Telefon 00 43 (0) 53 58 / 4 31 79
Mobil 00 43 (0) 6 64 / 6 30 60 30
Telefax 00 43 (0) 53 58 / 44 43 21
robert.aschenwald@aon.at
www.maikircher.at

Café Restaurant Malerwinkel 128
Thomas Ennemoser
Pfarrgasse 93
A-6240 Rattenberg
Telefon 00 43 (0) 53 37 / 6 42 32
info@malerwinkel.co.at
www.malerwinkel-rattenberg.com

Der Metzgerwirt 94
Familie Hannes Hell
Dorfstraße 6
A-6271 Uderns
Telefon 00 43 (0) 52 88 / 6 25 59
Telefax 00 43 (0) 52 88 / 6 25 594
info@dermetzgerwirt.at
www.dermetzgerwirt.at

Wirtshaus Nattererboden 20
Familie Albert
Natterer Boden 1
A-6161 Natters
Telefon 00 43 (0) 5 12 / 54 62 00
Telefax 00 43 (0) 5 12 / 54 62 004
wirtshaus@nattererboden.at
www.nattererboden.at

Gasthaus & Metzgerei Nester 102
Georg Hauser
Dorf 24
A-6275 Stumm
Telefon 00 43 (0) 52 83 / 22 64
Telefax 00 43 (0) 52 83 / 22 64
info@nester.at
www.nester.at

Restaurant Osito 64
Petra Praxmarer
Gewerbepark 5
A-6068 Mils
Telefon 00 43 (0) 6 99 / 10 63 14 53
office@osito.at
www.osito.at

Hotel Restaurant Perauer 112
Familie Perauer
Ahornstraße 854
A-6290 Mayrhofen
Telefon 00 43 (0) 52 85 / 6 25 66
Telefax 00 43 (0) 52 85 / 6 25 666
info@perauer.at
www.perauer.at

Restaurant s'Pfandl 184
Thomas Hagleitner
Kitzbüheler Straße 69
A-6370 Reith bei Kitzbühel
Telefon 00 43 (0) 53 56 / 6 22 71
Telefax 00 43 (0) 53 56 / 6 22 71 85
pfandl@tirol.com
www.pfandl.co.at

Käserei Plangger 212
Durchholzen 22
A-6344 Walchsee
Telefon 00 43 (0) 53 74 / 56 17
Telefax 00 43 (0) 53 74 / 56 18
bio@kaeserei.at
www.kaeserei.at

Gasthof Post 90
Alois Rainer
Oberdorf 6
A-6261 Strass im Zillertal
Telefon 00 43 (0) 52 44 / 6 21 19
Telefax 00 43 (0) 52 44 / 6 21 197
info@gopost.at
www.gopost.at

Jausenstation Pumafalle 54
Gabi und Harald Gatscher
Erlwiesen 250
A-6152 Trins
Telefon 00 43 (0) 52 75 / 53 23
gasthaus@pumafalle.at
www.pumafalle.at

Pension Gasthof Rieder 78
Familie Kirchner
Fischl 3a
A-6200 Jenbach
Telefon 00 43 (0) 52 44 / 6 24 46
Telefax 00 43 (0) 52 44 / 6 24 46 48
office@gasthof-rieder.at
www.gasthof-rieder.at

Ritterkuchl 60
Salvatorgasse 6
A-6060 Hall in Tirol
Telefon 00 43 (0) 52 23 / 5 31 20
Telefax 00 43 (0) 52 23 / 5 31 204
info@ritterkuchl.at
www.erlebnisgastro.at

Rössl Alm 104
Josef und Elfriede Haberl
Gerlos 308
A-6281 Gerlos
Telefon 00 43 (0) 52 84 / 52 74
Mobil 00 43 (0) 6 64 / 1 47 50 00
hottererhof_gerlos@hotmail.com
www.roesslalm.at

Sebastian Danzl's Sennerei 218
Sebastian Danzl
Dorfstraße 25
A-6385 Schwendt
Telefon 00 43 (0) 53 75 / 68 18
Telefax 00 43 (0) 53 75 / 68 184
office@sennerei-danzl.at
www.sennerei-danzl.at

Seefeldstuben 168
Familie Klingsbigl
Stöcklfeld 33
A-6365 Kirchberg
Telefon 00 43 (0) 53 57 / 21 58
Mobil 00 43 (0) 6 76 / 6 45 03 42
Telefax 00 43 (0) 53 57 / 21 58 21
office@seefeldstubn.at
www.seefeldstubn.at

Alpengasthaus Schlickeralm 42
Familie Andreas Stern
A-6166 Fulpmes
Telefon 00 43 (0) 52 25 / 6 24 09
Telefax 00 43 (0) 52 25 / 6 24 093
schlickeralm@fulpmes.at
www.schlickeralm.at

Schlosswirt Tratzberg 76
Tratzberg 3
A-6135 Stans
Telefon 00 43 (0) 52 42 / 6 73 89
Telefax 00 43 (0) 52 42 / 7 20 70
info@schlosswirt-tratzberg.at
www.erlebnisgastro.at

Hotel Schnablwirt 198
Familie Ertl
Dorf 12
A-6353 Going
Telefon 00 43 (0) 53 58 / 35 11
Telefax 00 43 (0) 53 58 / 35 14
info@schnablwirt.at
www.schnablwirt.at

Restaurant Schwarzer Adler 62
Franz Hintenegger
Eugenstraße 3
A-6060 Hall in Tirol
Telefon 00 43 (0) 52 23 / 5 52 56
Telefax 00 43 (0) 52 23 / 20 45 26
schwarzer.adler@aon.at
www.schwarzer-adler-hall.at

Hotel Sonne 92
Thomas Huber
Dorfplatz 2
A-6263 Fügen
Telefon 00 43 (0) 52 88 / 6 22 66
Telefax 00 43 (0) 52 88 / 6 21 77
sonne.fuegen@aon.at
www.sonne-fuegen.at

Café-Restaurant Sonnpark 18
Erich-Stefan Bacher
Gerichtsäcker 1
A-6094 Axams
Telefon 00 43 (0) 6 76 / 6 48 25 48
sonnpark@gmx.at
www.sonnpark.info

Stamperl 180
Robert Mayrhofer
Jochberger Straße 62
A-6370 Kitzbühel
Telefon 00 43 (0) 53 56 / 6 25 55
Mobil 00 43 (0) 6 60 / 3 00 00 33
info@stamperl-kitzbühel.at
www.stamperl-kitzbühel.at

Wirtshaus Steuerberg 178
Barbara und Wolfgang Obernauer
Bichlachweg 78
A-6370 Kitzbühel
Telefon 00 43 (0) 53 56 / 6 48 87
Telefax 00 43 (0) 53 56 / 7 15 25
steuerberg@kitz.net
www.steuerberg.com

Stiegenhaushof 106
Familie Martin Fankhauser
Dorf 130
A-6283 Schwendau
Telefon 00 43 (0) 6 64 / 1 98 31 50
mk.fankhauser@aon.at
www.stiegenhaushof.at

Stöfflbräu 204
Peter und Uschi Bichler
Sonnendorf 27
A-6330 Schwoich
Telefon 00 43 (0) 53 72 / 5 82 07
peter.bichler@chello.at
www.stoefflbraeu.at

Restaurant Thalhof 164
Annelies und Klaus Wallner
Schwimmbadweg 8
A-6364 Brixen im Thale
Telefon 00 43 (0) 53 34 / 84 68
Telefon 00 43 (0) 6 64 / 2 79 49 73
kulinarium@thalhof.at
www.thalhof.at
www.hochgenusstour.at

VERZEICHNIS DER REZEPTE

meinem

Verzeichnis der Rezepte

Besondere Adressen für Sie entdeckt ...

ISBN 978-3-86528-395-5
24,1 cm x 27,6 cm

ISBN 978-3-86528-462-4
24,1 cm x 27,6 cm

ISBN 978-3-86528-469-3
24,1 cm x 27,6 cm

ISBN 978-3-86528-446-4
24,1 cm x 27,6 cm

ISBN 978-3-86528-470-9
24,1 cm x 27,6 cm

ISBN 978-3-86528-453-2
24,1 cm x 27,6 cm

ISBN 978-3-86528-452-5
24,1 cm x 27,6 cm

ISBN 978-3-86528-436-5
24,1 cm x 27,6 cm

ISBN 978-3-86528-454-9
24,1 cm x 30,6 cm

ISBN 978-3-86528-440-2
24,1 cm x 30,6 cm

ISBN 978-3-86528-463-1
24,1 cm x 30,6 cm

ISBN 978-3-86528-419-8
24,1 cm x 30,6 cm

Neu in unserem Programm

ISBN 978-3-86528-378-8
24,1 cm x 30,6 cm

ISBN 978-3-86528-442-6
24,1 cm x 30,6 cm

TRENDS UND LIFESTYLE

(Buchformat: 24,1 x 27,6 cm)

TRENDS UND LIFESTYLE
HANNOVER
Christine Schroeder, Bettina Schaefer, Christian Homann
160 Seiten, Hardcover
ISBN: 978-3-86528-391-7

Eine kulinarische Entdeckungsreise

(Buchformat: 24,1 x 30,6 cm)

Eine kulinarische Entdeckungsreise
durch das Tiroler Unterland
Cornelia Haller-Zingerling, Brigitte Frank
232 Seiten, Hardcover
ISBN: 978-3-86528-473-0

HOCHZEIT & EVENTS

(Buchformat: 24,1 x 30,6 cm)

HOCHZEIT & EVENTS
Rhein-Main-Neckar
Bianca Doriat, Johann Scheiber
128 Seiten, Hardcover
ISBN: 978-3-86528-451-8

besteshandwerk

(Buchformat: 24,1 x 30,6 cm)

HANDWERK | DESIGN | KUNST | TRADITION
ESSEN UND UMGEBUNG
Christel Trimborn, Gabriele Bender
192 Seiten, Hardcover
ISBN: 978-3-86528-478-5

HANDWERK | DESIGN | KUNST | TRADITION
WIEN
Sabine Knoll, Xenia Bluhm
160 Seiten, Hardcover
ISBN: 978-3-86528-468-6

HANDWERK | DESIGN | KUNST | TRADITION
OBERÖSTERREICH
Nina Neuhold, Petra Schmidt, Marcus Kaar
224 Seiten, Hardcover
ISBN: 978-3-86528-475-4

ISBN 978-3-86528-444-0
24,1 cm x 30,6 cm

ISBN 978-3-86528-441-9
24,1 cm x 30,6 cm

Alle Titel erhalten Sie bei Ihrer örtlichen Buchhandlung.
Für weitere Informationen über unsere Reihen wenden Sie sich direkt an den Verlag:

UMSCHAU

Neuer Umschau Buchverlag
Theodor-Körner-Straße 7
D-67433 Neustadt/Weinstraße
Telefon: + 49 (0) 63 21/8 77-852
Telefax: + 49 (0) 63 21/8 77-866
E-mail: info@umschau-buchverlag.de
www.umschau-buchverlag.de

IMPRESSUM

Texte
Cornelia Haller, Gargazon / Meran

Fotografie
Brigitte Frank, München

Recherche
Tanja Corradini, Tulfes

Lektorat
Katrin Birzele, Neustadt an der Weinstraße
Nikola Hahn, Neustadt an der Weinstraße

Herstellung
Heike Burkhart, Neustadt an der Weinstraße

Gestaltung und Satz
DTP Team, München

Reproduktionen
Repro Studio Fichtner, München

Karte
Thorsten Trantow, Herbolzheim
www.trantow-atelier.de

Druck und Verarbeitung
NEOGRAFIA, Martin, Slowakei
www.neografia.sk

Printed in Slovakia
ISBN: 978-3-86528-473-0

Die Ratschläge in diesem Buch sind vom Autor und dem Verlag sorgfältig erwogen und geprüft, dennoch kann eine Garantie nicht übernommen werden. Eine Haftung der Autoren und des Verlages für Personen-, Sach- und Vermögensschäden ist ausgeschlossen.
Die Rezepte sind üblicherweise für 4 Personen ausgerichtet.

Besuchen Sie uns im Internet
www.umschau-buchverlag.de

Titelfotografie: Brigitte Frank
Der Wilde Kaiser. Das Gericht wurde zubereitet im Gasthof Maikircher (S. 196f).

Wir bedanken uns für die freundlicherweise zur Verfügung gestellten Fotos bei:

Achenseeschiffahrt-Unternehmungen, Pertisau / Hannes Senfter - Fotograf (S. 80–83), Alpengasthof Labalm, Kirchberg / Harald Klingsbigl (S. 169 oben), Aschinger Alm, Ebbs (S. 206 unten), Berg Bauer Lebensmittel GmbH, Wörl (S. 150-153), Congress und Messe Innsbruck GmbH, Igls bei Innsbruck (S. 27), Christian Gufler (S. 232 oben), Der Metzgerwirt, Uderns (S. 45 Mitte li), Gasthof Walzl, Lans / Foto Hofer, Innsbruck (S. 25 unten re), Gasthof zur Post, Waidring (S. 189 re), Glaserhof, Gnadenwald / Karl Holzmann (S. 68f), Gutshof Zillertal, Mayrhofen (S. 114 li, S. 115 Mitte), innsbrucktourismus (S. 16), Kam-In Bar (S. 137 Mitte, unten), Kostner GmbH / Cicero (S. 116, S. 117 oben, Mitte), Landgasthof Linde (S. 100f), Restaurant Grander, Wattens (S. 66, S. 67 unten), Restaurant Kupferstub'n, Kirchberg (S. 166 re, Mitte li u. unten li), Restaurant Thalhof, Brixen im Thale / Annelies Wallner (S. 165 Mitte), Rössl Alm, Gerlos (S. 104) / Christian Gufler (S. 105 oben), Seefeldstuben, Kirchberg (S. 168 oben, unten), Tirol Milch, Wörgl (S. 144 oben, S. 145 Mitte re u. li, S. 147 unten), TVB Region Hall-Wattens (S. 56, S. 57 li, oben re), Wirtshaus Natterboden, Natters (S. 21 re).

Cornelia Haller ist gebürtige Düsseldorferin. Ihre Neugier auf fremde Länder und Kulturen führte sie durch die halbe Welt. Sie lebte lange Jahre in Südamerika und hat im Laufe der Zeit etliche Länder und Regionen der Welt bereist. Besonderen Wert legt die Autorin zahlreicher exotischer, aber auch einheimischer Koch- und Reisebücher und Reportagen auf authentische Küche, Lebensgewohnheiten und Traditionen der jeweiligen Bewohner, ob USA, Lateinamerika, Karibik, Asien oder Europa.

Brigitte Frank, 1964 in München geboren, startete 1989 mit ihrer ersten Spiegelreflexkamera und Fotoworkshops nebenberuflich ihre Arbeit als Fotografin. Seit 2005 arbeitet sie als freie Fotografin, mit den Schwerpunkten PR-Fotos, Reportage, Kids, People, Food und Landschaft. Die „Kulinarische Entdeckungsreise durch das Tiroler Unterland" ist ihr erstes Buchprojekt im Foodbereich für den Umschau Buchverlag. Brigitte Frank lebt und arbeitet in München.